Die Dynamische Methode

George Salden

Die Dynamische Methode

Erfolgreich in Immobilien investieren durch perfektes Timing und ganzheitliche Betrachtung

George Salden

1. Auflage

Haufe Gruppe
Freiburg · München

Bibliografische Information der Deutschen Nationalbibliothek
Die Deutsche Nationalbibliothek verzeichnet diese Publikation in der Deutschen Nationalbibliografie; detaillierte bibliografische Daten sind im Internet über http://dnb.dnb.de abrufbar.

Print ISBN: 978-3-648-04910-5   Bestell-Nr. 06870-0001
EPUB ISBN: 978-3-648-04912-9   Bestell-Nr. 06870-0100
EPDF ISBN: 978-3-648-04915-0   Bestell-Nr. 06870-0150

George Salden
Die Dynamische Methode
1. Auflage 2014

© 2014 Haufe-Lexware GmbH & Co. KG, Freiburg
www.haufe.de
info@haufe.de
Produktmanagement: Bettina Noé

Lektorat: Helmut Haunreiter
Satz: kühn & weyh Software GmbH, Satz und Medien, 79110 Freiburg
Umschlag: RED GmbH, 82152 Krailling
Druck: Schätzl Druck, Donauwörth

Alle Angaben/Daten nach bestem Wissen, jedoch ohne Gewähr für Vollständigkeit und Richtigkeit. Alle Rechte, auch die des auszugsweisen Nachdrucks, der fotomechanischen Wiedergabe (einschließlich Mikrokopie) sowie der Auswertung durch Datenbanken oder ähnliche Einrichtungen, vorbehalten.

Inhaltsverzeichnis

Einleitung			**7**
1	**Werte erkennen**		**21**
1.1	Grundlagen der Immobilienbewertung		22
	1.1.1	Die Immobilie – ein Wirtschaftsgut	23
	1.1.2	Anlässe der Immobilienbewertung	27
	1.1.3	Wertbegriffe	31
1.2	Etablierte Wertermittlungsverfahren		41
	1.2.1	Das Vergleichswertverfahren	43
	1.2.2	Das Sachwertverfahren	54
	1.2.3	Das Ertragswertverfahren	61
	1.2.4	Die Residualwertmethode	74
	1.2.5	Die Discounted-Cashflow-Methode	78
	1.2.6	Fazit	84
1.3	Werte erkennen mit der Dynamischen Methode		86
	1.3.1	Die Mikroanalyse – der Mieterzyklus und die Mieterdynamik	88
	1.3.2	Die Makroanalyse – der Standort	125
	1.3.3	Matching	154
	1.3.4	Verwerfer	177
2	**Werte heben**		**185**
2.1	Möglichkeiten der Werthebung		189
2.2	Eine erste Annäherung: Die Investmentklasse		192
2.3	Wertschöpfungstiefen		194
2.4	Beteiligte der Werthebung		196
3	**Werte realisieren**		**201**
3.1	Die Immobilie im Kapitalmarkt		202
3.2	Der Immobilieninvestmentmarkt in Deutschland		204
	3.2.1	Der Immobilieninvestmentmarkt	204
	3.2.2	Akteure	206
3.3	Fazit		221

Inhaltsverzeichnis

4	**Dreiklang**		**225**
4.1	Der Jahresabschluss in der Immobilienwirtschaft		227
	4.1.1	Die Gewinn-und-Verlust-Rechnung	229
	4.1.2	Die Bilanz	232
	4.1.3	Kapitalflussrechnung	237
4.2	Bilanzanalyse		240
	4.2.1	Key-Performance-Indikatoren	241
	4.2.2	Beispiel einer Kennzahlenanalyse	250
	4.2.3	Der Trade Deal	259
5	**Konzeption eines Immobilienratings**		**261**
5.1	Optimale Investitionsdauer		261
5.2	Rating		263
	5.2.1	Aktuelle Rating-Verfahren	263
	5.2.2	Das Rating in der Dynamischen Methode	264
	5.2.3	Die Ausgestaltung des dynamischen Ratings	268
6	**Die Dynamische Methode als IT-Lösung**		**271**
6.1	Die Funktionen		271
6.2	Die Bedienung		273
6.3	Ihr Zugang zur Software		274

Epilog   **275**

Danksagung   **277**

Literaturverzeichnis   **279**

Stichwortverzeichnis   **285**

Einleitung

Die „Dynamische Methode" — warum?

Kennen Sie eine mögliche Definition davon, was einen „Idioten" ausmacht? Immer dasselbe machen und hoffen, es kommt etwas Besseres dabei heraus. Ich habe in den Jahren 2005 bis 2013 über zwei Milliarden Euro an Investitionen in die deutsche Wohnimmobilie begleitet. Während der ersten Jahre dieser Tätigkeit habe ich die marktüblichen Wertermittlungsmethoden angewandt. Bei einigen Investitionen haben sich diese Methoden als richtig erwiesen, bei vielen aber auch als falsch. Ich wollte es nicht wahrhaben, dass die Methoden, die in der gesamten Branche angewendet werden, nicht immer den gewünschten Erfolg erzielen und hielt an ihnen fest. Ich habe trotzdem immer wieder dieselbe Methoden angewandt und gehofft, dass sie beim nächsten Investment ein besseres Ergebnis bringen. Das taten sie aber nicht. Die Investments gingen schief und ich stand als Idiot da.

Es hat über fünf Jahre gedauert und es benötigte mehr als 400 Einzeltransaktionen, doch schließlich wurden mir die strukturellen Fehler immer deutlicher und ich war in der Lage, eine aus der Erfahrung geborene, neue „Dynamischen Methode" zu entwickeln. Diese Methode habe ich anschließend bei mehreren Transaktionen eingesetzt und ich konnte die Fehlinvestments dramatisch reduzieren, da ich in der Lage war, die tatsächlichen Chancen und Risiken viel besser zu identifizieren. So ist es mir gelungen, die nachhaltig zu erzielenden Renditen viel besser einzuschätzen und zu kalkulieren.

Aber was ist das Geheimnis der Dynamischen Methode? Da nicht jeder Mensch die Chance hat, eine solche Menge an Transaktionen im Bereich der deutschen Wohnimmobilien zu begleiten, habe ich beschlossen, dass es an der Zeit ist, meine Erfahrungen einem breiteren Kreis zugänglich zu machen.

Die Immobilie ist wie kaum eine andere Anlageklasse bei jedem Menschen mit einer stark emotionalen Komponente belegt. Die eigenen vier Wände sind der Raum, in dem sich ein Großteil des Lebens abspielt: Wir verbringen die intimsten Momente in unseren Wohnungen — ob als Mieter oder als Eigentümer. So ist es nicht verwunderlich, dass wir uns alle mit Immobilien beschäftigen.

Einleitung

In weiten Teilen erfolgt diese Auseinandersetzung allerdings unbewusst und nicht rational. Wir empfinden Mietsteigerungen als zu hoch und ärgern uns über unsere Vermieter. Wir klagen über schlechte Bausubstanz oder die steigenden Immobilienpreise, über den wirtschaftlichen Background und die Systematik, die hinter solchen Entwicklungen steht, machen sich viele hingegen kaum Gedanken. Eine ökonomisch reflektierte Auseinandersetzung mit Immobilien findet fast ausschließlich unter Experten statt. Privatanleger vertrauen häufig auf schlichte Faustregeln, die sich im Volksglauben als Handlungsdirektive beim Immobilienkauf festgesetzt haben.

Das prominenteste Beispiel hierfür ist wohl das sogenannte „erste Gebot" beim Immobilienkauf — Lage, Lage und nochmals Lage. Selbst in den Wirtschaftsressorts großer Tageszeitungen ist dieser Leitspruch immer noch eine vielzitierte Maxime, die ein gelingendes Immobilieninvestment verspricht. Auch der Mythos vom Betongold hält sich hartnäckig in den Köpfen von Privatanlegern und Investoren. Doch sind diese Gebote noch zeitgemäß? Entsprechen sie den komplexen Zusammenhängen auf dem Immobilienmarkt? Genügt es, ein Objekt in guter Lage zu erwerben, um ein rentables Investment zu tätigen? Ist die Immobilie wirklich die sicherste aller Anlageklassen? Lässt sich auf all diese Fragen eine allgemeingültige Antwort geben? Sicher nicht.

Denn sämtliche Mythen und vereinfachende Bauernregeln sind auf die emotionalen Komponenten, die eine wichtige Entscheidungsgrundlage beim privaten Kauf einer Wohnimmobilie darstellen, zurückzuführen. Eine Investitionsentscheidung muss allerdings auf einer ganzheitlichen, nachhaltigen und dynamischen Analyse der Immobilie basieren. Hier hilft weder der Glaube ans Betongold noch ein blindes Vertrauen in die Lage und selbst die von professionellen Marktteilnehmern entwickelten und verwendeten Methoden zur Wertermittlung können den Wert einer Immobilie nicht zur Gänze nachhaltig erfassen.

Aus diesem Grund habe ich die Dynamische Methode entwickelt. Sie ist in der Lage, eine sichere, nachhaltige und dynamische Analyse von Wohnimmobilien zu leisten. Die Dynamische Methode hat nicht nur ihren Ursprung in der Praxis, sie hat sich dort auch über die Jahre als sehr erfolgreiche Vorgehensweise bewährt. Ihr Erfolgsgeheimnis liegt in einem dreifachen Paradigmenwechsel:

- **Vom Betongold zum Mieter (Mieterzyklen)**
- **Von der Statik zur Dynamik (Mieterdynamik)**
- **Von der punktuellen zur gesamtheitlichen Bewertung (Mietzyklen/Immobilienzyklen)**

Diese drei zentralen Verschiebungen in den Grundfesten der Immobilienwirtschaft sind es, die zu einem zeitgemäßeren Verständnis der Wohnimmobilie und ihrer Märkte führen. Dabei stellt der Wechsel von einer punktuellen hin zur gesamtheitlichen Bewertung den wohl folgenreichsten Schritt dar: Nur wenn eine Immobilie in einem Makrozyklus verortet wird, kann das ihr immanente Potenzial erkannt und eine gelingende Investition getätigt werden. Die Implikationen dieser methodischen Annahme werden in dieser Einleitung im Abschnitt „Von der punktuellen zur ganzheitlichen Wertermittlung" erläutert. In den folgenden Abschnitten werden Sie mehr über die drei Kernpunkte des eben beschriebenen Paradigmenwechsels erfahren.

Vom Betongold zum Mieter

Beim Immobilienkauf ist der Mythos vom Betongold das erste antiquierte Denkmuster, das einer gesamtheitlichen Analyse von Immobilieninvestitionen im Weg steht. Aber woher kommt der Glaube ans Betongold? Die metaphorische Bezeichnung dürfte einem Verständnis der Immobilie entstammen, das sie als risikoarmes Investment mit hohen Renditen ansieht. Vor allem in den Jahre 1949 bis 1974 wuchsen die Erträge, die mit Immobilien erwirtschaftet werden konnten, stetig an. Seit dieser Zeit haben Wohnimmobilien den Ruf als konservative und risikoarme Geldanlage, die auch die Krise im Jahr 2008 in großen Teilen nur kurzfristig beeinträchtigen konnte.

Diese Sicht auf die Anlageklasse Immobilie hatte lange Zeit auch seine Berechtigung. Besonders in unsicheren Zeiten gewinnt diese Anlageklasse durch sinkendes Vertrauens in die Banken an Attraktivität. Während die Gefahr des Verlustes von Eigenkapital bei Investitionen in Aktien, festverzinsliche Wertpapiere oder Rohstoffe im Bewusstsein des Verbrauchers fest verankert ist, ist dies bei einer Immobilie kaum vorstellbar. Momentan wird dieses Bild noch durch ein niedriges Zinsniveau verstärkt. Da für Geldanlagen nur niedrige Zinsen angeboten werden, schichten Anleger ihr Bares in Immobilien um — Immobilien scheinen mittlerweile sogar sicherer als Festgeld. Dass sich die Finanzierungskredite für Immobilienkäufe und Neubauten in Deutschland auf einem historischen Tiefpunkt befinden, verstärkt diesen Effekt zudem. Selbst die Finanzkrise konnte dieses Bild nicht ändern und hat den Markt für Wohnimmobilien in Deutschland sogar noch zusätzlich befeuert.[1]

---

[1] Steffen Kröhnert: Wohnen im demografischen Wandel. Der Einfluss demografischer Faktoren auf die Preisentwicklung von Wohnimmobilien. Discussion Paper des Berlin-Institutes für Bevölkerung und Entwicklung. Berlin 2012.

Einleitung

Als ob dieses Bild nicht schon überzeichnet genug ist, gelten Immobilien auch als inflationssicher.[2] Weite Teile der Bevölkerung sind sich nach wie vor sicher: Investitionen in Immobilien vernichten kein Kapital. Ganz im Gegenteil: Immobilien scheinen nicht nur mit geringem Risiko ausgestattet zu sein, sondern sind darüber hinaus noch in der Lage, hohe Renditen zu erwirtschaften. Aber ist eine solche Sichtweise noch aktuell?

Die Immobilie hat sich einen Ruf als ertragreiches und sicheres Wirtschaftsgut erarbeitet. Heute machen Immobilien 87 Prozent des Nettoanlagevermögens aus.[3] Was es allerdings wirklich bedeutet, eine Immobilie als Wirtschaftsgut zu verstehen, ist noch nicht in der gesamten Branche angelangt. Noch immer kursiert die Auffassung, Immobilien seien schlicht vier Wände, Dach und Boden oder ein Eintrag im Grundbuch mit einem kalkulierbaren Mietertrag.

Eine solche Perspektive wird der Immobilie jedoch nicht gerecht und beinhaltet zudem ein hohes Gefährdungspotenzial. Eine Immobilie muss als Wirtschaftsgut behandelt werden und das bedeutet, ihre Nutzung ist als entscheidender Parameter zu erfassen. Es ist eben nicht der Beton, der aus Mörtel und Stein die Cashflows erzeugt, es ist der Mieter, der durch seine Zahlungen die Rendite erwirtschaftet. Erst mit der Nutzung der Immobilie entstehen Einnahmen. Dabei ist es von entscheidender Bedeutung: Der Mieter übt den entscheidenden Einfluss auf den Wert des jeweiligen Hauses, also auf den Mikrozyklus, aus. Erst wenn dies verstanden ist, können auch die demografischen Entwicklungen in ihrer vollen Bedeutung für den Immobilienmarkt erfasst werden. Mit einer Änderung der Bevölkerungsstruktur wird eine Änderung der Mieterstruktur einhergehen, die demografische Verschiebung wird eine Mietertragsverschiebung bewirken. Wie auf diese Verschiebungen zu reagieren ist, kann nur eine Analyse der Mieterentwicklung erklären. Einer solchen Betrachtungsweise hat sich die Dynamische Methode verschrieben. Sie erfasst den Mieter als zentrale Einheit der Immobilienwirtschaft. Der Mieter generiert die Erträge und bestimmt die Nachfrage. Er verursacht Schwankungen in den Mieterzyklen und determiniert den wesentlichen Wert einer Immobilie.

---

[2] Vgl. hierzu auch Markus Demary und Michael Voigtländer: Immobilien und Inflation. Sind Immobilien ein Schutz gegen das Risiko höherer Inflation? In: Karsten Junius und Daniel Piazolo (Hg.): Praxishandbuch Immobilienmarktrisiken. Köln 2009, S. 82 f.

[3] Kröhnert: Wohnen im demografischen Wandel.

Von der Statik zur Dynamik

Was bedeutet dynamisch? Eine dynamische Analyse von Investitionsobjekten muss das „erste Gebot" der Immobilienbranche vom Thron stoßen und nicht mehr die Lage einer Immobilie als wertdeterminierende Variable ansehen. Sicher hat die Lage eines Objekts einen erheblichen Einfluss auf ihren Wert, da Immobilien immobil und an einen Ort gebunden sind. Allerdings wird die Lage selbst von einem übergeordneten Faktor — dem Timing — beeinflusst. Eine Immobilie kann, obwohl sich ihre Lage über die Zeit nicht ändert, dennoch in ihrem Wert schwanken. Daher ist das Timing beim Kauf einer Immobilie entscheidend. Nur wenn beim Erwerb einer Immobilie die Konstellation zwischen Mieterzyklus und Mietzyklus stimmt (siehe Kapitel 1.3.1), kann eine optimale Rendite realisiert und das Risiko minimiert werden. Eine dynamische Investitionsanalyse muss die Schwankungen des Immobilienmarkts antizipieren, um die Wertentwicklung eines Objekts prognostizieren zu können. Die Dynamische Methode wird daher das erste Gebot beim Kauf einer Immobilie neu schreiben. Auf die Frage: „Was ist beim Kauf einer Immobilie zu beachten?", wird in Zukunft zu antworten sein: „Timing, Timing und nochmals Timing!"

Um den Paradigmenwechsel von der Statik zur Dynamik noch einmal hervorzuheben, veranschaulichen wir ihn an einem Beispiel:

▶ **BEISPIEL: Immobilie am Berliner Kurfürstendamm**

Eine Immobilie am Berliner Kurfürstendamm, zwischen Fasanenstraße und Meinekestraße, so werden viele Immobilienexperten versichern, liegt in einer guten Lage und ist somit ein gutes und sicheres Investment. Gebäude in so exponierten Lagen können gar kein schlechtes Investment darstellen, so werden viele Experten weiter versichern. Dass solche Aussagen hochgefährlich sind, wird deutlich, wenn wir die Entwicklung des Standorts betrachten:

Einleitung

Abb. 1: Beispielimmobilie Berlin Kudamm

	Wohn- und Geschäftshaus am Kurfürstendamm zwischen Fasanenstraße und Meinekestraße, Berlin-Charlottenburg.
1889	Der Kurfürstendamm ist die Prachtstraße Berlins. Nachdem die über 50 Meter breite Straße gepflastert ist, entstehen fünfstöckige Miethäuser, die zu den exklusivsten im gesamten Deutschen Reich gehören. In den Wohn- und Geschäftshäusern am Kurfürstendamm wohnen solvente Mieter mit ausgezeichneter Bonität. Miethäuser am Kurfürstendamm gehören 1889 zu den begehrtesten Immobilien in Berlin und im gesamten deutschen Reich und haben einen hohen Wert.
1917	Die erste Wertminderung der Immobilie setzt ein. Großbauprojekte am Kurfürstendamm scheitern und das Militär wird zwangsweise in den Gebäuden einquartiert. Die Mieterträge bleiben aus. Der Vergnügungsbetrieb, der sich langsam entwickelte, wird eingestellt. Die so rasant begonnene Wertentwicklung steuert in ihren ersten Abschwung.
1920 bis 1928	Ein erneuter Aufstieg des Kurfürstendamms findet in den neunzehnhundertzwanziger Jahren sein absolutes Hoch. Die Straße entwickelt sich von einem exklusiven Wohngebiet zu einer Vergnügungsmeile, die in ganz Europa ihresgleichen sucht: Cafés, Kabaretts, Theater und Kinos entstehen. Der Kurfürstendamm ist in der Weimarer Republik das Symbol der goldenen Zwanziger Jahre. Immobilien am Kurfürstendamm sind in den Jahren 1920 bis 1928 Statussymbol und vielversprechende Investition zugleich.
1929	24. Oktober 1929: Börsenkurse brechen stark ein. Die Weltwirtschaftskrise beginnt. Viele Unternehmen werden zahlungsunfähig und es kommt zu massiver Arbeitslosigkeit, sozialem Elend und Deflation. Immobilienpreise fallen zum Teil ins Bodenlose.

Einleitung

	Wohn- und Geschäftshaus am Kurfürstendamm zwischen Fasanenstraße und Meinekestraße, Berlin-Charlottenburg.
1940	Zur Zeit des Nationalsozialismus hat der Kurfürstendamm zwar von seinem kulturellen Glanz und seiner Freizügigkeit durch die Reglementierungen der Politik verloren, er stellt dennoch den Stolz der Hauptstadt zur Schau, die – wenn es nach der Propaganda der Nationalsozialisten geht – bald Hauptstadt der gesamten Welt werden soll. Die Wertentwicklung ist stabil, Investitionsobjekte am Ku'damm entwickeln sich aufgrund der Eingriffe der Politik allerdings nicht so stark wie noch in den Jahren zuvor. Die politischen Versprechen lassen parteitreue Investoren jedoch an eine niemals endende Wertsteigerung glauben.
1945	Weite Teile des Ku'damms sind durch die Luftangriffe der Alliierten zerstört. So auch die unmittelbare Nachbarschaft. Der Wert, den das Objekt noch wenige Jahre zuvor besaß, hat sich dramatisch reduziert. Berlin wird von den Alliierten besetzt, Schuttberge türmen sich auf den unbewohnbaren Grundstücken. Der Krieg hat den Wert der Gebäude nahezu vollkommen aufgelöst.
1949 bis 1961	Der Kurfürstendamm ist wieder aufgebaut und repräsentiert das Wirtschaftswunder Deutschlands. Als Schaufenster des Westens imaginiert er den Wohlstand und die Überlegenheit in der Enklave West-Berlins. Mit dem Bau der Mauer liegt der Kurfürstendamm nun zudem im Zentrum West-Berlins. Allerdings wird der Kurfürstendamm mit dem Bau der Mauer als Wirtschaftsstandort uninteressant und die aufkommende Modeindustrie verlagert ihre Produktion nach West-Deutschland. Investitionen in Immobilien am Kurfürstendamm sind in den Jahren nach dem Mauerbau nur aufgrund des Berlinhilfe- und des Berlinförderungsgesetzes ertragreich. Die neu entstehenden Bauten müssen auch noch nach Vollendung subventioniert werden. Der Kurfürstendamm befindet sich an einem Tiefpunkt. Billige Einkaufsläden und Fast-Food-Restaurants zeichnen das Bild am Kurfürstendamm, an dem sich sogar das Rotlichtmilieu ansiedelt.
1989	Mit dem Fall der Mauer sehen sich Investoren am Kurfürstendamm neuen Herausforderungen gegenüber: Mit einem Schlag liegt unser Investitionsobjekt nicht mehr in der Mitte Berlins, sondern am westlichen Rand. Investitionsförderungen in Ost-Deutschland eröffnen wesentlich breitere ertragreichere Möglichkeiten in Immobilieninvestitionen – ganz Ostdeutschland wird Konkurrenz. Der Niedergang der ehemals so angesehenen Straße setzt sich fort.
2000 bis 2008	Der erste Boom in Ost-Berlin fängt an sich abzuschwächen und der Kurfürstendamm gewinnt wieder an Attraktivität und Aufmerksamkeit. Besonders in der „heißen Phase" von 2004 bis 2008 investieren internationale Investoren in Berlin.
09.09.2008	Standard & Poors denkt über eine Rating Abstufung bei Lehmann Brothers nach und hat das Unternehmen auf seine negative Beobachtungsliste gesetzt. Zu diesem Zeitpunkt wird das Unternehmen mit einem langfristigen Rating von A und einem kurzfristigen Rating von A- bewertet. Weltweit werden Kredite in noch nie dagewesenem Ausmaß vergeben. Die Immobilienbranche in den meisten westlichen Ländern boomt, so auch in Berlin. Davon profitiert auch der Kurfürstendamm.
15.09.2008	Die Lehmann Brothers Inc., mit Hauptsitz in New York, muss infolge der Finanzkrise Insolvenz beantragen. Mehr oder weniger über Nacht entsteht eine Kreditklemme. Diese führte zu einer Finanzierungskrise, die sich wiederum in eine Immobilienkrise transformiert. Diese Krise erreichte auch den Kurfürstendamm.
2010 bis 2014	Der Kurfürstendamm erholt sich zunehmend durch Großprojekte wie das mittlerweile außergewöhnlich gut platzierte Haus Cumberland und wird auch für inländische Investoren wieder interessant. Nachdem der Osten Berlins, etwa Berlin-Mitte oder Berlin-Prenzlauerberg, als Ort für Investitionslagen erschöpft scheint, werden erste Bauprojekte in der City West rund um den Kurfürstendamm (Europacenter, Waldorf-Astoria, Bikini Gebäudekomplex etc.) geplant und auch realisiert.

Tab. 1: Timing statt Lage

Einleitung

Das Beispiel zeigt, dass eine gute Lage allein nicht ausreicht, um eine ertragreiche Investition zu tätigen. Entscheidend ist das Timing bzw. die Position im Marktzyklus (siehe Kapitel 1. 3.2), an der sich das Investitionsobjekt im Moment des Kaufs und Verkaufs befindet. Wäre eine Immobilie am Kurfürstendamm gegen Ende des 19. Jahrhunderts erworben und in den 1920er-Jahren verkauft worden, wäre das Investment als äußerst erfolgreich anzusehen gewesen. Ein Verkauf im Jahr 1945 hingegen wäre wohl weit unter Wert erfolgt. Ein Kauf im Jahr 1945 auf dem Tiefpunkt hätte bei einem Verkauf in den 1950er- und 1960er-Jahren wiederum zu hohen Renditen geführt. Solche Schwankungen in der Wertentwicklungen zeigen, wie wichtig es ist, die Zyklen, in denen sich die Immobilien bewegen, genau zu analysieren.

Werden Wertschwankungen bei Investitionen in anderen Vermögensanlagen als selbstverständlich angesehen, ist die Vorstellung einer negativen Wertentwicklung bei Immobilien erst gegen Ende der 1980er-Jahre im Bewusstsein der Experten angelangt. Eine Erklärung dafür, dass der Einfluss des Timings der Immobilienmärkte so lange Zeit unterschätzt worden ist, liegt in der historischen Entwicklung der Immobilie in Deutschland: Große Teile der deutschen Städte wurden während des zweiten Weltkriegs zerstört, sodass die Nachkriegszeit von einem außergewöhnlichen Wohnungsmangel gekennzeichnet war. Durch politische Förderung unterstützt, beginnt ab 1949 in der Bundesrepublik Deutschland der Wiederaufbau und mit ihm ein Boom am Immobilienmarkt. Der lange Anstieg der Gesamtwirtschaft beflügelt diese Entwicklung zudem, da die hohe Flächennachfrage nun auf steigende Einkommen trifft. Im Umfeld des sogenannten Wirtschaftswunders steigen die Mieten und Immobilienpreise rasant an. Erst im Jahr 1974, als der „Steady State" — die Anzahl der Wohnungen entspricht nun der Anzahl der Haushalte[4] — erreicht ist, verlangsamt sich das Wachstum. Im westdeutschen Immobilienmarkt kann Mitte der 1970er zum ersten Mal die Flächennachfrage vom Angebot ausgeglichen werden.

Die Geschichte zeigt, dass Wohnraum seit Ende des zweiten Weltkriegs bis zu diesem Zeitpunkt ein knappes Gut darstellte,[5] das aufgrund seiner hohen Begehrlichkeit eine immense Wertentwicklung erlebte. Dieses Bild ändert sich erst in den späten 1970er-Jahren: Die Wohnungsbaupolitik ist darauf ausgerichtet, die spartanisch ausgestatteten Wohnungen, die direkt nach dem Krieg entstanden sind, zu modernisieren. Zu diesem Zweck werden günstige Baukredite vergeben. Dennoch tritt eine Rezessionsphase ein, welche die Wohnungsbauwirtschaft nahezu zum Erliegen bringt. Diese Baissephase hält bis zur Wiedervereinigung an.

---

[4] Nico B. Rottke: Geschichte der deutschen Immobilienwirtschaft. In: Ders. und Matthias Thomas (Hg.): Immobilienwirtschaftslehre, Band I: Management. Köln 2011, S. 10; 91–118, S. 10.

[5] Vgl. hierzu: Jürgen Schardt: Das bundesdeutsche Vergleichsmietensystem und der Frankfurter Mietspiegel 2010. Frankfurt am Main 2012, S. 10 (= Forum Humangeographie 8).

Einleitung

Der Fall der Mauer stellt die Wohnungswirtschaft wiederum vor völlig neue Herausforderungen: Die Migration von Ost nach West erzeugt erneut eine Verknappung des Wohnungsangebots in Westdeutschland. In Kombination mit der qualitativ minderwertigen Bausubstanz in Ostdeutschland, deren Sanierung staatlich gefördert wird, entsteht ein neuer Immobilienboom. Durch die staatlichen Anreize in Form von Fördermaßnahmen wird dieser immer stärker angeheizt. Allerdings sind die Förderzuschüsse nicht nur auf regional sinnvolle Ballungsgebiete begrenzt. Neue Immobilien entstehen oft an konjunkturschwachen Standorten in ländlichen Gebieten mit einer schlechten demografischen Prognose. Viele der Neubauten in Ostdeutschland verzeichnen daher hohe Leerstandsquoten. Noch heute müssen große Teile der Investoren, die in den 1990er-Jahren in Ostdeutschland investierten, unter den Folgen dieser Fehlinvestitionen leiden. Denn trotz massiver Entwicklungsprojekte konnte die Migration in den Westen nicht aufgehalten werden. Während bis Mitte der 1990er-Jahre im Gebiet der ehemaligen Bundesrepublik eine große Wohnungsknappheit herrschte, waren in den ostdeutschen Gebieten hohe Leerstände anzutreffen. Die regionale Angebotsverschiebung offenbart die heterogene Entwicklung der regionalen Teilmärkte schonungslos. Doch auch im Westen gab es ab „1995 […] keine ‚existenzielle' Wohnungsknappheit mehr für die breite Masse."[6] So intensivierte sich auch dort der Wettbewerbsdruck für die Anbieter im Immobilienmarkt. Auch in Westdeutschland finden sich die ersten Märkte im Rückgang. Besonders betroffen sind hier die strukturschwachen Regionen an der Küste, die Provinz in Nordrhein-Westfalen oder das Saarland.

Erst mit Beginn der 1990er-Jahre fängt in Deutschland eine unterschiedliche Entwicklung der regionalen Teilmärkte an. Während die Wohnungswirtschaft bis in die 1980er-Jahre positive Entwicklungen verzeichnen konnte, stehen Investoren heute vor einem in unzählige Teilmärkte zerstückelten Gesamtmarkt.

Vor jeder Investition muss das differenzierte Zusammenspiel von Immobilienzyklen und -märkten analysiert werden. Dass dies oft misslungen ist, zeigen die Investitionen in strukturschwache Gebieten in Ostdeutschland, die einige Investoren in die Insolvenz getrieben haben. Mit diesen Erfahrungen mussten die Investoren lernen umzugehen und richteten ihren Blick erstmalig auf die Immobilienzyklen und ihre Bedeutung für die Wertentwicklung. Mittlerweile ist den Anlegern die Wertentwicklung der Immobilienmärkte zwar bewusst, direkte Folgerungen für Investitionen werden allerdings kaum abgeleitet. Dabei ist heutzutage mehr denn je eine Analyse der einzelnen Märkte erforderlich, da sich Baisse und Hausse in lokal und temporal geringen Abständen entwickeln.

---

[6] Ebd., S. 111.

Einleitung

Die Immobilie bewegt sich als Wirtschaftsgut dynamisch im Spannungsfeld dieser Mieterzyklen oder Immobilienzyklen. Sie ist in ihrem Wert nicht immobil, sondern zeichnet sich ganz im Gegenteil durch eine enorme Beweglichkeit aus. Diesem Fakt können die etablierten Wertermittlungsverfahren nicht gerecht werden. Sofern sie es überhaupt versuchen, gelingt es ihnen lediglich, eine statische Entwicklung des Markts zu beschreiben. Sie verlassen sich auf Daten, die lediglich einmal im Jahr für viel zu große Gebiete erhoben werden. Die Dynamische Methode ist hingegen in der Lage, die Schwankungen des Makrozyklus unter Berücksichtigung aktueller Marktdaten und auf unterschiedlichen Ebenen zu erkennen: Vom Bundesland bis in die einzelnen Straßenzüge eines Stadtviertels. Dass dies für Immobilieninvestitionen unumgänglich ist, illustriert Abbildung 2 „Dynamische versus statische Marktentwicklung". Während die etablierten Wertermittlungsverfahren die Marktentwicklung nur über lange Zeiträume hinweg beschreiben, ist es das Ziel der Dynamischen Methode, die Wertentwicklungen im Markt in Echtzeit darzustellen, indem sie die zyklische Schwankung der Marktmiete in die Wertberechnung einbezieht.

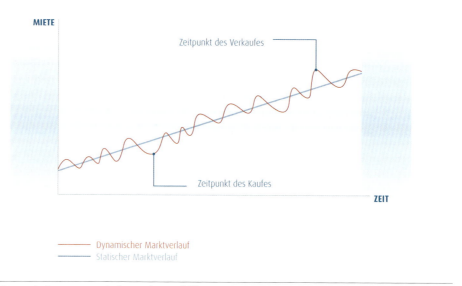

Abb. 2: Dynamische versus statische Marktentwicklung

Der Unterschied zwischen einer statischen und einer dynamischen Marktbetrachtung kann sich direkt auf die Rendite einer Investition auswirken. Wird ein Immobilienobjekt zu dem in Abbildung 1 dargestellten Zeitpunkt erworben, so führt ein statisches Marktverständnis zu einem höheren Preis, während eine Wertanalyse in Echtzeit dem Markt einen wesentlich niedrigeren Preis entnimmt. Für den Zeitpunkt des Verkaufs kann dies ebenso zutreffen. Während der tatsächliche Markt, der mit der Dynamischen Methode erfasst wird, z. B. wesentlich höhere Preise anzeigt, kann eine statische Marktprognose deutlich tiefer liegen. Mag für die Betrachtung langer Zeiträume auch eine statische Perspektive genügen — für die Zwecke, die mit der Dynamischen Methode verfolgt werden, ist sie ungeeignet. Optimale Rendite-Risiko-Profile können nur durch eine dynamische Beobachtung des Markts in Echtzeit erfolgen. Man muss die Dinge eben nicht über einen langen Zeitraum betrachten — dies gilt nur, wenn die Zyklen homogen sind. In inhomogenen Märkten wie dem Immobilienmarkt treten kurzfristig dramatische Veränderungen auf.

Von der punktuellen zur gesamtheitlichen Wertermittlung

Wie bereits beschrieben, bewegt sich der Wert einer Immobilie dynamisch in den Marktzyklen und unterliegt einer ständigen Veränderung, die maßgeblich durch den Mieter bedingt ist. Welches Verfahren ist aber in der Lage, den Wert einer Immobilie vor diesem Hintergrund zu ermitteln? Die Rechtsprechung hat zu diesem Zweck drei Verfahren in der Immobilienwertermittlungsverordnung (ImmowertV) normiert: Das Vergleichswertverfahren, das Sachwertverfahren und das Ertragswertverfahren. Darüber hinaus haben sich in der Praxis der Immobilieninvestition weitere internationale Methoden — etwa die Residualwertmethode und die Discounted-Cashflow-Methode — durchgesetzt, mit deren Hilfe man ebenfalls versucht, den Wert einer Immobilie im Rahmen von Investitionen zu ermitteln.

Allerdings sind all diese Verfahren schon in ihrem Ansatz mit einem methodischen Makel behaftet: Sie ermitteln lediglich einen punktuellen Wert, also den Wert einer Immobilie an einem bestimmten Bewertungsstichtag. Dabei übersehen sie, dass ein solcher Wert ungeeignet ist, da Immobilien langfristig gehalten werden und ihre Wertentwicklung eine entscheidende Komponente ihres aktuellen Werts ist. Vor allem für Immobilieninvestitionen muss daher kein punktueller, sondern ein gesamtheitlicher Wertbegriff verwendet werden. Ein solcher gesamtheitlicher Wert muss neben dem aktuellen Marktwert auch die zukünftige Wertentwicklung berücksichtigen und er muss den Verkaufserlös antizipieren können.

Eine gesamtheitliche Wertermittlung ist von entscheidender Bedeutung, denn der wahre Wert einer Immobilie kann nur im Gesamtzyklus der Wertschöpfung ermittelt werden. Eine Investition beginnt lediglich mit dem Kauf und erstreckt sich über eine Phase der Wertsteigerung oder Wertminderung bis hin zum Verkauf. Nur wenn schon vor Beginn des Investments die gesamte Wertschöpfungskette antizipiert und damit genauer prognostiziert wird, kann der gesamtheitliche Wert einer Investition ermittelt werden. Ein neusaniertes Mietshaus am Hackeschen Markt in Berlin-Mitte wird aller Wahrscheinlichkeit nach einen hohen punktuellen Wert am

Einleitung

Bewertungsstichtag besitzen. Das Marktentwicklungspotenzial in Berlin-Mitte ist allerdings weitestgehend ausgeschöpft und die Wahrscheinlichkeit ist hoch, dass eine aktuelle Quadratmetermiete von 18 Euro pro Quadratmeter bei einer Neuvermietung nicht mehr erreicht, geschweige denn kurzfristig überboten werden kann. So wird ein solches Objekt kaum noch Steigerungspotenzial besitzen und nur eine geringe Rendite erwirtschaften, da es mit Nachvermietungsrisiken behaftet ist. Der gesamtheitliche Wert eines solchen Objekts ist daher nicht so hoch, wie der punktuelle Wert es vermuten lässt.

Um einen gesamtheitlichen Wert zu ermitteln, muss zunächst die Mietstruktur im Mikrozyklus untersucht werden: Aus dem Verhältnis von gesetzlicher Höchstmiete, ortsüblicher Marktmiete, tatsächlicher Objektmiete und Zielmiete kann das Potenzial der Immobilie ermittelt werden. Anschließend muss eine Analyse des Makrozyklus, also der demografischen und wirtschaftlichen Entwicklung des Investitionsstandorts, erfolgen und mit dem Potenzial der Immobilie kombiniert werden. Erst wenn diese beiden Zyklen in einem Harmonisierungsprozess, einem „Matching", vereint und im Folgenden auf mögliche Bedrohungsszenarien hin untersucht werden, kann ein gesamtheitlicher Wert ermittelt werden. Der gesamtheitliche Wert muss allerdings neben der Wertermittlung anhand der Immobilienzyklen auch den Wertsteigerungsprozess berücksichtigen. Dieser muss detailliert geplant und auf den bestmöglichen Ausstiegspunkt ausgerichtet werden, da ca. 50 bis 70 Prozent der Gesamtrendite mit dem Verkauf realisiert wird. Abschließend wird schon mit Beginn des Investments der Verkauf der Immobilie ausgearbeitet. Nur wenn dieser methodische Dreischritt im Beginn des Immobilieninvestments verankert ist und in das gesamte Investment strategisch einbezogen wird, kann eine Bilanz erstellt werden, die alle wesentlichen Kennziffern eines Investments ermittelt und somit den wirklich gesamtheitlichen Wert im Gesamtzyklus der Wertschöpfung einer Immobilie ermittelt. Die Dynamische Methode ist deshalb in der Lage, Chancen und Risiken im Gesamtverlauf zu verdeutlichen und ermöglicht es somit, ein Investrating durchzuführen.

Ausblick

Das Buch ist in fünf Kapitel unterteilt, von denen die ersten drei Schritt für Schritt beschreiben, wie die Dynamische Methode zur nachhaltigen Wertermittlung von deutschen Wohnimmobilien funktioniert. Die Konzentration auf Wohnimmobilien hat an dieser Stelle verschiedene Gründe. Zwar machen Wohnimmobilien lediglich etwas mehr als die Hälfte des Nettoanlagevermögens in Deutschland aus, allerdings sind fast die Hälfte sämtlicher vererbten Vermögenswerte Immobilien und davon mehrheitlich Wohnimmobilien. Deshalb ist die Entwicklung von Privatvermögen eng mit der Wertentwicklung von Wohnimmobilien verbunden.[7]

---

[7] Kröhnert: Wohnen im demografischen Wandel.

Einleitung

Im Kapitel 1 „Werte erkennen" steht die Wertermittlung im Fokus. Es werden die einzelnen Verfahren vorgestellt, die laut der deutschen Rechtsprechung geeignet sind, um den Wert von Immobilien zu ermitteln. Aus dieser Beschreibung des Status quo der immobilienwirtschaftlichen Objektbewertung wird sich erschließen, dass keines der Verfahren zeigen kann, ob die Renditeansprüche einer Investition in Wohnimmobilien im Gesamtinvestitionszyklus realistisch sind.

Nachdem die Grenzen der einzelnen Verfahren aufgezeigt worden sind, wird in einem nächsten Schritt gezeigt, wie man bei der Dynamischen Methode vorgeht, um die Chancen-und-Risiko-Profile von Immobilien detailliert bestimmen zu können. Der dynamische Ansatz ordnet eine Immobilie zunächst in eine von sechs Kategorien bzw. Immobilienklassen ein und wendet dann drei Grundsätze an: Mieterzyklen, Mietdynamik und Mietzyklen (Immobilienzyklen).

Der Zyklus wird ins Zentrum der Bewertung von Wohnimmobilien gesetzt. Zunächst wird der Mieterzyklus analysiert. Das heißt, es werden die Chancen und Risiken des Gebäudes und seines unmittelbaren Standorts ermittelt. Damit wird es möglich, exakte Marktinformationen in Echtzeit für jeden Stadtteil in den wichtigsten Immobilienmärkten zu erhalten. Auf diese Weise kann der Standort auf der Ebene seines Mikrozyklus einer präzisen Bewertung unterzogen werden. Dank der Dynamischen Methode ist es somit erstmals möglich, Wertschöpfungstiefen zu prognostizieren und detaillierte Renditevorhersagen zu treffen. In einem zweiten Schritt erfolgt die Analyse des Makrozyklus: Hier wird der regionale Mietzyklus, oder eben der Makrozyklus, betrachtet. Die Ergebnisse der Analyse des Mikrozyklus alleine genügen nicht, um die Gewinn- und Risiko-Chancen nachhaltig zu erfassen, da sich ein Teil der Risiken erst bei Betrachtung des Makrozyklus offenbart. Im Matching werden schließlich die Ergebnisse der makrozyklischen Analyse mit den Ergebnissen der mikrozyklischen Untersuchung kombiniert. Um das Risiko des Investments allerdings weiter zu minimieren, wird im dritten Schritt der Dynamischen Methode noch auf mögliche Bedrohungsszenarien hingewiesen. Durch die Kombination aus mikrozyklischer und makrozyklischer Analyse sowie die Integration von unterschiedlichen Verwerfungsszenarien gelingt es der Dynamischen Methode schließlich, jeder Immobilie in den wichtigsten Immobilienmärkten Deutschlands ein Chancen-Risiko-Profil zuzuschreiben und unter Einbeziehung dieses Profils detaillierte Prognosen im Bezug auf die Rendite zu treffen.

Wie das Bewertungsobjekt schließlich in seinem Wert gehoben wird, zeigt Kapitel 2 „Werte heben". Dabei werden zunächst die an der Werthebung Beteiligten vorgestellt und anschließend werden die Möglichkeiten, die es gibt, um die Werte anzuheben, diskutiert. Die vier Möglichkeiten, die es gibt, um die Mieten und damit die Immobilienwerte zu heben, sind die Reduktion von Leerstand, das Generieren

Einleitung

von weiteren Flächen, das Heben von Bestandsmieten und das Anheben von Mieten bei Mieterfluktuation.

Nachdem die Möglichkeiten zur Wertsteigerung behandelt wurden, wird in Kapitel 3 „Werte realisieren" eine detaillierte Zielgruppenanalyse präsentiert. Es wird gezeigt, dass bestimmte Investorengruppen Immobilien mit bestimmten Chancen-Risiko-Profilen erwerben. So kann der Verkaufspartner schon vor Beginn des Investments identifiziert werden. Diese drei Schritte schließen die Bewertung von Wohnimmobilien zu Investitionszwecken mit der Dynamischen Methode ab.

Für eine Immobilieninvestition ist allerdings auch immer eine Finanzierung notwendig. Um solche Finanzierungen zu vereinfachen, bietet die Dynamische Methode die Möglichkeit, die Bewertung des Investitionsobjekts bilanztheoretisch aufzuarbeiten. Wie eine solche Bilanz aussieht und welche Bilanzszenarien und -modulationen entstehen, zeigt Kapitel 4.

Schließlich wird Kapitel 5 noch einen Ausblick auf die Möglichkeiten eines Immobilienratings mittels der Dynamischen Methode werfen. Hier liegt ein besonderer Vorteil in der Anwendung der Dynamischen Methode denn bislang existieren keine einfach zugänglichen Ratings für direkte Immobilieninvestitionen. Es werden die Chancen und die Risiken einer gesamten Investition kalkuliert — vom Kauf über die Wertsteigerung bis hin zum Verkauf — und das Investment wird entsprechend geratet.

Bis das Rating der Immobilie am Schluss der Dynamischen Methode steht, ist es allerdings noch ein weiter Weg. Beginnen wir im folgenden Kapitel 1 erst einmal mit der Wertermittlung.

1 Werte erkennen

Das erste Kapitel teilt sich in zwei große Bereiche: Zunächst werden die wichtigsten methodischen Grundlagen sowie die etablierten Methoden zur Immobilienbewertung beschrieben. Im Anschluss daran wird die Dynamische Methode vorgestellt. Es wird erläutert, wie sie das Potenzial einer Immobile durch die Integration des Mikro- und Makrozyklus erkennen.

Jede Immobilieninvestition beginnt mit einem ersten Schritt: der Bewertung des Investitionsobjekts. Nur wenn der Wert einer Immobilie richtig erkannt wird, können die Chancen und Risiken eines Investments detailliert aufgeschlüsselt werden und es kann ein nachhaltiges Investranking erfolgen. Im Rahmen der Immobilienökonomie hat sich dafür die Immobilienbewertung als ein eigenständiges Forschungsfeld etabliert. Es wird dabei untersucht, welche Anlässe, Wertbegriffe und Methoden zur Immobilienbewertung existieren und welche Implikationen sie besitzen.

Ich habe lange Zeit selbst sowohl die Methoden verwendet, welche die Gesetzgebung vorschlägt, als auch solche, die in der angelsächsischen Immobilienbranche bevorzugt werden. Um den Wert einer Immobilie zu ermitteln, muss zunächst das richtige Verfahren ausgewählt werden — indem die Stärken und Schwächen der jeweiligen Wertermittlungsverfahren gegeneinander abgewogen werden. Dies ist von zentraler Bedeutung, da die einzelnen Verfahren zur Immobilienbewertung für verschiedene Bewertungsanlässe konzipiert sind und daher unterschiedliche methodische Zugänge besitzen.

Die Bewertungsverfahren und Methoden, die zurzeit in der Praxis angewendet werden, können der Realität des Markts nur bedingt gerecht werden. Sie sind in vielerlei Hinsicht Begrenzungen unterworfen, die bereits aus ihren methodischen Grundlagen resultieren. Diese sollen zunächst hinterfragt werden. Dieses Kapitel beginnt damit, den Begriff „Wert" im Hinblick auf seine vielen Bedeutungen zu beleuchten. Anschließend wird gezeigt, dass sämtliche normierten Verfahren Wertbegriffe verwenden, die sie für die Bewertung eines renditeorientierten Investments ungeeignet machen. Diese Verfahren argumentieren noch in den alten Paradigmen, die im Rahmen der Dynamischen Methode ihre Gültigkeit verlieren:

- Sie verkennen erstens, dass der Cashflow nicht ohne weiteres gegeben ist, sondern erst durch die Mieter entstehen. Die Sicherheit von Cashflows wird nicht automatisch zusammen mit einer Immobilie erworben. Sie fließen nicht ohne Unterbrechung und in konstanter Höhe auf das Konto des Eigentümers.

Mieteinnahmen sind dynamische Größen, die von einer Vielzahl von Einflussfaktoren bestimmt sind und sich zyklisch ändern. Nur wenn diese Schwankungen erkannt und schließlich antizipiert werden, erwirtschaftet eine Investition die nachhaltig bestmögliche Rendite.

- Zweitens sind die etablierten Wertermittlungsverfahren im Hinblick auf die Analyse der Mietzyklen limitiert: Sie schaffen es nicht, Marktwerte in Echtzeit abzubilden oder gar vorherzusagen. Im besten Fall gelingt es den etablierten Verfahren, den Makrozyklus mit einer geringen Verzögerung abzubilden, für eine nachhaltige Investitionsentscheidung kann dies aber keine Grundlage sein.

Ich möchte Ihnen noch einen kurzen Hinweis geben: Die folgenden Erläuterungen zu den etablierten Methoden mögen mitunter etwas trocken sein. Dennoch empfehle ich Ihnen, sich in den folgenden Kapiteln einen Überblick über die am Markt verwendeten Methoden zur Immobilienbewertung zu verschaffen. Erst vor diesem Hintergrund wird in vollem Umfang deutlich, welches Potenzial in der Dynamischen Methode steckt.

1.1 Grundlagen der Immobilienbewertung

Die Immobilienbewertung hat sich in der ökonomischen Forschung als ein Themengebiet etabliert, das sich reger Diskussion erfreut. Verschiedene Wissenschaftsfelder tragen dazu bei, ökonomisch fundierte Bewertungsmethoden zu entwickeln und in Gesetze zu überführen. Die ökonomische Werttheorie legt in engem Austausch mit der Philosophie fest, was einen „Wert" überhaupt ausmacht und welche Verfahren zu seiner Ermittlung geeignet sind. Die Wirtschaftswissenschaften definieren die Bewertungsmethoden und die Rechtswissenschaften regeln die Definitionen von Methoden und Begriffen in ihren Normen.

Es wird zunächst versucht, ein möglichst umfassendes Bild der Immobilienbewertung zu zeichnen. Zu diesem Zweck wird zuerst der Immobilienbegriff als solcher diskutiert, ehe die möglichen Anlässe einer Immobilienbewertung vorgestellt werden. Daran anschließend werden die unterschiedlichen Wertbegriffe erläutert, bevor die einzelnen Bewertungsverfahren mit ihren jeweiligen Stärken, methodischen Implikationen und Limitationen aufgezeigt werden.

1 Grundlagen der Immobilienbewertung

1.1.1 Die Immobilie – ein Wirtschaftsgut

Bei der Beschäftigung mit Immobilien ist es unerlässlich, sich zu verdeutlichen, was genau eigentlich gemeint ist, wenn von Immobilien gesprochen wird. Sowohl im alltäglichen als auch im wissenschaftlichen Sprachgebrauch findet der Begriff keine einheitliche Verwendung: Man spricht von Gebäuden, Grundstücken, Grund und Boden, Liegenschaften oder Grundvermögen.[1] Die bedeutungsmäßige Vielschichtigkeit der Begriffe in unserem natürlichen Sprachgebrauch ist auch auf die wissenschaftliche Praxis zurückzuführen. Denn eine eigenständige wissenschaftliche Beschäftigung mit der Immobilie hat sich erst in den vergangenen Jahren etabliert. Davor fristete die Immobilienwirtschaftslehre ein Schattendasein als Unterdisziplin der Betriebswirtschaftslehre. Sicher ist die Immobilienwirtschaftslehre ein in ihrem Kern betriebswirtschaftliches Phänomen, doch wie kaum ein anderer Bereich lebt sie von ihrer Interdisziplinarität, dem wissenschaftlichen Austausch verschiedener Teilfächer.

Neben dem betriebswirtschaftlichen Fundament verwendet die Immobilienwirtschaftslehre Methoden aus den Gebieten der Rechtswissenschaften, der Volkswirtschaftslehre, der Ingenieurwissenschaften, der Architektur und der Stadtplanung. Auch Politik, Sozialwissenschaft und Kultur (etwa beim Thema Denkmalschutz) sind wichtige Teilaspekte der Immobilienwirtschaft. Ferner sind im Bereich der Finanzen die Bank und das Kreditwesen von Bedeutung. Der hohe Grad an Interdisziplinarität resultiert aber auch aus einem babylonischen Wirrwarr an Immobilienbegriffen, da jede beteiligte Disziplin ihr eigenes Verständnis des Begriffs Immobilie besitzt. Eine nachhaltige Verknüpfung dieser Wissenschaftsfelder kann daher nur geleistet werden, wenn ein einheitliches Verständnis des Immobilienbegriffs gefunden wird. Dieses Verständnis muss es leisten, die einzelnen Bedeutungsspektren der verschiedenen Wissenschaftsfelder zu vereinen und die Immobilie in ihren Wesenszügen ganzheitlich zu erfassen.

Die verschiedenen wissenschaftlichen Felder — vor allem die Wirtschaftswissenschaft, die Rechtswissenschaft sowie einzelne ingenieurwissenschaftliche Disziplinen — arbeiten mit unterschiedlichen Perspektiven und setzten so unterschiedliche Schwerpunkte bei der Definition der Immobilie.

Das Verständnis von Immobilie, das dem Alltagsgebrauch am nächsten kommt, ist der physische Immobilienbegriff der Ingenieurwissenschaften: „Die Immobilie ist […] ein dreidimensionales Gebäude, das Flächen und Räume schafft, indem es

---

[1] Vgl. hierzu etwa Schulte: Immobilienökonomie Band 1. Betriebswirtschaftliche Grundlagen. 3., vollständig überarbeitete und erweiterte Auflage. München 2005, S. 5.

‚innen' und ‚außen' durch eine künstliche, materielle Barriere trennt."[2] Die Immobilie ist nach diesem Verständnis durch ihre Wände, Böden, Decken und Dächer bestimmt. Allerdings erfasst das im angelsächsischen Raum „bricks and mortar" genannte physische Konzept die Immobilie nicht in all ihren Zügen. Zum einen gehört das Grundstück nach der physischen Definition nicht zur Immobilie — sie besteht ausschließlich aus der baulichen Substanz der Gebäude. Zum anderen ist diese Definition für eine Betrachtung der Immobilie als Investitionsgut vollständig ungeeignet, da sie sowohl den Mieter als auch die von ihm generierten Cashflows nicht berücksichtigt.

Die Dynamische Methode vollzieht einen Wechsel vom immobilienzentrierten zum mieterzentrierten Denken. Damit kann auch in ihrem Kontext ein rein physisches Verständnis der Immobilie nicht ausreichen. Genügt der Ingenieurwissenschaft für Energieeffizienzberechnungen und Versicherungsanalysen dieser rein physische Immobilienbegriff — einen nachhaltigen Umgang mit der Immobilie als Wirtschaftsfaktor und Investitionsgut kann diese Perspektive nicht beschreiben.

Auch die Rechtswissenschaften besitzen, als wichtige Teildisziplin der Immobilienwirtschaftslehre, ein eigenes Verständnis des Immobilienbegriffs. Der Terminus „Immobilie" selbst ist allerdings nicht juristisch definiert und findet auch in den Gesetzestexten keine Verwendung — das Bürgerliche Gesetzbuch, der wichtigste Bezugspunkt für die rechtliche Definition der Immobilie, arbeitet an dieser Stelle mit den Begriffen „Grundstück" sowie „Grund und Boden".

Vor allem das Grundstück als „räumlich abgegrenzter Teil der Erdoberfläche" besitzt eine große Bedeutung in der Rechtsprechung und erhält diese Bedeutung durch einen Bezug zur Grundbuchordnung. Die Gebäude sind in diesem Immobilienbegriff lediglich indirekt enthalten. Sie gehören als „mit dem Grund und Boden fest verbundene Sachen" (§ 94 BGB) zum Grundstück. Auch die Rechte und Pflichten, die mit zum Grundstück gehören, werden juristisch geregelt. Neben dem Bürgerlichen Gesetzbuch greifen hier unter anderem das Bewertungsgesetz und das Einkommensteuergesetz.

Der juristische Immobilienbegriff wird somit aus einem komplexen Geflecht von Paragraphen unterschiedlicher Gesetzbücher abgeleitet und entwickelt ein rechtlich vielschichtiges Verständnis von Immobilien. Eine ganzheitliche und vor allem wirtschaftliche Sichtweise auf die Immobilie kann der juristische Immobilienbegriff allerdings nicht leisten, da das juristische Verständnis von Immobilien „mit

---

[2] Ebd., S. 7.

1 Grundlagen der Immobilienbewertung

der Grundstücksfokussierung am Kern der Sache"³ vorbeigreift. Mag eine solche Regelung für die Rechtsprechung noch sinnvoll sein, so zeichnet sich die Immobilie unter ökonomischen Gesichtspunkten maßgeblich durch die Möglichkeit ihrer Nutzung und durch die Beschaffenheit der Gebäude aus. Dies spielt für den juristischen Immobilienbegriff nur eine untergeordnete Rolle.

Beide Definitionen des Begriffs Immobilie — sowohl die physische als auch die rechtliche — genügen daher nicht den Ansprüchen, die dieses Buch stellt. Sie vernachlässigen eine Vielzahl von Aspekten, die lediglich durch ein ökonomisches Verständnis des Begriffs Immobilie erfasst werden können. Ein solcher ökonomischer Immobilienbegriff muss allerdings sowohl auf die Rechtsprechung als auch auf die physische Natur der Immobilie Rücksicht nehmen und sich im interdisziplinären Feld der Wissenschaften behaupten. Einen Vorschlag hierzu liefert Schulte:

> *„Immobilien sind Wirtschaftsgüter, die aus unbebauten Grundstücken oder bebauten Grundstücken mit dazugehörigen Außenanlagen bestehen. Sie werden von Menschen im Rahmen physisch-technischer, rechtlicher, wirtschaftlicher und zeitlicher Grenzen für Produktions-, Handels-, Dienstleistungs- und Konsumzwecke genutzt."*⁴

Auch wenn es diese Definition nicht eindeutig anspricht: Wohnen ist natürlich der bestimmende Teil der Immobilie, der mit dem Konsum des Wirtschaftsguts Immobilie aber abgedeckt werden soll. Dieser Definition gelingt es, sowohl die rechtliche als auch die physische Komponente der Immobilie in eine ökonomische Ausrichtung zu integrieren. Der größte Vorteil dieses Immobilienverständnisses liegt aber darin, dass die Immobilie richtigerweise als ein Wirtschaftsgut verortet wird, das maßgeblich durch seine Nutzung, also durch den Mieter, gekennzeichnet ist. Vor allem eine Konzentration auf diese wirtschaftlichen Eigenschaften der Immobilie erlaubt es, die Immobilie richtig zu bewerten und im Rahmen einer Investition renditeorientiert handeln zu können.

Die Definitionen, die eine Immobilie als Wirtschaftsguts beschreiben, müssen die Spezifika erfassen, die sie von anderen Wirtschaftsgütern abgrenzen. Das spezifische Merkmalset, das die Immobilie zu einem einzigartigen Wirtschaftsgut macht, begründet darüber hinaus die Zyklen, in denen sich die Immobilie bewegt.

---

[3] Ebd.
[4] Ebd., S. 16.

Werte erkennen

Zu den besonderen Eigenschaften des Wirtschaftsgutes Immobilie gehören:

- Eine lange Produktions- und Lebensdauer,
- eine begrenzte Substitutionsfähigkeit sowie
- hohe Anschaffungs- und Investitionskosten,

um an dieser Stelle nur die wichtigsten Faktoren zu nennen[5].

Eine Immobilie zu errichten benötigt Zeit. Vom Beginn der Planung bis hin zur Fertigstellung vergehen mehrere Jahre, die noch eine Verwertungsphase nach sich ziehen, in der die Immobilie vermietet werden kann. Diese lange Produktionsdauer ist der Grund für das Timelag zwischen Nachfrage und Angebot. So kann aufgrund des Timelag eine Nachfrage erst mit erheblicher Verzögerung bedient werden. Bis der Investor erste Erträge aus seinem Investitionsobjekt erhält, vergehen nicht selten bis zu fünf Jahre. Dafür erschafft ein Investor mit einer Immobilie ein langlebiges Wirtschaftsgut, das über einen Zeitraum von mehreren Jahrzehnten Erträge erzeugen kann.

Allerdings ist eine Investition in Immobilien mit einem hohen Kostenaufwand verbunden. So kann ein Großteil der Bevölkerung sein Geld nicht in Wohnimmobilien anlegen — zumindest nicht direkt. Zur Realisierung von Immobilienprojekten werden immense Summen benötigt, aber auch der Kauf einer bestehenden Immobilie ist neben den hohen Erwerbskosten noch mit einer Vielzahl an Erwerbsnebenkosten wie etwa Grunderwerbsteuer, Gutachter-, Notar- und Maklerkosten verbunden.

Diese Merkmale allein machen die Immobilie allerdings noch nicht zu einem einzigartigen Wirtschaftsgut. Die wichtigsten Eigenschaften jeder Immobilie sind ihre Immobilität und ihre Heterogenität. Dabei bedingen sich diese zwei Faktoren gegenseitig: Die Heterogenität des Wirtschaftsguts, der Fakt, dass keine Immobilie einer anderen gleicht, liegt vor allem in der Immobilität begründet. Eine Immobilie ist unbeweglich, also an einen festen Ort gebunden und ihre Lage ist immer einzigartig.

Die Lage einer Immobilie determiniert aber auch ihren Wert und ihre Nutzbarkeit. Vom Straßenzug über das Viertel, die Stadt und die Region bis hin zum Land, in dem ein Objekt liegt, ist jede einzelne Immobilie stark von lokalen technischen, wirtschaftlichen und soziologischen Faktoren abhängig. Aus diesem Grund hat

---

[5] Für eine vollständige Auflistung aller Besonderheiten siehe: Nico B. Rottke: Immobilienwirtschaftslehre als wissenschaftliche Disziplin. In: Ders. und Matthias Thomas (Hg.): Immobilienwirtschaftslehre. Band I: Management. Köln 2011, S. 41 ff.

sich sowohl in der Presse[6] als auch in der Fachliteratur das „erste Gebot beim Immobilienkauf" als unumstößliche Wahrheit etabliert.

Doch es genügt, wie wir eingangs schon aufgezeigt haben, nicht, bei einem Immobilienkauf lediglich auf „Lage, Lage und nochmals Lage" zu achten. Dass der Standort einer Immobilie einen hohen Einfluss auf ihren Wert hat, ist unbestritten. Es gibt allerdings Faktoren, die den Wert einer Immobilie noch wesentlich stärker beeinflussen als die die Lage: Timing, Timing und nochmals Timing.[7] Denn sind Immobilien auch hinsichtlich ihrer Lage immobil und statisch, ihr Wert zeichnet sich durch eine immense temporäre Dynamik aus. Eine Immobilienanalyse mit der Dynamischen Methode wird demnach nicht weniger leisten, als die Immobilie zu dynamisieren. Die bereits erwähnten Zyklen hängen untrennbar mit dem „Timing" zusammen. Bevor die Dynamischen Methode detailliert beschrieben wird, sollen daher einige theoretische Überlegungen zu den Zyklen angestellt werden. Denn das Timing einer Immobilie zu beachten bedeutet nichts anderes, als ihre Position im Mikro- und Makrozyklus zu erkennen und richtig zu bewerten.

1.1.2 Anlässe der Immobilienbewertung

Zunächst ist es sinnvoll, die Anlässe näher zu betrachten, die eine Immobilienbewertung auslösen können. Warum finden Wertermittlungen überhaupt statt? Die Anlässe für eine Wertermittlung sind in Tabelle 2 gesammelt. Betrachtet man die unterschiedlichen Anlässe, so wird schnell deutlich, dass sie unterschiedliche Ansprüche an die Wertermittlung stellen. So liegen die Vorstellungen vom Ergebnis einer Wertermittlung zur Sanierung eines Rathauses sicherlich weit entfernt von denen einer Investorengruppe, die ein Mietshaus erwerben möchte. Genauso unterscheidet sich die Wertermittlung, die ein Eigentümer in Auftrag gibt, um seine Wohnung gegen Feuerschäden zu versichern, von der Bewertung unternehmensinterner Immobilienbestände mit dem Ziel, Kapitalkosten und Abschreibungsraten zu ermitteln. Um diesen unterschiedlichen Ansprüchen gerecht zu werden, zielt jeder Bewertungsanlass auf einen spezifischen Wertbegriff, der mit einem bestimmten Wertermittlungsverfahren ermittelt werden kann. Schon der Anlass einer

---

[6] SZ vom 26. Januar 2007: Investieren in Immobilien. Lage, Lage, Lage. http://www.sueddeutsche.de/geld/investieren-in-immobilien-lage-lage-lage-1.554008, FAZ vom 28. Dezember 2011: Kapitalanlage Immobilien. Lage, Lage, Lage. http://www.faz.net/aktuell/finanzen/kapitalanlage-immobilien-lage-lage-lage-11579987.html, WELT Online vom 29. April 2000: Die Immobilienregel gilt immer noch: „Lage, Lage, Lage", http://www.welt.de/print-welt/article511973/Die-Immobilien-Regel-gilt-immer-noch-Lage-Lage-Lage.html.

[7] Die gleiche Meinung vertritt: Hanspeter Gondring: Immobilienwirtschaft: Handbuch für Studium und Praxis. München 2004, S. 41: „Für den Erfolg einer Projektentwicklung ist vor allem das Timing entscheidend."

Werte erkennen

Bewertung begründet daher weitreichende Implikationen für die Bewertungsmethode und den Wertbegriff.

Immobilientransaktion
- Kauf einer Immobilie
- Verkauf einer Immobilie

Finanzierung

Direkte Immobilieninvestition

Gesetzliche Anlässe
- Ermittlung von Besteuerungsgrundlagen
- Zwangsversteigerung
- Im Rahmen von Familienangelegenheiten
  - Ehescheidung
  - Erbfall und Nachlassregelung
- Lasten und Beschränkungen (Erbbaurecht, Nießbrauch etc.)
- Beleihungszweck
- Abschluss von Gebäudeversicherungen
- Zwangsversteigerung
- Enteignung, Entschädigung

Ermittlung von Vermögenswerten bei Kapitalgesellschaften, Fonds o. ä.

Jahresabschluss von Unternehmen nach IFRS

Firmenübernahme

Performance-Messung

Aufdeckung stiller Reserven zur Erhöhung der Eigenkapitalquote

Institutionelle Anlässe
- Bodenordnung, Umlegung
- Gebäudesanierung

Tab. 2: Anlässe zur Immobilienbewertung[8]

---

[8] Vgl. Andreas Pfnür: Modernes Immobilienmanagement. Immobilieninvestment, Immobiliennutzung, Immobilienentwicklung und -betrieb. 3., vollständig überarbeitete und aktualisierte Auflage. Heidelberg 2011, S. 49 ff.

1 Grundlagen der Immobilienbewertung

Es zeigt sich, dass Privatpersonen, Unternehmen und öffentliche Institutionen ihre Immobilien aus unterschiedlichen Anlässen bewerten. Eine erste Möglichkeit, die Bewertungsanlässe zu ordnen, bietet daher der Eigentümer der Immobilie. Darüber hinaus hat sich in der Fachliteratur eine zweite Unterteilung etabliert, die zwischen „freiwilligen" und „unfreiwilligen" Anlässen unterscheidet.[9] Ein freiwilliger Anlass ist dabei einer, der eine Bewertung nicht zwingend erfordert, wogegen ein unfreiwilliger Anlass die Bewertung gesetzlich oder vertraglich vorschreibt.

Der wohl häufigste Anlass einer freiwilligen Immobilienbewertung ist die Immobilientransaktion. Gutachten, die im Zuge einer Immobilientransaktion erstellt werden, dienen dazu, Grenzpreise für die Verhandlungen zu ermitteln, also genau den Preis, den ein Käufer gerade noch zu zahlen bereit ist, bzw. den der Verkäufer mindestens verlangen muss, um durch die Transaktion keinen wirtschaftlichen Schaden zu nehmen.

Typische Beispiele für unfreiwillige Anlässe sind die Ermittlung von Immobilienwerten zum Zwecke der Kreditvergabe, zur Festsetzung von Versicherungswerten oder zu steuerlichen Zwecken. Für Unternehmen sind die Jahresabschlüsse ebenfalls ein unfreiwilliger Anlass der Immobilienbewertung. Die Jahresabschlüsse müssen bei kapitalmarktorientierten Unternehmen seit dem Jahr 2005 nach den „International Financial Reporting Standards" (IFRS) erstellt werden. Diese für kapitalmarktorientierte Unternehmen mit Sitz in Deutschland verpflichtenden Standards sind erlassen worden, um eine Vergleichbarkeit internationaler Jahresabschlüsse zu gewährleisten und schreiben eine jährliche Neubewertung aller Bestandsimmobilien vor.

Die zwei Klassifikationsmöglichkeiten — Freiwilligkeit und Eigentümer — ergeben ein Raster, in dem die Bewertungsanlässe verortet werden können. Legt man sie übereinander, lassen sich die Anlässe einer Immobilienbewertung wie in Tabelle 3 darstellen.

---

[9] Siehe hierzu: Engelbrecht Bernhard: Grundsätze und Technik ordnungsgemäßer Immobilienbewertung. Heidelberg 1998, S. 10.

	Freiwillige Anlässe	Unfreiwillige Anlässe
Privatpersonen	· Immobilientransaktion · Direkte Immobilieninvestition	· Ermittlung von Besteuerungsgrundlagen · Zwangsversteigerung · Ehescheidung · Erbfall · Lasten und Beschränkungen · (Erbbaurecht, Nießbrauch etc.) · Beleihungszweck · Abschluss von · Gebäudeversicherung · Zwangsversteigerung · Enteignung, Entschädigung
Unternehmen	· Immobilientransaktion · Direkte Immobilieninvestition · Performance-Messung · Aufdecken stiller Reserven zur Erhöhung der Eigenkapitalquote	· Ermittlung von Vermögenswerten bei Kapitalgesellschaften, Fonds o. ä. · Jahresabschluss von Unternehmen nach IFRS · Firmenübernahme
Öffentliche Institutionen	· Gebäudesanierung · Direkte Immobilieninvestition	· Bodenordnung, Umlegung

Tab. 3: Anlässe einer Immobilienbewertung nach Freiwilligkeit und Person[10]

Mit der Dynamischen Methode werden Immobilienbewertungen aus Anlass einer Immobilieninvestition vorgenommen. Dabei besitzt dieser Anlass einige Besonderheiten, denn ein direktes oder indirektes Investment löst mehrere Bewertungen in einem aus.

So beginnt eine Investition immer mit dem Kauf einer Immobilie, also einer Initialbewertung des Objekts. Darüber hinaus muss jedoch schon vor dem Kauf eine abschließende Bewertung für den Zeitpunkt des Verkaufs antizipiert werden. Die Besonderheit des Immobilieninvestments liegen also in der Bewertung einer Immobilie mit dem Fokus auf einen zukünftigen Wert und dessen Differenz zum aktuellen Wert. Drei Fragen bringen die Wertermittlung im Rahmen einer Immobilieninvestition auf den Punkt:

1. Was ist die Immobilie jetzt wert?
2. Was ist die Immobilie am Ende des Investments wert?
3. Wie kann ich den Anfangswert zum Endwert heben?

---

[10] Vgl. ebd. und gesammelt aus Pfnür: Modernes Immobilienmanagement, S. 49 f.

1 Grundlagen der Immobilienbewertung

Die normierten Wertermittlungsverfahren können, wie Kapitel 1.2 „Etablierte Wertermittlungsverfahren" zeigen wird, auf diese Fragen nur in schwankender Qualität antworten. Mit den etablierten Immobilienbewertungsmethoden gelingt es lediglich, den Wert einer Immobilie zu einem bestimmten Zeitpunkt zu ermitteln, allerdings unter Vernachlässigung der Marktdynamik. Die Dynamische Methode hingegen „denkt" den Verkauf des Objekts schon im Moment der Initialbewertung mit. Wie die Dynamische Methode dabei verfährt, wird in Kapitel 1.3 „Werte erkennen mit der Dynamischen Methode" beschrieben.

Im Rahmen einer Transaktion besteht zwischen dem Verkäufer und Käufer ein Interessenkonflikt. Versucht der Verkäufer den maximalen Erlös zu generieren, so ist dem Käufer stets daran gelegen, einen möglichst geringen Betrag zu bezahlen — jeder ist auf seinen individuellen Vorteil bedacht. Diesen Interessenkonflikt möglichst objektiv zu lösen ist Ziel der Wertermittlung, die im Rahmen einer Immobilientransaktion durchgeführt wird. Damit dies gelingen kann, muss der Wertermittlung ein spezifisches Verständnis von Wert zugrunde liegen. Denn nicht jeder Wertbegriff ist geeignet, um eine Immobilienbewertung für eine Transaktion vorzunehmen. Welche Wertvorstellungen dies leisten können, zeigt das folgende Kapitel.

1.1.3 Wertbegriffe

In den vorherigen Kapiteln wurde bereits beschrieben, wie unterschiedlich die Anlässe für eine Immobilienbewertung und damit auch die Interessen der Adressaten einer Wertermittlung sein können. Daher ist es unerlässlich, die verschiedenen Wertbegriffe zu kennen und klar zu definieren, welche Vorstellungen bzw. Konzepte der jeweiligen Wertermittlungsmethode zugrunde liegen.

Im deutschsprachigen Raum wird zwischen den folgenden wichtigen Klassen von Wertbegriffen unterschieden. Die folgende Tabelle zeigt die wichtigsten Konzepte, die im Rahmen der Bewertungsverfahren Anwendung finden.

Werte erkennen

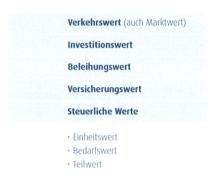

Tab. 4: Wertbegriffe[11]

Bevor wir uns mit dem Verkehrswert und dem Investitionswert den für die Dynamische Methode entscheidenden Wertbegriffen nähern, soll ein kurzer Blick auf die übrigen Konzepte geworfen werden.

Der Beleihungswert

Der Beleihungswert einer Immobilie ist juristisch nicht definiert. Er hat jedoch eine besondere Bedeutung, da er die maßgebliche Grundlage für die Ausgestaltung von Darlehenskonditionen bei Kreditvergaben darstellt. Die Werthaltigkeit eines Grundstücks als Absicherung von Fremdfinanzierungen war ein entscheidender Antrieb in der Entwicklung der Wertermittlung und „hat in der Vergangenheit die Immobilienbewertung am stärksten geprägt."[12] Am Beleihungswert wird nicht nur die maximale Kredithöhe, sondern auch das Risiko eines Kredits gemessen. Als Wertbegriff ist der Beleihungswert daher eng mit der subjektiven Perspektive der Kreditinstitute verbunden.

Inhaltlich wird der Beleihungswert in § 12 Abs.1 des Hypothekenbankgesetz (HBG) erläutert:

> „Der bei der Beleihung angenommene Wert des Grundstücks darf den durch sorgfältige Ermittlung festgestellten Verkaufswert nicht übersteigen. Bei der Feststellung dieses Werts sind nur die dauernden Eigenschaften des Grundstücks und der Ertrag zu berücksichtigen, welchen das Grundstück bei ordnungsmäßiger Wirtschaft jedem Besitzer nachhaltig gewähren kann."

---

[11] Vgl. Pfnür: Modernes Immobilienmanagement.
[12] Ebd., S. 55.

Grundlagen der Immobilienbewertung

Die zentrale Aussage dieses Abschnitts ist, dass der Beleihungswert den Verkehrswert, also den Marktwert eines Grundstücks oder Gebäudes nicht überschreiten darf. In der Praxis liegt er meist deutlich darunter, da die Kreditinstitute Sicherheitsabschläge vornehmen, um Überbewertungen zu vermeiden. Auf diese Weise soll gewährleistet werden, dass auch im ungünstigsten Fall zumindest der Beleihungswert in einem Verkauf realisiert und die Kreditsicherheit erzielt werden kann.

Langfristige Marktentwicklungen und Marktpotenziale finden in der ursprünglichen Konzeption des Beleihungswerts keinen Eingang. Da solche Entwicklungen aber einen großen Einfluss auf den erzielbaren Erlös des Bewertungsobjekts über die Kreditlaufzeit besitzen, hat sich im Zuge der Vereinheitlichung europäischer Immobilienbewertungsstandards der Beleihungswert im Mortgage Lending Value niedergeschlagen.

Der Mortgage Lending Value gibt eine detaillierte Einschätzung zu „zukünftigen Vermarktungschancen des Bewertungsobjekts. Hierzu werden die nachhaltigen Eigenschaften des Grundstücks, die normalen und lokalen Marktgegebenheiten sowie die gegenwärtige und alternativ mögliche Nutzungsform der Immobilie berücksichtigt."[13] Hier ist in der Entwicklung des Beleihungswerts ein vernünftiger Schritt vollzogen worden. Denn wie die Dynamische Methode später zeigen wird, liegt in der Betrachtung der Marktdynamik der Schlüssel einer jeden nachhaltigen Wertermittlung.

Der Versicherungswert

Der Versicherungswert wird immer dann ermittelt, wenn ein Gebäude z. B. gegen Sturm-, Leitungswasser- oder Feuerschäden abgesichert werden soll. Da Grundstücke von Risiken dieser Art in ihrem Wert kaum beeinflusst werden, richtet sich das Interesse einer Versicherungswertermittlung lediglich auf das Gebäude und seine bauliche Substanz — der Versicherungswert wendet also einen physischen Immobilienbegriff an. Generell ist der Versicherungswert in § 88 des Versicherungsvertragsgesetzes geregelt.

> *„Soweit nichts anderes vereinbart ist, gilt als Versicherungswert, wenn sich die Versicherung auf eine Sache oder einen Inbegriff von Sachen bezieht, der Betrag, den der Versicherungsnehmer zur Zeit des Eintritts des Versicherungsfalls für die Wiederbeschaffung oder Wiederherstellung der versicherten Sache in neuwertigem Zustand unter Abzug des sich aus dem Unterschied zwischen alt und neu ergebenden Minderwerts aufzuwenden hat."*

---

[13] Schulte: Immobilienökonomie Band 1, S. 463.

Werte erkennen

Als Versicherungswert gilt also der ortsübliche Neubauwert unter Abzug eines Betrags, der die Abnutzung des Gebäudes kalkuliert. Hier ist vor allem die Position des Gebäudes in seinem Lebenszyklus, also das Alter der Bausubstanz von Bedeutung. Im Rahmen von Immobilieninvestitionen wird dieser Wert interessant, da er Auskunft über die zu kalkulierenden Risikokosten gibt, die einen Teil der Nutzungskosten darstellen. Die Versicherungswerte können allerdings keinen Investitionswert einer Immobilie bestimmen. Sie vernachlässigen den Markt und ermitteln Wiederherstellungswerte. Der Versicherungswert ist daher ungeeignet, um eine gesamtheitliche Wertermittlung zu beschreiben.

Steuerliche Werte

Als steuerliche Bemessungsgrundlage zur Erhebung unterschiedlicher Arten von Steuern dient die Wertermittlung von Immobilien. Die wichtigsten Steuerarten sind dabei die Grunderwerbsteuer, die Erbschaftssteuer, die Schenkungssteuer, die Grundsteuer und die Gewerbesteuer.

Grundsätzlich wurde für die Ermittlung steuerlicher Immobilienwerte der Einheitswert verwendet. Da sich dieser Wert in der Praxis aber immer mehr von real erzielten Verkaufserlösen unterscheidet, wird der Einheitswert in Deutschland mittlerweile nur noch zur Ermittlung der Grundsteuer, die im laufenden Betrieb der Immobilie zu entrichten ist, angewendet. Der Einheitswert wird von den Finanzbehörden im Rahmen von Nachfeststellungen und Fortschreibungen aktualisiert. Er wird auf der Grundlage eines Werts mit dem Bewertungsstichtag 1. Januar 1964 ermittelt. Dieser Wert findet — wenn auch „erhöht um einen 40-Prozent-Zuschlag"[14] — heute noch Anwendung. Zur Wertermittlung wird das Ertragswertverfahren auf den genannten Bewertungsstichtag hin verwendet. Auch für die Gewerbesteuer ist der Wert der Immobilie maßgeblich.

Für die verschiedenen Steuerkategorien wurden im Zuge des Bedeutungsverlusts des Einheitswerts eigene Wertermittlungsverfahren und Wertbegriffe entwickelt. So wird seit dem 1. Januar 2009 für die Erbschafts- und Schenkungssteuer der „gemeine Wert" (§ 9 Abs. 2 des Bewertungsgesetzes) verwendet — „Definition und Bewertungsverfahren entsprechen in der Praxis dem Verkehrswert"[15]. Eine genaue Analyse der steuerlichen Werte würde an dieser Stelle jedoch zu sehr ins Detail führen. Steuerliche Werte sind in ihrer Konzeption auf spezielle Anlässe zugeschnitten und nicht für die Investitionsanalyse geeignet.

---

[14] Ebd.
[15] Pfnür: Modernes Immobilienmanagement, S. 53.

1 Grundlagen der Immobilienbewertung

Der Verkehrswert

Der Verkehrswert ist für die Wertermittlung aus unterschiedlichen Anlässen von Bedeutung. Er ist die rechtliche Grundlage für die Bemessung einer Entschädigung oder Enteignung und kommt bei Zwangsvollstreckungen zum Einsatz. Darüber hinaus entspricht der Verkehrswert in weiten Teilen auch dem Fair Value, dem beizulegenden Zeitwert der Bilanzbuchhaltung. Seine größte Bedeutung hat der Verkehrswert allerdings bei der Wertermittlung anlässlich einer Immobilientransaktion und stellt damit auch den maßgeblichen Wertbegriff der Dynamischen Methode dar.

Der Verkehrswert beschreibt den Wert, den ein Grundstück zu einem bestimmten Zeitpunkt auf dem Markt besitzt. Im Baugesetzbuch ist er wie folgt definiert:

> *„Der Verkehrswert (Marktwert) wird durch den Preis bestimmt, der in dem Zeitpunkt, auf den sich die Ermittlung bezieht, im gewöhnlichen Geschäftsverkehr nach den rechtlichen Gegebenheiten und tatsächlichen Eigenschaften, der sonstigen Beschaffenheit und der Lage des Grundstücks oder des sonstigen Gegenstands der Wertermittlung ohne Rücksicht auf ungewöhnliche oder persönliche Verhältnisse zu erzielen wäre."*

Bei einer schrittweisen Annäherung an die Definition und ihre Implikationen fällt zunächst die Identität von Verkehrswert und Marktwert auf. Der Klammerzusatz „Marktwert" wurde 2004 im Rahmen einer Änderung des BauGB in Zusammenhang mit dem Gesetz zur Anpassung des Baugesetzbuchs an EU-Richtlinien (EAG-Bau) in das Baugesetzbuch aufgenommen. Er betont die Kongruenz des deutschen Begriffes „Verkehrswert" mit dem international gebräuchlichen Terminus „Marktwert" bzw. „Market Value". Das wichtigste Kriterium des Verkehrswerts — wenn er als Marktwert verstanden wird — ist seine Realisationsmöglichkeit im gewöhnlichen Geschäftsverkehr. Um einen gewöhnlichen Geschäftsverkehr handelt es sich dann, wenn die Kriterien freier Handel in einem freien Markt erfüllt sind. Der freie Markt hat folgende Kennzeichen:

- Die Offenheit des Markts, d. h., der Markt darf nicht durch Vorschriften oder Gesetze zugangsbeschränkt sein.
- Die Freiheit der Marktteilnehmer, d. h., weder Käufer noch Verkäufer dürfen unter zeitlichem Druck oder Zwang stehen.
- Die Wohlinformiertheit von Käufer und Verkäufer, d. h., beide müssen Zugang zu den entscheidenden Informationen besitzen und gegebenenfalls unter sachlicher Beratung stehen.

Werte erkennen

Zu den Prinzipien des gewöhnlichen Geschäftsverkehrs, die den Verkehrswert auszeichnen, tritt ein Ausschluss persönlicher oder ungewöhnlicher Verhältnisse. Dies ist nötig, um den Verkehrswert etwa von Freundschaftspreisen abzugrenzen.

Neben der Definition als Marktwert legt § 194 BauGB den Umfang des Verkehrswerts fest. In einer Verkehrswertermittlung müssen die rechtlichen Gegebenheiten — also Wegerechte, Nießbrauch oder andere juristische Belastungen —, die tatsächlichen Eigenschaften, sonstige Beschaffenheit des Grundstücks — etwa anfällige Reparaturen — und die Lage des Grundstücks berücksichtigt werden. Unter die genannten Merkmale fällt auch die Berücksichtigung der Marktdynamik, die von vielen Bewertungsverfahren nur unzureichend erfasst werden kann. Diesen Verfahren gelingt es nicht, den Marktmechanismus und damit das Zusammenspiel von Angebot und Nachfrage, von Marktpotenzialen und -gefahren im Verkehrswert abzubilden.

Dabei haben diese Faktoren einen immensen Einfluss auf den Wert einer Immobilie. Herrscht ein großes Angebot bei gleichzeitig geringer Nachfrage, sinkt der Wert einer Immobilie, während ein knappes Angebot auf einem Markt mit hoher Nachfrage den Wert in die Höhe treibt. Die Entwicklungspotenziale der Immobilie werden in der juristischen Definition zwar nicht explizit genannt, aber „es [ist] im Handel mit Immobilien geradezu verkehrswertimmanent, dass objektiv sich abzeichnende, rechtlich zulässige, finanziell und auch sonst in absehbarer Zeit realisierbare Entwicklungen ohne spekulative Momente Berücksichtigung finden [...]. Der Verkehrswert definiert sich damit als ein Zukunftserfolgswert."[16] Diese Feststellung ist noch nicht in der gesamten Branche angelangt. Immer wieder wird der Verkehrswert nach § 194 BauGB auf einen einzelnen Zeitpunkt limitiert, einen Stichtag, der nur „kurzfristig vor bzw. nach dem Wertermittlungstag auftretende werteinflussnehmende Tatbestände"[17] berücksichtigt.

Der Verkehrswert soll im Idealfall einen objektiven Marktwert abbilden, der sowohl den Wert zu einem bestimmten Zeitpunkt als auch die möglichen Entwicklungspotenziale berücksichtigt. Allerdings soll der Verkehrswert einen „interindividuellen Wert repräsentieren"[18], also einen Wert, den das Grundstück im Durchschnitt für alle möglichen Käufer oder Verkäufer besitzt — so zumindest die herrschende Meinung. Daher kann sich der so definierte Verkehrswert deutlich von den Preisen,

---

[16] Hans-Hermann Francke und Heinz Rehkugler: Immobilienmärkte und Immobilienbewertung. 2., vollständig überarbeitete Auflage. München 2011, S. 263.

[17] Siegfried Sandner und Ulrich Weber: Lexikon der Immobilienwertermittlung A–Z. Köln 2007, S. 690.

[18] Schulte: Immobilienökonomie Band 1, S. 461.

die in der Realität erzielt werden, unterscheiden. Dies liegt an der Konzeption des Verkehrswerts, der die Wertvorstellungen von Käufer und Verkäufer weitestgehend außer Acht lässt, damit ein objektiver Wertbegriff ermittelt werden kann. Als Schätzwert ist der Verkehrswert zudem keine mathematisch genaue Größe und wird in den Gutachten meist auf- bzw. abgerundet. Dem Verkehrswert fehlen allerdings die Instrumentarien, um sein Potenzial in Gänze entfalten zu können. Daher wird sich die Dynamische Methode zwar am Verkehrswert orientieren, ihn allerdings auf die wesentlichen Belange einer Immobilieninvestition zuschneiden.

Der gesamtheitliche Investitionswert

Wie eben erwähnt, wird sich die Dynamische Methode am Verkehrswert in seinen Grundzügen orientieren, denn seiner Definition nach ist der Verkehrswert ein Marktwert und muss somit auch die Wertentwicklungspotenziale von Immobilien berücksichtigen. Da dies in der Praxis allerdings nur eingeschränkt Beachtung findet und der Verkehrswert als ein punktueller Wert, wie wir ihn in der Einleitung beschrieben haben, verwendet wird, muss für die Dynamische Methode eine erweiterte Vorstellung vom Wert einer Immobilie als Investitionsobjekt entwickelt werden.

Bevor wir versuchen, den gesamtheitlichen Wert der Immobilie näher zu fassen, soll an dieser Stelle noch einmal deutlich gemacht werden, dass der Wert einer Immobilie nicht zwangsläufig dem Kaufpreis entspricht. Für den nachhaltigen Wert gilt dies noch weniger als für die oben behandelten Wertbegriffe. Der Preis einer Immobilie ist der Betrag, der tatsächlich für eine Immobilie bezahlt wird. Er kann vom Verkehrswert abweichen, wenn eine Immobilie zu einem Liebhaberpreis, der über dem Marktwert liegt, erworben wird oder ein Verkäufer aus finanzieller Not heraus dazu gezwungen ist, seine Immobilie unter Marktwert zu veräußern.

Der gesamtheitliche Wert bezieht explizit die Entwicklungspotenziale eines Immobilieninvestments in die Wertermittlung ein. Er ist in erster Linie also nicht der Wert einer Immobilie, sondern der Wert eines Immobilieninvestments.

Veranschaulichen wir diese Problematik an einem Beispiel. Eine Immobilie in Berlin-Kreuzberg besitzt heute den Marktwert von 1.000.000 Euro. Die Marktprognose sowie der Mikrozyklus der Immobilie weisen günstige Investitionsbedingungen auf, sodass die Immobilie nach einer Haltedauer von fünf Jahren 2.000.000 Euro wert ist. Niemand wird heute bereit sein, die Immobilie für 2.000.000 Euro zu erwerben (zumal Sanierungskosten entstehen, bis der Wert gesteigert ist). Allerdings sollte ein gesamtheitlicher Wert die immense Wertentwicklung, die innerhalb einer kurzen

Werte erkennen

Allerdings erfüllt auch die Bruttorendite eine wichtige Funktion im Rahmen des Investitionszyklus: Sie gibt Auskunft über die verfügbare Wertschöpfungstiefe für Wertsteigerungsmaßnahmen. Aus der Bruttorendite lässt sich ableiten, in welchem Verhältnis die Sanierungskosten zur Wertsteigerung stehen dürfen. Bei einer Bruttorendite von zehn Prozent darf eine Wertsteigerung um 1.000 Euro daher nicht mehr als 10.000 Euro kosten. Bevor gezeigt wird, wie diese Kosten am Markt zu ermitteln sind, verdeutlicht die folgende Abbildung die Umfänge der Renditeformen.

Abb. 3: Umfänge der Renditeformen

Die Bruttorendite berechnet sich aus der oben abgebildeten Formel. Sie umfasst daher allerdings noch versteckte Kosten, entspricht also nicht dem „wirklichen" Ertrag des Investors. Um die Nettorendite zu erhalten, muss die Bruttorendite um die Erwerbsnebenkosten, die Instandhaltungskosten, die Verwaltungskosten und das Mietausfallwagnis bereinigt werden. Sollte Fremdkapital verwendet werden muss auch dies von der Nettorendite abgezogen werden, um schließlich die Eigenkapitalrendite zu erhalten.

1 Etablierte Wertermittlungsverfahren

Inwieweit es den etablierten Verfahren zur Wertermittlung gelingt, den Verkehrswert auch als einen gesamtheitlichen Investitionswert der Immobilie zu ermitteln, wird zu diskutieren sein. Der folgende Abschnitt gibt einen Überblick über die Wertermittlungspraxis in Deutschland und zeigt die Limitationen der einzelnen Verfahren auf. Wirklich befriedigende Ergebnisse im Rahmen einer Immobilientransaktion werden kaum geliefert. Die Ergebnisse bedürfen bedeutender Modifikationen, um einen wirklichen, nachhaltigen Wert, der dem Markt entstammt, zu ermitteln und offenbaren auf diese Weise ihren blinden Fleck: Sie vernachlässigen die Dynamik des Markts und ermitteln statische Werte.

1.2 Etablierte Wertermittlungsverfahren

In Deutschland hat die Ermittlung von Immobilienwerten eine lange Tradition. Schon im 19. Jahrhundert beginnt die Verkehrswertermittlung und mit ihr die Diskussion um die richtige Wertermittlungsmethode.[19] Dabei stehen drei klassische Verfahren zur Verkehrswertermittlung im Zentrum: Das Vergleichswertverfahren, das Sachwertverfahren und das Ertragswertverfahren.

Jedes Verfahren zeichnet sich durch ein spezifisches Vorgehen und bestimmte methodische Prämissen aus, die es nur für bestimmte Anlässe einsetzbar macht:

- Das **Vergleichswertverfahren** etwa besitzt nach wie vor ein hohes Ansehen, wenn es darum geht, den Marktwert einer Immobilie zu ermitteln. Es analysiert dafür vergangene Käufe von Immobilien vergleichbarer Größe und in vergleichbarer Lage. Da dem Vergleichswert real gezahlte Kaufpreise aus dem Markt zugrunde liegen, hat das Vergleichswertverfahren den Ruf, besonders nah am Markt zu operieren und das reale Marktgeschehen abbilden zu können.
- Das **Ertragswertverfahren** hat seinen Ursprung hingegen in der Beleihungspraxis und richtet sich am Marktgeschehen aus. Der Ertragswert ist für die Bewertung von Immobilien, mit denen eine Renditeabsicht verfolgt wird, am geeignetsten.
- Das **Sachwertverfahren** hat im Gegensatz zu den beiden anderen Verfahren den Ruf einer nicht mehr marktgerechten Vorgehensweise. Der ihm zugrunde liegende physische Immobilienbegriff (im englischen „bricks and mortar" genannt) konzentriere sich zu stark auf die Bausubstanz und vernachlässige den Marktzyklus.

---

[19] Vgl. Francke und Rehkugler: Immobilienmärkte und Immobilienbewertung, S. 267.

Werte erkennen

Dennoch wird immer wieder darauf hingewiesen, dass die „deutsche Bewertungspraxis […] seit jeher stringent darauf ausgerichtet [ist], die Bewertungsverfahren an das tatsächliche Marktgeschehen auf dem Grundstücksmarkt zu orientieren."[20] Allerdings bleibt diese Immobilienbewertung weit hinter den Möglichkeiten zurück, die eine detaillierte und genaue Analyse des Immobilienmarkts liefern kann.

Die Wertermittlungsreform aus dem Jahr 2010 legt zwar explizit nahe, dass „zur Marktanpassung die allgemeinen Wertverhältnisse auf dem Grundstücksmarkt"[21] zu berücksichtigen sind. Doch diese Formulierung zeigt schon deutlich das Problem der normierten Wertermittlungsverfahren: Die Werte, die mittels des Vergleichs-, Sach- und Ertragswertverfahrens gewonnen werden, müssen an aktuelle Marktgegebenheiten angepasst werden. Sie werden also per Definition nicht direkt dem Markt entnommen, sondern mittels eines Marktanpassungsfaktors an das Marktgeschehen angeglichen.

Eine Besonderheit des deutschen Immobilienbewertungswesens ist die enge Verknüpfung wirtschafts- und rechtswissenschaftlicher Arbeit. Denn nicht nur die zentralen Termini der Immobilienbewertung sind gesetzlich normiert, auch die drei klassischen Verfahren zur Wertermittlung sind in der Immobilienwertermittlungsverordnung festgelegt. Auf diese Weise befindet sich die deutsche Immobilienwirtschaft in der glücklichen Situation, über ein detailliert geregeltes Fachvokabular zu verfügen. Darüber hinaus können Rechtsstreitigkeiten einfacher zu einer Lösung kommen, wenn die Ermittlungsverfahren in ihren Grundzügen juristisch geregelt sind.[22]

Die detaillierte Fixierung der Wertermittlungsverfahren soll aber nicht den Anschein erwecken, dass die einzelnen Verfahren nicht weiterentwickelt werden. Sowohl in der Wertermittlungsreform 1988 als auch in der Wertermittlungsreform 2010 sind zum Teil tiefgreifende Änderungen an den klassischen Verfahren vorgenommen worden. Zudem haben sich in der täglichen Praxis der Wertermittlung weitere, nicht normierte Wertermittlungsmethoden durchgesetzt. So finden z. B. die vor allem im angloamerikanischen Raum angesehenen Discounted-Cashflow- (DCF) und Residualverfahren auch in Deutschland vermehrt Beachtung.[23]

---

[20] Ebd., S. 268.

[21] Thomas H. Garthe: Die Wertermittlungsreform. Neue Grundsätze bei der Immobilienbewertung. München 2010, S. 16.

[22] Vgl. Francke und Rehkugler: Immobilienmärkte und Immobilienbewertung, S. 269.

[23] Zur Residualwertmethode siehe etwa Franz Reuter: Zur praktikablen Verwendung des Residualverfahrens bei der Ermittlung von Verkehrswerten. In: WFA – WertermittlungsForum Aktuell (2002), Heft 3, S. 112–118. Als Beispiel für die Bedeutung des DCF-Verfahrens ist das Drängen auf die Aufnahme in die ImmoWertV zu lesen.

1 Etablierte Wertermittlungsverfahren

Ein großer Teil der heute praktizierten Wertermittlungsverfahren lässt sich allerdings zumeist auf die klassischen drei Verfahrensmuster Vergleichswert-, Sachwert- und Ertragswertverfahren zurückführen. Daher werden sie im weiteren Verlauf besonders betrachtet. Viele der neuen Methoden sind lediglich eine Spezialisierung dieser drei Verfahren für bestimmte Problemstellungen. Ergänzend werden wir noch ein Blick auf die oben genannten Verfahren aus dem angloamerikanischen Raum, auf das DCF- und das Residualwertverfahren, werfen.

In den folgenden Abschnitten wird nicht jeder Spezialfall und jeder Immobilientypus detailliert vorgestellt. Das ist in diesem Rahmen nicht erforderlich. Es geht hier vielmehr darum, ein Verständnis für die jeweilige Methodik und die Funktionsweise der Wertermittlungsverfahren zu wecken.

1.2.1 Das Vergleichswertverfahren

Das Vergleichswertverfahren ist ein in der akademischen Forschung anerkanntes Verfahren und besitzt, so die Meinung der Experten, Vorteile gegenüber den beiden anderen Methoden zur Verkehrswertermittlung. Es genießt „in Deutschland den Rang der wohl zuverlässigsten und überzeugendsten Methode zur Verkehrswertermittlung"[24] und wird „im Normalfall"[25] zu einer Verkehrswertermittlung herangezogen. Diese Einschätzung teilt auch die Rechtsprechung, die „den sichersten Anhalt für die Ermittlung des gemeinen Werts" in den „in der letzten Zeit gezahlten Vergleichspreisen"[26] sieht.

Über die Reichweite der Anwendung des Vergleichswertverfahrens herrscht hingegen in der akademischen Forschung Uneinigkeit. Während ein Teil der Experten es auch für bebaute Grundstücke und vor allem für Eigentumswohnungen für geeignet hält,[27] schränken andere die Anwendbarkeit auf unbebaute Grundstücke ein. Sie vertreten die Meinung, dass die exponierte Stellung des Vergleichswertverfahrens bei der Wertermittlung von „bebauten Grundstücken i. d. R. nicht gegeben"[28] ist. Eher skeptisch steht die Forschung dem Vergleichswertverfahren

---

[24] Francke und Rehkugler: Immobilienmärkte und Immobilienbewertung, S. 270.
[25] Schulte: Immobilienökonomie Band I, S. 470.
[26] Zitiert aus einem Urteil des Preußischen Oberlandesgerichts aus dem Jahr 1910 nach Wolfgang Kleiber: Verkehrswertermittlung von Grundstücken. Kommentar und Handbuch zur Ermittlung von Marktwerten (Verkehrswerten), Versicherungs- und Beleihungswerten unter Berücksichtigung der ImmoWertV. Köln 2010, S. 1232, Fußnote 4.
[27] Hierzu zählen etwa Sandner und Weber: Lexikon der Immobilienbewertung A–Z.
[28] Kleiber: Verkehrswertermittlung von Grundstücken, S. 1233.

zur Bewertung von Ertragsimmobilien gegenüber, die häufig im Rahmen von Immobilieninvestitionen durchgeführt werden. Doch auch hier gibt es vereinzelt Stimmen, die das Vergleichswertverfahren für die optimale Methode zur Bewertung von Mietwohnhäusern halten.[29] Woraus diese unterschiedliche Wertschätzung des Vergleichswertverfahrens resultiert, wird deutlich, wenn man seine Durchführung genau betrachtet.

Durchführung des Vergleichswertverfahrens

Das Vergleichswertverfahren wird juristisch in § 15 ImmoWertV beschrieben:

> *„Im Vergleichswertverfahren wird der Vergleichswert aus einer ausreichenden Zahl von Vergleichspreisen ermittelt."*

Der methodische Kern des Vergleichsverfahrens ist der Preisvergleich mit einer „ausreichenden Zahl" von Grundstücken, „die mit dem zu bewertenden Grundstück hinreichend übereinstimmende Grundstücksmerkmale aufweisen."[30] Die entscheidende Voraussetzung, um das Vergleichswertverfahren anwenden zu können, ist also die Verfügbarkeit von Vergleichspreisen. Die Durchführung des Vergleichswertverfahrens beginnt daher — nachdem das zu bewertende Grundstück ausreichend qualifiziert ist — mit der Suche nach Vergleichspreisen, „die für vergleichbare Objekte auf dem Grundstücksmarkt erzielt wurden."[31]

Doch welche Kriterien müssen erfüllt sein, damit von einer hinreichenden Übereinstimmung gesprochen werden kann? In der Immobilienwertermittlungsverordnung sind diese Kriterien, die einem Vergleich standhalten müssen, nicht ausdrücklich aufgeführt. Die Rechtsprechung hat diese „hinreichend übereinstimmenden Grundstücksmerkmale" allerdings festgelegt.[32] Die explizit genannten Merkmale des Grundstücks sind:

- Lage,
- Art der baulichen Nutzung,
- Bodenbeschaffenheit,

---

[29] So etwa Goetz Sommer und Ralf Kröll: Lehrbuch zur Immobilienbewertung. Unter Berücksichtigung der ImmoWertV 2010. 3. Auflage. Köln 2010, insbesondere S. 29–44.
[30] Garthe: Die Wertermittlungsreform, S. 19.
[31] Schulte: Immobilienökonomie Band I, S. 474.
[32] Vgl. zu den einzelnen Kriterien der Vergleichbarkeit Schulte: Immobilienökonomie Band I, S. 474 f.

- Größe,
- Grundstücksgestalt und
- der Erschließungszustand.

Diese Parameter müssen auf ihre Ähnlichkeit mit dem zu bewertenden Grundstück geprüft werden.

Wird das Vergleichswertverfahren auf bebaute Grundstücke angewendet, müssen die baulichen Anlagen zudem in Hinblick auf Gebäudeart, Bauweise und Baugestaltung, Größe und Ausstattung, Restnutzungsdauer, Zustand sowie auf den Rohertrag und Reinertrag (siehe hierzu im Kapitel 1.2.3 den Abschnitt „Jahresrohertrag und Jahresreinertrag") hin untersucht werden.[33]

Um einen faktisch realisierten Kaufpreis als Vergleichspreis im Rahmen der Wertermittlung verwenden zu können, ist jedoch zusätzlich eine zeitliche Nähe zwischen der Realisierung des Vergleichspreises und dem Bewertungsstichtag notwendig. Auch hier hat der Gesetzgeber keine fixen Vorschriften definiert, da eine Einzelfallprüfung sinnhafter erscheint. Es zeigt sich aber, dass in der Praxis nur Kaufpreise verwendet werden, deren Entrichtung nicht länger als vier Jahre zurückreicht.[34]

Von wie vielen Objekten im Rahmen des Vergleichswertverfahrens die Vergleichspreise ermittelt werden müssen, ist ebenso einer Einzelfallprüfung zu unterziehen. Zwar steigt aus statistischer Sicht mit der Anzahl der repräsentativen Vergleichspreise auch die Genauigkeit der Vergleichswertmethode, eine Forderung nach einem Mindestmaß von fünf, zehn oder mehr Vergleichspreisen offenbart sich in der Praxis allerdings als utopisch. So sind in der Rechtsprechung auch Gutachten für gültig befunden worden, die lediglich **ein** Vergleichsgrundstück verwenden.[35] Hier gilt, dass die Aussagekraft eines einzelnen Vergleichsgrundstücks genügen kann, um eine zuverlässige Aussage zum Verkehrswert eines Objekts zu treffen.

---

[33] Siehe hierzu auch Kleiber: Verkehrswertermittlung von Grundstücken, S. 1242 f.
[34] Ebd., S. 1243, Abs. 45.
[35] Ebd., S. 1245, Abs. 54.

herrscht und die örtlichen Verhältnisse vergleichbar sind. Solche Vergleichsobjekte müssen allerdings durch Zu- oder Abschlägen an das Bewertungsobjekt angepasst werden. Wird die Vergleichswertmethode mit abweichenden Vergleichsobjekten durchgeführt, müssen auch nicht alle Vergleichswerte gleich stark in die Bewertung einfließen. Nicht das arithmetische Mittel ist dann die Grundlage der Berechnung. Die Vergleichspreise können je nach dem Grad ihrer Vergleichbarkeit unterschiedlich gewichtet werden.

Wenn der Vergleichswert mithilfe von Vergleichsobjekten ermittelt wird, spricht der Sachverständige von einem unmittelbaren Preisvergleich. Dieser liegt immer dann vor, wenn die Vergleichspreise in der Praxis erzielt wurden, also mit Vergleichsobjekten, die tatsächlich veräußert wurden. Doch — wie oben angemerkt — ist dies in der Regel nicht der Fall.

Um die Vergleichswertmethode auch ohne reale Vergleichsobjekte anwendbar zu machen, ist eine Variante auf Basis von Vergleichsfaktorverfahren entstanden. Die fehlenden Objekte werden in diesem Verfahren durch eine Reihe von Umrechnungskoeffizienten oder Indexreihen ersetzt, die von Gutachterausschüssen aus Datenbanken, in denen Immobilientransaktionen gesammelt sind, ermittelt werden.

Bei der Ermittlung des Werts von unbebauten Liegenschaften werden die Vergleichspreise etwa durch Bodenrichtwerte substituiert. Die Bodenrichtwerte werden jährlich von Gutachterausschüssen erhoben und in sogenannten Bodenrichtwertkarten verzeichnet. Die folgende Abbildung zeigt eine solche Bodenrichtwertkarte für Berlin. Die Karte weist die durchschnittlichen Preise in Euro pro Quadratemeter für abgegrenzte Gebiete aus.

Etablierte Wertermittlungsverfahren

Abb. 4: Bodenrichtwertkarte von Berlin[39]

Da Bodenrichtwerte nur einmal jährlich erhoben werden, ist es unter Umständen notwendig, diese Werte mittels einer Indexreihe anzupassen. Ein identisches Verfahren kommt zur Anwendung, wenn Vergleichsobjekte, deren Vergleichspreis zu weit von dem Bewertungsstichtag entfernt liegt, korrigiert werden sollen.

Komplizierter gestaltet sich die mittelbare Vergleichswertermittlung bei bebauten Grundstücken. Dort kommen sogenannte Gebäudefaktoren zum Einsatz. Die Gebäudefaktoren unterscheiden dabei noch einmal Gebäude- und Ertragsfaktor. Nach § 13 ImmoWertV definieren sich die Vergleichsfaktoren wie folgt:

> „Vergleichsfaktoren (§ 193 Absatz 5 Satz 2 Nummer 4 des Baugesetzbuchs) sollen der Ermittlung von Vergleichswerten für bebaute Grundstücke dienen. Sie sind auf den marktüblich erzielbaren jährlichen Ertrag (Ertragsfaktor) oder auf eine sonst geeignete Bezugseinheit, insbesondere auf eine Flächen- oder Raumeinheit der baulichen Anlage (Gebäudefaktor), zu beziehen."

Um den Verkehrswert mithilfe des Gebäudefaktors zu berechnen, muss dieser mit der Brutto-Raumfläche multipliziert werden. Der Ertragsfaktor hingegen muss mit dem Jahresrohertrag multipliziert werden. Die Vergleichsfaktoren sind relativierte Größen, die von den Gutachterausschüssen im Rahmen von Kaufpreissammlungen

---

[39] Gewählte Adresse: Kurfürstendamm, Charlottenburg (Cha-Wil) auf http://fbinter.stadt-berlin.de/boris/?session_id=582682198 (eingesehen am 13.03.2014).

Werte erkennen

Neben dem Problem der Vergleichbarkeit liegt die — wesentlich schwerwiegendere — Begrenzung der Vergleichswertmethode darin, dass sie Kaufpreise verwendet, die in der Vergangenheit erzielt wurden. Zwar schreibt die ImmoWertV ausdrücklich vor, die Marktentwicklung zu berücksichtigen und die Vergleichsobjekte an aktuellen Tendenzen auszurichten, doch bleiben die Mittel, die dazu im Vergleichswertverfahren angewendet werden, hinter diesem Anspruch zurück. Die Bodenrichtwerte, mit denen man die Vergleichspreise an den Markt anpasst, werden nur zum Ende eines Kalenderjahres ermittelt. Im ungünstigsten Fall entsteht ein Vergleichswertgutachten gegen Ende eines Jahres und aktualisiert die Vergleichspreise mit kalendarischen Durchschnittswerten des vorangegangenen Jahres. Dabei können immense Potenziale und Risiken unentdeckt bleiben. Darüber hinaus sind die Bodenrichtwerte bei der Ermittlung eines Preises für ein Einzelgrundstück oft nur bedingt aussagekräftig, „denn sie sind auf den durchschnittlichen Lagewert bestimmter abgegrenzter Gebiete abgestellt."[41] Illustriert an einem Beispiel ergibt sich folgendes Problem:

Mittels der Vergleichswertmethode wird der Wert einer Etagenwohnung in einem vierstöckigen Wohnhaus mit insgesamt acht Wohnungen in Berlin-Reinickendorf ermittelt. Als Vergleichsobjekte liegen einige Wohnungen aus demselben Haus vor, die in den vergangenen Jahren am Markt gehandelt wurden. In den vergangenen Jahren ist ein steter Anstieg der Kaufpreise pro Quadratmeter zu beobachten. Alle Wohnungen sind in einem vergleichbaren Zustand und bei der Preisbereinigung muss nur ihre Lage in unterschiedlichen Geschossen sowie die unterschiedliche Wohnfläche berücksichtigt werden. Der Vergleichswert, der auf diese Weise berechnet wird, wird noch leicht nach oben korrigiert, da der Markt sich in Berlin-Reinickendorf auch im letzten Jahr noch positiv entwickelt hat.

Bildet der unter diesen Prämissen gewonnene Wert den objektiven Marktwert ab? Im optimalen Fall kann ein verkehrswertnaher Wert ermittelt werden, allerdings lässt das Vergleichswertverfahren die zukünftigen Entwicklungen vollständig außer Acht und kann auch kurzfristige Trendwenden nicht ausreichend erkennen. Deutlich wird dies im Zusammenhang mit dem Bau eines „wirtschaftlichen Verwerfers", des Flughafens Berlin Brandenburg. Durch den Bau des neuen Flughafens im Südosten Berlins wird das nordwestliche Reinickendorf die positive Entwicklung aller Wahrscheinlichkeit nach nicht halten können, da ein Großteil der angesiedelten, mit dem Flughafen Tegel verbundenen Unternehmen in den Südosten umsiedeln werden. Es ist also damit zu rechnen, dass sich die Marktsituation des Stadt-

---

[41] Jürgen Simon, Klaus G. Cors und Max Troll: Handbuch der Grundstückswertermittlung. Verkehrswert, Feuerversicherungswert, Steuerbilanz, Einheitswert bei Geschäfts- und Fabrikgrundstücken. 3., neubearbeitete und erweiterte Auflage. München 1992, S. 26.

teils verschlechtert und sich der Wert der Beispielimmobilie in Folge einer solchen Entwicklung nicht mehr steigern lässt.

Die Vergleichswertmethode offenbart sich als „Lagging Indicator", der versucht, die zeitliche Distanz zum realen Marktgeschehen zu überbrücken. Dies kann jedoch immer nur mit einer starken Verzögerung zur aktuellen Marktentwicklung gelingen. Sinnvoller scheint es, eine Methode zu entwickeln, die nicht nur das aktuelle Marktgeschehen abbilden kann, sondern den Wert einer Immobilie direkt aus ihm ableitet und Entwicklungspotenziale sowie Risiken erkennt. Die Einschätzung, nach der „ein Vergleich mit Kaufpreisen vergleichbarer Grundstücke […] ohne Zweifel die marktgerechteste Methode zur Ermittlung von Verkehrswerten"[42] darstellt, geht an der Realität vorbei. Mögen die Nachteile des Vergleichswertverfahrens bei der Betrachtung von unbebautem Land noch weniger auffallen, so werden sie spätestens bei Ermittlungsgutachten von bebautem Land offenkundig. Für ein Immobilieninvestment führen diese Begrenzungen in ein unkontrollierbares Risiko.

Abschließend fasst die folgende Tabelle die wichtigen Vor- und Nachteile des Vergleichswertverfahrens zusammen.

Stärken	Schwächen
+ Ermittelt Verkehrswerte aus dem Marktgeschehen	− Ist ein Lagging Indicator, der kurzfristige, aktuelle sowie zukünftige Marktentwicklungen nicht erfassen kann
+ Gut geeignet für unbebaute Grundstücke	− Weniger geeignet, je komplexer die bauliche Substanz eines Grundstücks ist
+ Kommt auch mit wenigen oder gar keinen Vergleichsobjekten aus	− Je weniger Vergleichsobjekte vorhanden sind, umso konstruierter und marktfremder werden die ermittelten Verkehrswerte
	− In der Realität sind nur in wenigen Fällen ausreichend viele Vergleichsobjekte vorhanden

Tab. 6: Stärken und Schwächen des Vergleichswertverfahrens

---

[42] Jürgen Simon, Wolfgang Kleiber u. a.: Schätzung und Ermittlung von Grundstückswerten. 8., überarbeitete und erweiterte Auflage. München 2005, S. 35.

1.2.2 Das Sachwertverfahren

Das zweite Verfahren zur Wertermittlung von Immobilien, das in der ImmoWertV normiert wird, ist das Sachwertverfahren. Ihm liegt ein methodisch vollkommen anderer Ansatz und auch ein anderes Verständnis des Begriffs Immobilie zugrunde als dem Vergleichswertverfahren. Im Gegensatz zu diesem ermittelt das Sachwertverfahren den Verkehrswert einer Immobilie nicht aufgrund von real im Markt erzielten Preisen, sondern rückt die Kosten in den Mittelpunkt, die für den Neubau der Immobilie aufgebracht werden müssten. Bei Wertermittlungen mit dem Sachwertverfahren steht daher die Substanz der Immobilie im Zentrum.

Vereinfacht und pointiert dargestellt, ermittelt das Sachwertverfahren den Wert einer Immobilie mittels der Frage: Wie viel würde es kosten, die Immobilie in ihrem aktuellen Zustand neu zu errichten? Dabei soll das Sachwertverfahren an dieser Stelle prototypisch für eine Reihe von „substanzorientierten Bewertungsverfahren" stehen, die sich alle einen ähnlichen methodischen Ansatz zu eigen machen.[43]

Das Sachwertverfahren kommt „im Bereich der Bewertung von Ein- und Zweifamilienhäusern sowie im Rahmen residueller Investitionsanalysen, aber auch in der Beleihungspraxis"[44] zur Anwendung. Weitere Bereiche, für die eine Wertermittlung über die Bausubstanz verwendet wird, sind Wohnimmobilien mit einem hohen Eigennutzanteil und die Versicherungswirtschaft.

Bei privaten Eigentümern, die ihre Immobilie selbst nutzen, steht die Bausubstanz vor allem deshalb im Fokus, weil die Erhaltungskosten ein wichtiges Argument bei der Entscheidungsfindung vor einem Immobilienkauf sind. Die Versicherungswirtschaft auf der anderen Seite ist vor allem an etwaigen Wiederherstellungskosten interessiert. Beide Interessengruppen haben jedoch gemeinsam, dass sie eine ertragsorientierte Perspektive vernachlässigen. Daher ist die Ermittlung der Sachwerte für den Bereich der Immobilieninvestitionen ein zweitrangiges Wertermittlungsinstrument. Trotzdem soll im Folgenden ein kurzer Blick auf dieses Verfahren geworfen werden.

---

[43] Vgl. hierzu Pfnür: Modernes Immobilienmanagement, S. 62. Weitere substanzorientierte Verfahren sind etwa „die Bewertung anhand der Herstellungskosten" und die „Bewertung anhand der Wiederherstellungskosten" (ebd.).

[44] Francke und Rehkugler: Immobilienmärkte und Immobilienbewertung, S. 290.

Etablierte Wertermittlungsverfahren

Durchführung des Sachwertverfahrens

Am Beginn steht wieder die Immobilienwertermittlungsverordnung, die das Sachwertverfahren juristisch definiert. In § 21 ImmoWertV wird das Sachwertverfahren wie folgt beschrieben:

> *„Im Sachwertverfahren wird der Sachwert des Grundstücks aus dem Sachwert der nutzbaren baulichen und sonstigen Anlagen sowie dem Bodenwert ermittelt."*

Der Gesetzestext verweist auf die Dreiteilung des Sachwerts in den

- Wert der nutzbaren baulichen Anlagen (z. B. Wohngebäuden),
- den Wert der sonstigen Anlagen (z. B. Baumbestand oder Parkanlagen) und
- den Bodenwert.

Der Wert jeder dieser drei Komponenten muss getrennt voneinander ermittelt und im Sachwert zusammengeführt werden, um eine ganzheitliche Wertermittlung zu garantieren. Die Wertermittlungsmethoden der einzelnen Teilaspekte unterscheiden sich noch einmal und werden im Folgenden einzeln beschrieben.

Ermittlung des Bodenwerts

Zur Ermittlung des Bodenwerts stellt das Sachwertverfahren keine eigenständige Berechnungsgrundlage zur Verfügung, sodass an dieser Stelle auf das Vergleichswertverfahren zurückgegriffen wird. Dabei kann die Ermittlung von Bodenwerten sowohl durch einen unmittelbaren Preisvergleich anhand geeigneter Vergleichsobjekte als auch durch einen mittelbaren Preisvergleich unter Zuhilfenahme von Bodenrichtwerten erfolgen. Es spielt weiterhin, da der Grundstückswert im Sachwertverfahren separat von den baulichen Anlagen zu bestimmen ist, keine Rolle, ob die zu bewertende Immobilie bebaut oder unbebaut ist. Sollten bauliche Anlagen vorhanden sein, so sind diese als nicht existent zu betrachten. Sie werden in einem zweiten Schritt separat auf ihren Wert hin untersucht.

Wert der baulichen Anlagen

Bei der Ermittlung des Werts der baulichen Anlagen sind die Kosten eines fiktiven Neubaus zu ermitteln. Diese Kosten, Herstellungskosten genannt, werden in zwei Schritten erhoben. Zunächst werden die Normalherstellungskosten berechnet. Diese geben Auskunft darüber, wie teuer ein Neubau objektiv und von den tatsächlichen Kosten losgelöst ist. In einem zweiten Schritt werden diese Kosten dann mit dem Alter des Bewertungsobjekts, eventuellen Baumängeln oder dem Reparaturstatus verrechnet.

Werte erkennen

Die Normalherstellungskosten sind nicht die tatsächlichen Kosten, die der Bau des Bewertungsobjekts verursacht hat. Normalherstellungskosten sind die Kosten, die marktüblich für die Neuerrichtung einer entsprechenden baulichen Anlage aufzuwenden wären. Damit entsprechen die Normalherstellungskosten dem Anspruch der Immobilienwertermittlungsverordnung nach einer objektiven und von individuellen Preisvorstellungen losgelösten Bewertung des Einzelobjekts. Die Normalherstellungskosten werden in einer Datensammlung, der NHK 2000, angegeben. Dort sind in zahlreiche Tabellen die marktüblichen Herstellungskosten nach verschiedensten Kriterien aufgelistet. Die dort aufgeführten Werte geben den Preisstand in Euro pro Quadratmeter bis zum Jahr 2010 an. Diese Einheit ist mit Veröffentlichung der NHK 2010 zum Standard erhoben worden. Nur bei Industrie- und großen Gewerbeanlagen wie etwa Lagerhallen werden die Normalherstellungskosten noch mit Bezug zum Brutto-Rauminhalt angegeben.

Für verschiedene Gebäudetypen, etwa Reihenhäuser und Mehrfamilien-Wohnhäuser listet die NHK 2010 verschiedene Werte auf. Diese Werte müssen mit der nach DIN 277 festgelegten Brutto-Grundfläche multipliziert werden, um die vorläufigen Normalherstellungskosten des Bewertungsobjekts zu erhalten. Die Normalherstellungskosten müssen jedoch um die Baunebenkosten sowie Abschläge für einzelne Bauteile erweitert und zudem auf den Bewertungsstichtag hin aktualisiert werden. Eine solche Aktualisierung wird mithilfe der Baupreisindizes des jeweiligen Bewertungsjahres vorgenommen, die von den Gutachterausschüssen gesammelt werden.

Die Baunebenkosten sind ein wichtiger Bestandteil der Normalherstellungskosten und können je nach Planungsaufwand bis zu 22 Prozent[45] ihres Werts ausmachen. Zu den Baunebenkosten zählen die Aufwendungen für die Planung und Umsetzung des Bauvorhabens, also Kosten für Architekten, Statiker oder Ingenieure sowie auch die Kosten für das Einholen von Baugenehmigungen. Auch sind nicht alle Bauteile in der NHK aufgeführt — es fehlen etwa besondere Bauteile wie Erkerfenster. Diese müssen dann mit Zu- oder Abschlägen nach Erfahrungswerten des Gutachters verrechnet werden.

---

[45] Nach Schulte: Immobilienökonomie Band I, S. 493. Andere Autoren geben leicht abweichende Werte an. So beziffert Jörg Stroisch: Immobilien bewerten leicht gemacht. München 2010 die Baunebenkosten etwa auf ca. 15 Prozent.

1 Etablierte Wertermittlungsverfahren

Erst wenn alle diese Faktoren berücksichtigt wurden, erhält der Sachverständige die Normalherstellungskosten. Einige Autoren weisen auf regionale Besonderheiten der Normalherstellungskosten laut NHK 2010 hin, sodass eine Anpassung der Kosten an das jeweilige Bundesland sowie die Lage des Bewertungsobjekts zwischen ruralem und urbanem Umfeld nötig wird.[46] Dies soll hier lediglich erwähnt werden, die einzelnen Umrechnungsfaktoren sind nicht von weitergehendem Interesse. Sie zeigen jedoch auch, dass selbst das Sachwertverfahren die Bedeutung der regionalen Teilmärkte erfasst hat. Eine weiterführende Berücksichtigung von individuellen Immobilienzyklen findet allerdings nicht statt.

Nachdem die Normalherstellungskosten ermittelt worden sind, muss in einem zweiten Schritt die Alterswertminderung der Immobilie berücksichtigt werden. Wie in Kapitel 1.3.1 im Abschnitt „Der Lebenszyklus der Immobilie" beschrieben, mindert sich im Laufe des Lebenszyklus einer Immobilie auch ihr Wert. Die Lehre hat eine Vielzahl von Verfahren entwickelt, um die — bilanztheoretisch gesprochen — Abschreibung der Immobilie mathematisch darzustellen. Hier wird dem Modell der linearen Abschreibung gefolgt, das eine Wertminderung in Abhängigkeit zur Gesamtnutzungsdauer und Restnutzungsdauer angibt. Dieser prozentuale Wert muss mit den Normalherstellungskosten ebenso verrechnet werden wie etwaige Baumängel und -schäden.

Baumängel sind auf Fehler in der Planung sowie der Ausführung des Baus zurückzuführen, während Bauschäden durch sonstige Umstände entstanden sein können. Schäden oder Mängel jeglicher Art sind genauso wie Instandhaltungs- und Reparaturrückstaus bei der Wertermittlung zu beachten. Gerade bei besonders alten, baufälligen Objekten mit einer geringen Restnutzungsdauer kann es vorkommen, dass die Beseitigung von Baumängeln und Schäden die Kosten eines Neubaus übersteigt. In einem solchen Fall kann es sich als sinnvoll erweisen, nicht den Wert der baulichen Substanz zu ermitteln, sondern lediglich die Kosten, die ein Abriss der Gebäude verursachen würde, zu den Bodenwerten zu addieren.

---

[46] Vgl. hierzu etwa: Bernd Metzger: Wertermittlung von Immobilien und Grundstücken. Freiburg 2010, S. 138 ff.

aber auch klassische Gebäude wie eine Kombination aus Wohn- und Geschäftsräumen finden sich in der Datenbank nicht.

Da die Werte der NHK 2000 oft nicht der Komplexität und Individualität einzelner Immobilien gerecht werden, obliegt es dem Sachverständigen, in vielfältiger Weise korrigierend in das Sachwertverfahren einzugreifen. Auch die Regionalfaktoren sind vom Sachverständigen selbst zu bestimmen. Der umfassende Handlungsspielraum eines kompetenten und erfahrenen Sachverständigen kann oftmals die mangelhafte Konzeption des Sachwertverfahrens ausgleichen — eine nachhaltige Lösung der Problematik, die in der Methode selbst liegt, wird aber nicht geboten.

Die eklatanteste Schwäche des Sachwertverfahrens liegt aber in der vom Markt abgekoppelten Perspektive auf die Immobilie. Stellt der Sachwert noch einen im weitesten Sinne objektiven Wert dar, ist es mit den Instrumenten des Sachwertverfahrens nicht möglich, vom Sach- zum Verkehrswert zu gelangen. Es wird „bei der Marktanpassung vom Sachverständigen quasi verlangt, dass er den Verkehrswert praktisch schon kennt, um den Sachwert an den Verkehrswert angleichen zu können."[48]

Wenn ein anderes Verfahren zur Plausibilisierung des im Sachwertverfahren ermittelten Immobilienwerts angewendet werden muss, so erscheint es überflüssig, überhaupt ein Sachwertverfahren durchzuführen. Eine willkürliche Anpassung des Sachwerts ist allerdings noch weniger sinnvoll. Die Qualität des Gutachtens würde dann in der Erfahrung des Gutachters und nicht in der Methode selbst liegen. Daher ist es nur sinnvoll, das Sachwertverfahren anzuwenden, wenn explizit die Wiederherstellungskosten ermittelt werden sollen. Zur Ermittlung des Verkehrswerts ist das Sachwertverfahren ungeeignet, insbesondere dort, wo der Ertrag der Immobilie im Vordergrund steht. Im Bereich der Immobilieninvestition ist es daher unter keinen Umständen sinnvoll, ein Objekt allein aufgrund seiner Bausubstanz zu bewerten.

Unser Bespiel zeigt, dass der vorläufige Sachwert deutlich unterhalb des Verkehrswerts liegt. Dies ist grundsätzlich plausibel: Ein um 1900 errichtetes Mietshaus erfährt am Berliner Markt eine höhere Einschätzung („Altbaucharme"), als sich dies aus den Normalherstellungskosten für den Standard von Altbauten, der im Vergleich zu Neubauten teilweise einem Substandard entspricht, ergibt.

---

[48] Ebd.

1 Etablierte Wertermittlungsverfahren

Bevor im nächsten Kapitel das Ertragswertverfahren genauer betrachtet wird, fasst die folgende kurze Übersicht die Stärken und Schwächen des Sachwertverfahrens zusammen:

Stärken	Schwächen
+ Objektives Verfahren zur Ermittlung des Wiederherstellungswerts	- Keine ausreichende Datenmenge für moderne Häusertypen
	- Nicht in der Lage, marktgerechte Verkehrswerte zu ermitteln
	- Stark abhängig von der subjektiven Meinung des Gutachters
	- Systemisches Problem: Muss sich einer anderen Methode bedienen, um Ergebnisse zu liefern

Tab. 7: Stärken und Schwächen des Sachwertverfahrens

1.2.3 Das Ertragswertverfahren

Nachdem eine genaue Betrachtung des Vergleichswertverfahrens und des Sachwertverfahrens offenbart hat, dass sich keines der beiden Verfahren für die Wertermittlung einer Immobilie zu Investmentzwecken eignet, verbleibt lediglich das Ertragswertverfahren als normiertes Verfahren der ImmoWertV. Das Ertragswertverfahren verspricht, die richtige Wahl zu sein, wenn eine Immobilie bewertet werden soll, deren Rendite im Vordergrund steht — so wird es jedenfalls in der Fachliteratur gesehen.[49]

Zu den Immobilien, die aufgrund ihrer Performance als Renditeobjekte erworben werden, zählen im Bereich der Wohnimmobilien vor allem Mietshäuser. Aber auch andere Objekte, die primär nicht selbst genutzt werden, sondern deren Zweck es ist, Mieteinnahmen zu generieren, sollen mithilfe des Ertragswertverfahrens bewertet werden.

Darüber hinaus deutet die methodische Konzeption des Ertragswertverfahrens einige Vorteile gegenüber den anderen Bewertungsmethoden der ImmoWertV

---

[49] Kleiber: Verkehrswertermittlung von Grundstücken, S. 1523, Abs. 1.

an. Während das Vergleichswertverfahren und das Sachwertverfahren den Wert einer Liegenschaft aus vergangenen Preisen ableiten, verspricht das Ertragswertverfahren die Ermittlung eines „Zukunftserfolgswert[s]"[50], also eines Werts, der die Entwicklung der Immobilie berücksichtigt. Das Ertragswertverfahren verwendet die gleiche Perspektive auf die Immobilie, die auch die Dynamische Methode vertritt: Sie versteht die Immobilie als ein Wirtschaftsgut: „Ermittelt wird also kein technischer, sondern ein ökonomischer Wert der Immobilie."[51] Methodisch bestimmt das Ertragswertverfahren den Wert einer Immobilie aus der Summe alle ihrer Barwerte, die künftig erwirtschaftet werden. Dabei hat es sich in der Praxis etabliert, stets die bestmögliche, ordnungsgemäße und nachhaltige Bewirtschaftung des Objekts anzunehmen. Suboptimale Nutzungsarten, die eine Evaluierung von Opportunitätskosten mit sich bringen würden, sind mit dem Ertragswertverfahren nicht erfasst.

Die ImmoWertV gibt drei Möglichkeiten zur Durchführung des Ertragswertverfahrens an: Das zweigleisige oder allgemeine Ertragswertverfahren, das eingleisige Ertragswertverfahren und das mehrperiodische Ertragswertverfahren.

Bevor die einzelnen Verfahrensvarianten betrachtet werden, wird zunächst ein Blick auf die Begrifflichkeiten des Ertragswertverfahrens, die allen Verfahren gemeinsam sind, geworfen.

Terminologie des Ertragswertverfahrens

Den leistungsorientierten Bewertungsvarianten der verschiedenen Ertragswertverfahren ist eine Terminologie gemeinsam: Alle Ertragswertverfahren ermitteln aus den Jahresroherträgen einer Immobilie einen Jahresreinertrag. Dieser wird schließlich in unterschiedlicher Art und Weise über eine festgeschriebene Laufzeit mit dem Liegenschaftszinssatz kapitalisiert. Es ist daher unerlässlich, die Begriffe Jahresrohertrag, Jahresreinertrag und Liegenschaftszinssatz zu verstehen, ehe die Verfahren im Einzelnen und anhand von Beispielen erläutert werden.

Jahresrohertrag und Jahresreinertrag

Die Basis des Ertragswertverfahrens ist die Ermittlung des Jahresreinertrags aus dem Jahresrohertrag. Der Jahresrohertrag wird in § 18 Abs. 2 der Immobilienwertermittlungsverordnung wie folgt definiert:

---

[50] Francke und Rehkugler: Immobilienmärkte und Immobilienbewertung, S. 272.
[51] Pfnür: Modernes Immobilienmanagement, S. 66.

1 Etablierte Wertermittlungsverfahren

„Der Rohertrag ergibt sich aus den bei ordnungsgemäßer Bewirtschaftung und zulässiger Nutzung marktüblich erzielbaren Erträgen."

Damit ist der Jahresrohertrag nichts anderes als die Summe aller Mieteinnahmen, die innerhalb eines Jahres erzielt werden. Es ist dabei allerdings von Bedeutung, dass das Ertragswertverfahren nach der ImmoWertV nicht die tatsächliche Miete zur Berechnung des Jahresrohertrags verwendet, sondern die „marktüblich erzielbaren" Netto-Kaltmieten — hiervon ausgenommen ist das mehrperiodische Ertragswertverfahren. Dieses Vorgehen entspricht zwar dem gesetzlichen Anspruch an Objektivität und Marktkonformität der ImmoWertV, verschenkt allerdings die Möglichkeit, Potenziale und Risiken einer einzelnen Immobilie zu erkennen und in die Berechnung zu integrieren. Da die ortsübliche Miete in den allermeisten Fällen von der tatsächlichen Miete abweicht, können die jeweiligen Differenzen im Gutachten aber nachträglich als Zu- oder Abschläge vermerkt werden.

Um vom Jahresrohertrag ausgehend den Jahresreinertrag zu erhalten, muss Ersterer um die Bewirtschaftungskosten bereinigt werden. Nach § 19 ImmoWertV fallen unter die Bewirtschaftungskosten „die für eine ordnungsgemäße Bewirtschaftung und zulässige Nutzung marktüblich entstehenden jährlichen Aufwendungen […], die nicht durch Umlagen oder sonstige Kostenübernahmen gedeckt sind." Hierunter fallen die Verwaltungskosten, die Instandhaltungskosten, das Mietausfallwagnis sowie die Betriebskosten.

Die Bewirtschaftungskosten müssen — analog zu den Mieten — im Rahmen des Ertragswertverfahrens in einer ortsüblichen marktgerechten Höhe veranschlagt werden. Die einzelnen Positionen der Bewirtschaftungskosten umfassen dabei verschiedene Kostenarten.

So enthalten die Verwaltungskosten nach ImmoWertV § 19 Abs. 2 „die Kosten der zur Verwaltung des Grundstücks erforderlichen Arbeitskräfte und Einrichtungen, die Kosten der Aufsicht, den Wert der vom Eigentümer persönlich geleisteten Verwaltungsarbeit sowie die Kosten der Geschäftsführung." Darunter fallen die Tätigkeiten zur Vermietung, die Mietbuchhaltung, die Abrechnung von Einzelkosten (z. B. Nebenkosten, Betriebskosten und Steuern), Mietanpassungen, die Rechnungsprüfung, Versicherungsfälle und die Bearbeitung des Jahresabschlusses[52]. Die Verwaltungskosten werden nach § 26 Abs. 2 der II. Berechnungsverordnung mit bis zu 230 Euro pro Jahr und Wohneinheit angesetzt. Sie variieren jedoch stark je nach Mieterstruktur sowie Größe und Art des Grundstücks.

---

[52] Schulte: Immobilienökonomie Band I, S. 481.

Die Instandhaltungskosten umfassen „die Kosten, die infolge von Abnutzung oder Alterung zur Erhaltung des der Wertermittlung zugrunde gelegten Ertragsniveaus der baulichen Anlage während ihrer Restnutzungsdauer aufgewendet werden müssen" (ImmoWertV § 19 Abs. 2). Darunter sind sowohl die Kosten für die Planung und Überwachung als auch für die Durchführung der Arbeiten zum Erhalt des Ertragsniveaus zu verstehen.

Die Instandhaltungskosten haben eine besondere Bedeutung im Rahmen des Ertragswertverfahrens, da nur durch eine regelmäßige Sanierung der Gebäudesubstanz ein konstantes Ertragsniveau gesichert werden kann. Sie sind als durchschnittlicher Wert zu verstehen, der die in der Realität zyklisch anfallenden Kosten über den Zeitraum der Bewertung auffängt. Sie sind im Rahmen einer Wertermittlung mit einem Betrag, der zwischen fünf und 22 Prozent des Rohertrags liegt, anzusetzen oder aber durch einen Bezug zur Grundfläche herzustellen. Letztere Variante wird bevorzugt verwendet, da sich die Instandhaltungskosten nicht zwingend entlang der Mietkosten entwickeln müssen. Sie werden daher vorzugsweise mit einem Betrag zwischen 7,10 Euro und 11,50 Euro pro Jahr und Quadratmeter veranschlagt.[53]

Das Mietausfallwagnis umfasst nach ImmoWertV § 19 Abs. 2 „das Risiko von Ertragsminderungen, die durch uneinbringliche Rückstände von Mieten, Pachten und sonstigen Einnahmen oder durch vorübergehenden Leerstand von Raum entstehen, der zur Vermietung, Verpachtung oder sonstigen Nutzung bestimmt ist; es umfasst auch das Risiko von uneinbringlichen Kosten einer Rechtsverfolgung auf Zahlung, Aufhebung eines Mietverhältnisses oder Räumung." In der Regel wird das Mietausfallwagnis mit zwei Prozent der Roherträge[54] angesetzt, bei Immobilien mit erstklassiger Mieterstruktur kann auch ein geringerer Prozentsatz verwendet werden. Sind sämtliche Mieter eines Objekts mit langfristigen Mietverträgen ausgestattet und verfügen über eine hervorragende Bonität, so kann das Mietausfallwagnis auf bis zu 0,5 Prozent verringert[55] werden.

Auf die Betriebskosten wird in Kapitel 1.3.1 im Abschnitt „Die Miete" einzugehen sein. Nach Abzug dieser Kosten vom Jahresrohertrag erhält der Gutachter schließlich den Jahresreinertrag.

---

[53] Ebd., S. 482.
[54] Ebd., S. 483.
[55] Ebd.

Somit setzt sich der Jahresreinertrag folgendermaßen zusammen: Vom Jahresrohertrag werden die Bewirtschaftungskosten abgezogen, die sich aus Verwaltungs-, Instandhaltungs-, Betriebskosten und Mietausfallwagnis berechnen.

Der Liegenschaftszinssatz

Neben dem Jahresreinertrag ist der Liegenschaftszinssatz die entscheidende Größe, um mit dem Ertragswertverfahren den Wert einer Immobilie zu ermitteln. Nach der Definition der ImmoWertV sind Liegenschaftszinssätze „die Zinssätze, mit denen Verkehrswerte von Grundstücken je nach Grundstücksart im Durchschnitt marktüblich verzinst werden" (§ 14 Abs. 3). Der Liegenschaftszinssatz wird im Rahmen des Ertragswertverfahrens sowohl dazu verwendet, den Bodenwertverzinsungsbetrag zu ermitteln als auch den Jahresreinertrag einer Immobilie auf eine bestimmte Zeitdauer zu kapitalisieren. Damit obliegen dem Liegenschaftszinssatz im Rahmen des Ertragswertverfahrens zwei Aufgaben.

Um den Liegenschaftszinssatz eines Gebäudes zu ermitteln, muss das Bewertungsobjekt klassifiziert werden, da der Liegenschaftszinssatz je nach Art und Nutzung des Gebäudes immense Unterschiede aufweisen kann. Dafür werden die Gebäude von Gutachterausschüssen in verschiedene Kategorien eingeteilt, sodass sich über eine Vielzahl von Objekten ein Wertbereich des Liegenschaftszinssatzes für jede Gebäudeklasse ermitteln lässt. Es muss jedoch der Individualität der einzelnen Immobilie Rechnung getragen werden, denn der Liegenschaftszinssatz variiert in den jeweiligen Gebäudeklassen noch einmal aufgrund verschiedener Faktoren[56]:

- Die Größe der Wohnung,
- das Verhältnis von Gewerbe und Wohnen bei gemischt genutzten Häusern,
- die Lage des Objekts,
- die Restnutzungsdauer,
- die Mietstruktur und
- die Zukunftserwartungen.

Diese Faktoren sind allesamt zu beachten, um den Liegenschaftszinssatz zu determinieren.

Wie wird der Liegenschaftszinssatz berechnet? Zunächst einmal: Es handelt sich beim Liegenschaftszinssatz nicht um einen Finanzzinssatz. Er ist lediglich eine Zinsfiktion, die im Rahmen des Ertragswertverfahrens angewendet wird. Der Liegenschaftszinssatz wird aus dem Verhältnis von tatsächlich gezahlten Kaufpreisen

---

[56] Vgl. hierzu Sommer und Kröll: Lehrbuch zur Immobilienbewertung, S. 209 ff.

Werte erkennen

und den dazugehörigen Jahresreinerträgen der veräußerten Immobilie empirisch abgeleitet. Diese Art der Berechnung ist 1975 von Rainer Möckel[57] veröffentlicht worden und mittlerweile auch in § 14 Abs. 3 ImmoWertV gesetzlich verankert.

Der Liegenschaftszinssatz errechnet sich also aus „geeigneten Kaufpreisen und den ihnen entsprechenden Reinerträgen". Er wird dabei vereinfacht als der Quotienten von Reinertrag und Kaufpreis ermittelt.

Weil der Liegenschaftszinssatz empirisch aus real gezahlten Kaufpreisen unter Berücksichtigung der tatsächlichen Gebäudeeigenschaften ermittelt wird, geht man davon aus, dass er die Erwartungen der Marktteilnehmer und daher die reale Marktentwicklung abbilden kann. Denn in den gezahlten Kaufpreisen schlagen sich die Einschätzungen der Marktteilnehmer über die Entwicklungspotenziale der Immobilie nieder. Sie berücksichtigen, so die Annahme, in einem transparenten Markt die Entwicklung der Mieteinnahmen, die Veränderung der steuerlichen Rahmengesetze, Inflationsrisiken sowie die generelle Entwicklung der Immobilie. Wenn ein Käufer der Immobilie eine langfristig positive Entwicklung annimmt, ist er auch bereit, mehr Geld für diese zu zahlen.

Daher ist der Liegenschaftszinssatz „ein dynamischer Zinssatz in Bezug auf die allgemeinen künftigen Marktentwicklungen."[58] Dies liegt in der Konstruktion des Liegenschaftszinssatzes begründet, der aus objektiven Kaufpreisen ermittelt wird. Im Kaufpreis sind sämtliche marktrelevanten Entwicklungspotenziale vorhanden. Da der Liegenschaftszins also umfassend und objektiv die aktuellen Marktgegebenheiten sowie ihre von den Marktteilnehmern prognostizierte Entwicklung berücksichtigt, eignet er sich als Marktanpassungsfaktor. Der Liegenschaftszinssatz ist somit auch eine Korrekturgröße für Faktoren, die keinen direkten Eingang in das Ertragswertverfahren erhalten haben und über den Liegenschaftszinssatz indirekt eingesteuert werden.

Die Varianten des Ertragswertverfahrens

Die Immobilienwertermittlungsverordnung gibt Raum für drei verschiedene Varianten des Ertragswertverfahrens. Das allgemeine Ertragswertverfahren ermittelt den Wert „aus dem […] Bodenwert und dem um den Betrag der angemessenen Verzinsung des Bodenwerts verminderten und sodann kapitalisierten Reinertrag"

---

[57] Rainer Möckel: Ermittlung des Liegenschaftszinssatzes und der Restnutzungsdauer aus Kaufpreisen von Ertragsgrundstücken. In: Vermessungswesen und Raumordnung 1975.
[58] Francke und Rehkugler: Immobilienmärkte und Immobilienbewertung, S. 281.

(ImmoWertV § 17 Abs. 2). Das vereinfachte Ertragswertverfahren verwendet für die Wertermittlung lediglich den „kapitalisierten Reinertrag […] und de[n; …] Bodenwert, der […] auf den Wertermittlungsstichtag […] abzuzinsen ist" (ImmoWertV § 17). Das mehrperiodische Ertragswertverfahren kommt schließlich dann zum Einsatz, wenn „die Ertragsverhältnisse absehbar wesentlichen Veränderungen unterliegen oder wesentlich von den marktüblich erzielbaren Erträgen abweichen", dann „kann der Ertragswert auch auf der Grundlage periodisch unterschiedlicher Erträge ermittelt werden" (ImmoWertV § 17 Abs. 1). Betrachtet wird nun das genaue Vorgehen, das sich hinter diesen Verfahren verbirgt.

Das allgemeine Ertragswertverfahren

Das allgemeine Ertragswertverfahren beginnt mit der Berechnung des Jahresreinertrags. Dieser berechnet sich, indem vom Jahresrohertrag die Bewirtschaftungskosten abgezogen werden (siehe hierzu im Kapitel 1.2.3 den Abschnitt „Jahresrohertrag und Jahresreinertrag"). Nachdem der Jahresreinertrag ermittelt ist, wird er in einen Bodenanteil und einen Gebäudeanteil getrennt.

Der Bodenwert (der hier mit dem Vergleichswertverfahren ermittelt wird) ergibt, multipliziert mit dem Liegenschaftszins, den Bodenanteil. Der Gebäudeanteil ist der jährliche Überschuss, den die Immobilie für die Zeit ihrer Restnutzung erwirtschaftet. Um die Summe dieser Beträge schließlich für den Stichtag der Wertermittlungs zu berechnen, wird ein Ertragsvervielfältiger verwendet, der sich nach der Restlaufzeit der Immobilie und dem Liegenschaftszins richtet. Wird der nachhaltig erzielte, regelmäßige Überschuss mit dem Ertragsvervielfältiger multipliziert, so berechnet sich der Gebäudeertragswert der Immobilie. Zu diesem Wert muss schließlich noch der Bodenwert addiert werden, um den vorläufigen Ertragswert des Objekts zu erhalten. Der vorläufige Ertragswert wird demnach mit folgender Formel berechnet:[59]

$$EW_{vorläufig} = (RE - p \times BW) \times V + BW$$

EW = Ertragswert
RE = Jahresreinertrag
p = Liegenschaftszinssatz
BW = Bodenwert
V = Vervielfältiger

---

[59] Nach Kleiber: Verkehrswertermittlung von Grundstücken, S. 1537.

Werte erkennen

Dieser vorläufige Ertragswert muss noch um etwaige Korrekturen gemäß § 8 Abs. 3 ImmoWertV berichtigt werden, ehe der endgültige Ertragswert feststeht. Korrekturen des Werts der Immobilie enthalten die Zurechnung eines nicht rentierlichen Bodens, wirtschaftliche Vor- oder Nachteile aufgrund juristischer Belastungen des Grundstücks sowie Reparaturen, die noch nicht in die Wertkalkulation eingegangen sind.

Besonders ist, dass der Wert des Bodens den Ertragswert nur in geringen Maßen beeinflusst. Er findet an zwei Stellen — als Bodenverzinsungswert und als Bodenwert — in den Berechnungen seine Berücksichtigung. Diese Doppelkonstruktion, die sich gegenseitig ausgleicht, bewirkt, dass mit zunehmenden Laufzeiten der Wert des Bodens an Bedeutung verliert.

Das vereinfachte Ertragswertverfahren

Das vereinfachte Ertragswertverfahren ermittelt den Ertragswert einer Liegenschaft, ohne den Reinertrag in einen Bodenertragsanteil und einen Gebäudeertragsanteil zu trennen. Die Formel hierzu lautet:

$$EW = RE \times V + \frac{BW}{\left(1+\frac{p}{100}\right)^n}$$

mit n = Restnutzungsdauer in Jahren

Beim vereinfachten Ertragswertverfahren wird also der Jahresreinertrag der Immobilie direkt mit dem Ertragsvervielfältiger kapitalisiert. Der Bodenwertanteil wird dabei nicht abgezogen. Auf diese Weise erhält man den Ertragswert über die Restnutzungsdauer, zu dem der „Bodenwert in einer über die Restnutzungsdauer der baulichen Anlagen abgezinsten Größenordnung"[60] hinzuaddiert wird.

Besonders bei Immobilien mit einer hohen Laufzeit — bei hohen Liegenschaftszinssätzen schon ab einer Nutzungsdauer von 30 Jahren[61] — ist es sinnvoll, diese Art des Ertragswertverfahrens zu verwenden, da der Bodenwert sich bei einer langen Laufzeit gegen Null bewegt und vernachlässigt werden kann. Dies liegt darin begründet, dass die Abzinsungsfaktoren (1 + p/100) bei langer Restlaufzeit gegen Null laufen und die Vervielfältiger sich nur noch in geringen Ausmaßen ändern. So verkürzt sich die Formel bei langen Restlaufzeiten zunehmend zu

$$EW = RE \times V$$

---

[60] Ebd., S. 1534.
[61] Siehe hierzu auch: Sommer und Kröll: Lehrbuch der Immobilienbewertung, S. 173.

Mehrperiodisches Ertragswertverfahren

Das mehrperiodische Ertragswertverfahren hielt im Zuge der Überarbeitung der Wertermittlungsverordnung Einzug in die Gesetzgebung der Immobilienwertermittlung. Methodisch ist es eng mit der Discounted-Cashflow-Methode (DCF-Methode) verwandt, die im Anschluss beschrieben wird. Die Eingliederung dieses Verfahrens in die ImmoWertV ist durchaus als ein Zugeständnis auf die Forderung zu verstehen, die DCF-Methode in das Gesetz aufzunehmen.

Das mehrperiodische Ertragswertverfahren erlaubt, genau wie die DCF-Methode, dass verschiedene Jahresreinerträge für die Restnutzungsdauer der Immobilie in die Berechnung einfließen können. Dies ist vor allem dann von Vorteil, wenn mit einer hohen Wahrscheinlichkeit Veränderungen, etwa durch Staffelmieten oder Ertragsentwicklungen nach Modernisierungsarbeiten, zu erwarten sind. Auch kann eine eventuelle Wertentwicklung des Objekts auf diese Weise im Ertragswert antizipiert werden.

Allerdings existiert das Risiko einer möglichen Überbewertung, falls die erwarteten Mietsteigerungen nicht in dem Maß eintreten, in dem sie in der Berechnung veranschlagt worden sind. Daher haben die Experten den Zeitraum, der mit variierenden Jahresreinerträgen berechnet wird, auf die Dauer von ungefähr zehn Jahren[62] beschränkt. Doch selbst in diesem Zeitraum müssen die Mieteinnahmen durch Mieter von extrem guter Bonität gesichert sein, um eine zuverlässige Datenbasis zu haben. Nur wenn diese gegeben ist, können die ersten zehn Jahre der Restnutzungsdauer mit unterschiedlichen Reinerträgen abgezinst und aufaddiert werden.

Somit unterteilt sich diese Variante des Ertragswertverfahrens in zwei Zeiträume:

den Betrachtungszeitraum, über den gesicherte Informationen zu den Jahresreinerträgen vorliegen und

die Restphase der Nutzung.

Für den Betrachtungszeitraum mit gesicherten Informationen gilt folgende Formel:

$$EW^{Betrachtungsteitraum} = \sum_{1}^{b} \frac{RE^i}{q^i} = RE_1 \times q^{-1} + RE2 \times q^{-2} \ldots + RE_n \times q^{-b}$$

---

[62] Kleiber: Verkehrswertermittlung von Grundstücken, S. 1644, Abs. 380.

Werte erkennen

Wobei RE den Jahresreinertrag beziffert, der im indizierten Jahr erzielt worden ist, und q den Zinsfaktor angibt, der sich aus der Formel

$1 + p(= \text{Liegenschaftszinssatz})/100$

ableitet.

Der Restwert, den das Gebäude nach dem Betrachtungszeitraum des mehrperiodischen Ertragswertverfahrens besitzt, wird mittels des allgemeinen oder vereinfachten Ertragswertverfahrens ermittelt.

Diese Variante des Ertragswertverfahrens unterscheidet sich im Ergebnis nicht von den oben beschriebenen Varianten. Es verwendet lediglich eine andere Darstellungsform. Während die von der üblichen Marktmiete abweichenden Erträge im vereinfachten oder allgemeinen Ertragswertverfahren nachträglich als Zu- oder Abschlag in den Verkehrswert einer Immobilie einkalkuliert werden, finden sie im mehrperiodischen Ertragswertverfahren schon von Beginn an Eingang in die Berechnung.

Etablierte Wertermittlungsverfahren

Beispiel für die Wertermittlung mit dem Ertragswertverfahren

	Kalkulation	Betrag in €
Bodenwert:	Ausgangswert: 250,00 €/m² (W/1,5) Vergleichs-Bodenrichtwert GFZ-Anpassung: 250,00 €/m² x 1,4031 = 351,00 €/m² 893 m² x 351,00 €/m² * =	313.443,00 €
Rohertrag:	1.368,46 m² Wfl. x 5,72 €/m² WNfl. x 12 Monate = 93.931,00 €	
Bewirtschaftungskosten:	Ansätze entsprechend dem bei der Ableitung der Liegenschaftszinssätze verwendeten Modell: Verwaltungskosten: 6,0 % vom Rohertrag 93.931,00 € x 0,060 = 5.636,00 € Instandhaltungskosten: 1.368,46 m² WNfl. x 12,35 €/m² WNfl. = 16.900,00 € Mietausfallwagnis: Wohnen: 2 % von 88.471,00 € = 1.769,00 € Gewerbe: 4 % von 5.460,00 € = 218,00 € **Insgesamt** **24.523,00 €**	
Reinertrag:	93.931,00 € - 24.523,00 € = 69.408,00 €	
Bodenwertverzinsung:	Zu verzinsender Bodenwert = 313.443,00 € Liegenschaftszinssatz (Für die Wertermittlung erforderliche Daten, a.a.O.) für die Baujahrsgruppe 1901 - 1918 in mittleren Wohnlagen von Treptow, entsprechend dem monatlichen Nettokaltmietniveau von 5,72 €/m², mit Anpassungen für das Kaufvertragsjahr 2011, für die tatsächliche GFZ von 2,21 und den (geringen) gewerblichen Mietanteil: 4,0 % 4,0 % von 313.443,00 € = 12.538,00 €	
Reinertragsanteil der baulichen Anlagen:	69.408,00 € - 12.538,00 € = 56.870,00 €	
Restnutzungsdauer Gebäude:	Ansatz entsprechend dem bei der Ableitung der Liegenschaftszinssätze verwendetem Modell: 30 Jahre für Baualtersgruppe 98 bis 117 Jahre bei normalem Zustand	

	Kalkulation	**Betrag in €**
Kapitalisierung:	Barwertfaktor (Anl. 1 ImmoWertV) bei 30 Jahren Restnutzungsdauer und 4,0 % Liegenschaftszinssatz: 17,29 56.870,00 € x 17,29 =	983.282,00 €
Vorläufiger Ertragswert:		1.296.725,00 €
Marktanpassung:	Die vorliegenden Liegenschaftszinssätze umfassen lediglich den Zeitraum bis 2011. Die Entwicklung von 2011 bis 2014 wird durch einen geschätzten Zuschlag in Höhe von 2 Jahresnettokaltmieten berücksichtigt: 93.931,00 € x 2 =	187.862,00 €
Besondere objektspezifische Grundstücksmerkmale:	keine	0,00 €
Ertragswert:		rd. 1.500.000,00 €
Vielfaches der Jahresnettokaltmiete:	1.500.000,00 € / 93.931,00 € = 16,0-fach	
Ertragswert je m² WNfl.:	1.500.000,00 € / 1.368,46 m² WNfl. = 1.096,00 €/m² WNfl.	

Grenzen des Ertragswertverfahrens

Das Ertragswertverfahren hat für die Bewertung von Transaktionsobjekten einige entscheidende Vorteile gegenüber dem Vergleichswert- und dem Sachwertverfahren. Es verschreibt sich explizit dem Ansatz, eine Immobilie als Wirtschaftsgut zu verstehen und sie auf ihre Rendite hin zu untersuchen. Dennoch stößt auch das Ertragswertverfahren an seine Grenzen, da es die zwischen Immobilie und Markt bestehende Wechselwirkung nur unzureichend abbilden kann. So wird bei den Verfahrensvarianten des vereinfachten und allgemeinen Ertragswertverfahrens lediglich die ortsübliche, nachhaltig erzielbare Miete in die Berechnung aufgenommen. Differenzen zur tatsächlichen Miete werden als Zu- oder Abschläge zwar verrechnet. Mietsteigerungspotenziale — weil etwa die mit der Immobilie erzielten Mieten unter dem herrschenden Mietniveau liegen — lässt das Ertragswertverfahren aber außer Acht. Es kann nicht erfassen, welche Potenziale in Immobilien, die over- bzw. unterrented sind, stecken. Die Differenzen zwischen Mietniveau und den tatsächlichen und gesetzlichen Mieten werden lediglich verrechnet und der Ertragswert der Immobilie wird entsprechend gemindert. Die immensen Wertsteigerungsmöglichkeiten, die in einer Anpassung der Mieten auf Marktniveau liegen, werden an keiner Stelle berücksichtigt.

Ist der Käufer in einem solchen Fall noch erfreut, ein Objekt mit hohem Entwicklungspotenzial erworben zu haben, droht im umgekehrten Fall ein immenses Risiko. Wenn beispielsweise eine Immobilie extrem hohe Mieten erzielt, obwohl das tatsächliche Mietniveau niedrig ist, erhält sie zu ihrem Ertragswert Zuschläge für den Mietüberschuss, die über dem üblichen Jahresreinertrag liegen. Jeder Mieterwechsel beinhaltet aber in dieser Situation das immense Risiko, die Wohnung für eine ortsübliche und damit wesentlich geringere Summe vermieten zu müssen, was den Verkehrswert des Objekts senken würde.

Solche Fälle dämpft der Liegenschaftszins zwar ab, indem er anhand der Kaufpreise die zu erwartenden Wertentwicklungen der Immobilie im Markt berücksichtigt, den jeweiligen Einzelfall kann der Liegenschaftszins aber nur bedingt analysieren. Die einzelnen Anpassungen innerhalb der Bandbreite sind zwar ein erster Schritt, um die Wertentwicklung detailliert darzustellen, aber um eine Anpassung anhand der Marktentwicklung vornehmen zu können, muss überhaupt erst eine Marktentwicklung herausgearbeitet werden. Da der Liegenschaftszins diese Funktion aber eigentlich übernehmen sollte, entsteht an dieser Stelle ein Zirkelschluss – um den Verkehrswert an die Entwicklung des Markts anzupassen, muss die Entwicklung des Markts schon bekannt sein.

Darüber hinaus sind im Konzept des Liegenschaftszinssatzes zwei methodische Annahmen verankert, die in der Praxis nicht ohne weiteres umzusetzen sind. Zum einen beruht die Annahme, der Liegenschaftszinssatz könne die Entwicklung des Markts einfangen, auf der Hypothese eines transparenten Markts. Diese Hypothese ist nur zutreffend, wenn die Marktteilnehmer über alle Gegebenheiten des Markts, alle Preise und Konditionen der Immobilien vollständig informiert sind. Die Realität zeigt jedoch, dass dies nicht der Fall ist. Eine Vielzahl an Kaufpreisen, die zur Berechnung des Liegenschaftszinssatzes verwendet werden, dürften also dem Ertrags- und damit dem aktuellen Marktwert nicht entsprechen.

Zum anderen muss der Liegenschaftszinssatz in der Praxis gründlich und in geringen Zeitabständen gepflegt werden. Das heißt, dass mindestens jährlich neue Werte erhoben werden sollten, um die Entwicklungen auf dem Immobilienmarkt abzubilden. Doch selbst eine jährliche Aktualisierung könnte die Schwankungen des Immobilienmarkts nur ungenügend erfassen. Das Verfahren ist in seiner Konzeption zwar wesentlich sensibler, eine detaillierte Einzelfallanalyse des Markts und der Verortung der Liegenschaft in dieser Entwicklung im Bezug auf die Marktentwicklung kann es aber nicht leisten.

Abschließend sollen auch für das Ertragswertverfahren noch einmal die markantesten Stärken und Schwächen aufgeführt werden.

Stärken	Schwächen
+Der Liegenschaftszins berücksichtigt die Marktentwicklung dynamisch	- Der Liegenschaftszinssatz ist stark abhängig von der Qualität der Daten; da keine Markttransparenz herrscht, ist die Datenqualität mangelhaft
+Im mehr periodischen Ertragswertverfahren können die tatsächlichen Jahreserträge berücksichtigt werden	- Die Unterschiede zu den ortsüblichen Mieten werden nicht im Modell gewürdigt

Tab. 8: Stärken und Schwächen des Ertragswertverfahrens

1.2.4 Die Residualwertmethode

Lediglich die drei bislang behandelten Verfahren sind in der Immobilienwertermittlungsverordnung vom Gesetzgeber berücksichtigt worden. Es gibt allerdings noch viele spezielle Verfahren, die sich der Methodik der normierten Verfahren bedienen und diese entweder auf einen Spezialfall hin weiterentwickeln oder mehrere von ihnen kombinieren. Diese Verfahren werden in der ImmoWertV nicht berücksichtigt.

Eine solche Methode ist die Residualwertmethode. Sie ist auf die Interessen und Möglichkeiten eines einzelnen Investors ausgerichtet. Die Residualwertmethode kommt zur Anwendung, wenn ein Immobilienprojekt mit Renditeabsicht durchgeführt werden soll. Ein Immobilienprojekt bezeichnet in diesem Fall den Erwerb eines unbebauten Grundstücks mit der Absicht, eine renditeorientierte Bebauung zu schaffen. Auch bebaute Grundstücke können Basis eines solchen Immobilienprojekts sein. Vornehmlich dann, wenn die baulichen Anlagen abgerissen und eine neue Bebauung geschaffen werden soll.

Den tragbaren Kaufpreis für Grundstücke, auf denen ein Immobilienprojekt durchgeführt werden soll, ermittelt die Residualwertmethode. Sie ist dabei eine Alternative zum Vergleichswertverfahren und kommt in der Praxis vor allem dann zur Anwendung, wenn nicht genügend vergleichbare Objekte vorhanden sind. Aufgrund des Anspruchs, Grundstücke zu Projektentwicklungszwecken zu bewerten, ist die Residualwertmethode in hohem Maße von dem jeweiligen Projekt abhängig und besitzt aus diesem Grund ein stark individuelles Vorgehen. Die Residualwertmethode ist daher auch nicht in die Immobilienwertermittlungsverordnung aufgenommen worden. Da sie aber in der Praxis der Immobilieninvestition häufig an-

Etablierte Wertermittlungsverfahren

gewendet wird, werden im Folgenden die Grundzüge dieser Methode erläutert.[63] Darüber hinaus lässt sich an ihr die Projektentwicklung einer Immobilie in ihrem Lebenszyklus veranschaulichen.

Durchführung der Residualwertmethode

Die Residualwertmethode ermittelt den Wert eines Grundstücks aus der Differenz des Werts der fiktiven Bebauung im Rahmen des Projekts und den Investitionskosten. Das Ziel der Residualwertmethode ist es dabei, einen für die Projektentwicklung tragbaren Grundstückspreis zu ermitteln.

Um dies zu erreichen, wird zunächst der Wert der Immobilie nach Abschluss des Projekts ermittelt. Der Wert dieser fiktiven Immobilie kann mithilfe des Vergleichswertverfahrens oder des Ertragswertverfahrens ermittelt werden. Von dem zu erwartenden Verkaufspreis müssen jedoch die Investitionskosten abgezogen werden. Diese setzen sich folgendermaßen zusammen:

- Erwerbsnebenkosten,
- Planungskosten,
- Freilegungskosten,
- Baukosten,
- Kosten für die Errichtung von Wegen und Außenanlagen,
- Baunebenkosten und
- Finanzierungskosten.

Zu diesen Kosten treten noch die Aufwendungen für die Verwertung sowie Leerstandskosten hinzu. Darüber hinaus muss auch ein Zuschlag für unerwartete Kosten jeder Art kalkuliert werden.[64] Und schließlich müssen auch der Gewinn und das Wagnis des Investors — also die gewünschte Rendite — in die Kalkulation einfließen.

Alle diese Faktoren müssen berücksichtigt und in möglichst detaillierter Form antizipiert werden. Denn nur mit einer genauen Kostenaufstellung kann das Residuum, der maximal tragbare Preis des Grundstücks, ermittelt werden.

---

[63] Vgl. hierzu: Sommer und Kröll: Lehrbuch zur Immobilienbewertung, S. 130.
[64] Aufzählung ohne Anspruch auf Vollständigkeit nach ebd., S. 131 f.

Werte erkennen

Im Folgenden werden noch einmal die Stärken und Schwächen der Residualwertmethode aufgelistet.

Stärken	Schwächen
+ Alternative zur Bodenwertermittlung bei mangelnden Vergleichsobjekten	- Hohe Anfälligkeit für Prognosefehler, die sich dann äußerst stark im Residuum niederschlagen
	- Problem der Manipulierbarkeit

Tab. 9: Stärken und Schwächen der Residualwertmethode

1.2.5 Die Discounted-Cashflow-Methode

Die Discounted-Cashflow-Methode entstammt ursprünglich dem Feld der Unternehmensbewertung. Dabei ist es streng genommen falsch, von **der** DCF-Methode zu sprechen, da die Bewertung mit Diskontierungszinsen eine Klasse von Verfahren bildet, zu der auch die Ertragswertverfahren gehören. Im Sprachgebrauch der Experten der Immobilienbranche, dem an dieser Stelle gefolgt wird, wird der Begriff „DCF-Methode" allerdings für eine Spezialvariante des Ertragswertverfahrens verwendet.

Von einigen Experten ist diskutiert worden, die DCF-Methode in die ImmoWertV aufzunehmen. Dies hat zwei Gründe: Die DCF-Methode steht erstens den Ertragswertverfahren, die bereits in der ImmoWErtV geführt werden, methodisch sehr nahe. Zweitens hat sich die DCF-Methode in der Unternehmensberatung erfolgreich bewährt.[67] Bis zum jetzigen Zeitpunkt[68] wurde die DCF-Methode aber noch nicht in die ImmoWertV aufgenommen, da es noch nicht gelungen ist, sie aus der Unternehmens- und Investitionsbewertung „zu einem tragfähigen und allgemein anerkannten Verfahren der Verkehrswertermittlung zu transformieren"[69], wenngleich es Bestrebungen gibt, eine Standardisierung der DCF-Methode zu erreichen.[70]

---

[67] Marlit Unschuld: Das DCF-Verfahren im Hinblick auf die Immobilienwertermittlungsverordnung (ImmoWertV). Berlin 2011.
[68] Stand Mai 2013.
[69] Francke und Rehkugler: Immobilienmärkte und Immobilienbewertung, S. 276.
[70] Gesellschaft für Immobilienwirtschaftliche Forschung: Standardisierung des DCF-Verfahrens, Wiesbaden 2006.

Daher ist die Anwendung der DCF-Methode für die Immobilienbewertung noch immer umstritten, auch wenn sie im Rahmen von Immobilieninvestitionen schon Anwendung findet. Zwar wird der Einsatz der DCF-Methode von der deutschen Gerichtsbarkeit nicht untersagt, doch besteht bei ihrer Anwendung die Möglichkeit, den Wert einer Immobilie zu verzerren und ein Gutachten damit angreifbar zu machen. Dies liegt daran, dass sich die DCF-Methode nicht darin bewährt hat, einen Verkehrswert, also einen Marktwert, zu ermitteln, sondern die Immobilie als ein Investitionsgut betrachtet und ihren Investitionswert ermittelt.

Zwar gehen die Verfechter der DCF-Methode davon aus, dass der Wert, der mit dieser Methode ermittelt wird, ein Verkehrswert — oder zumindest die Grundlage eines zu ermittelnden Verkehrswerts — ist. Doch eine genaue Betrachtung zeigt, dass dies nicht zutrifft. Um diese Problematik zu beleuchten. wird zunächst die Durchführung der DCF-Methode analysiert.

Durchführung der Discounted-Cashflow-Methode

Das methodische Zentrum der DCF-Methode sind, wie schon der Name vermuten lässt, die Cashflows, also die periodischen zukünftigen Zuflüsse, die eine Investition in einem bestimmten Zeitraum erwirtschaftet. Im Rahmen der Immobilienbewertung lassen sich die Cashflows als Zahlungsüberschüsse aus Mieteinnahmen über die nicht umlegbaren Kosten bestimmen. Diese Cashflows werden über einen Betrachtungszeitraum, der zwischen fünf und 15 Jahren liegt, auf den Bewertungsstichtag hin abgezinst. Zu diesem Barwert wird schließlich ein Betrag, der den Restwert der Immobilie nach dem Betrachtungszeitraum abbildet, addiert. Bis hierhin gleicht das mathematische Vorgehen der DCF-Methode noch dem des mehrperiodischen Ertragswertverfahrens. Im Gegensatz zum Ertragswertverfahren berücksichtigt die DCF-Methode allerdings Faktoren wie „Abschreibung, Inflation, Instandhaltungsaufwendungen, Finanzierungskosten und Steuern explizit."[71]
Ein weiterer entscheidender Unterschied in der Anwendung lässt sich in der Abzinsung beobachten.[72] Denn während das Ertragswertverfahren auf Basis des Liegenschaftszinssatzes den Anspruch vertritt, eine objektive und marktgerechte Abzinsung vorzunehmen, verwendet die DCF-Methode einen subjektiven Kalkulationszins, also eben den Zinssatz, mit dem ein Investor sein Kapital verzinst sehen möchte.

---

[71] Schulte: Immobilienökonomie Band I, S. 514.

[72] Für eine detaillierte Auflistung sämtlicher Unterschiede zwischen dem Ertragswertverfahren und der DCF-Methode siehe etwa: Schulte: Immobilienökonomie Band I, S. 517.

Dieser Kalkulationszinssatz ist im Gegensatz zum Liegenschaftszinssatz allerdings ein subjektiver, der sowohl die Renditeerwartungen des Investors als auch die Risiken des Investments abbildet. Er setzt sich aus einer risikolosen Verzinsung zusammen, zu der eine Risikoprognose addiert wird. Allerdings liegt die Höhe des Basiszinssatzes und des Risikoaufschlags im Ermessen des Investors, der diese in Abhängigkeit von seinen individuellen Kapitalverfügbarkeiten festsetzt. Dies ist im Rahmen einer Investitionsrechnung nicht nur unproblematisch, sondern auch erwünscht. Für die Ermittlung eines Verkehrswerts eignet sich dieser Zinssatz jedoch nicht.

Hierin liegt der deutliche Unterschied zwischen der DCF-Methode und dem mehrperiodischen Ertragswertverfahren. Mit dem für die DCF-Methode typischen Kalkulationszins wird schließlich der jährliche Überschuss der Einnahmen über die Ausgaben verzinst. Die einzelnen Beträge werden für den Betrachtungszeitraum zusammengenommen und ergeben den Barwert des Objekts für den Betrachtungszeitraum.

Dieser muss schließlich noch um den Restwert erweitert werden. „Die Bestimmung des Restwerts am Ende des gewählten Zeithorizonts kann auf der Basis unterschiedlicher Prämissen geschehen." Je nach Absicht des Investors kann für den Fall, dass die Immobilie anschließend verkauft werden soll, ein „Liquidationserlös"[73] ermittelt werden oder die Erlöse werden mittels der ewigen Rente kapitalisiert.

Dieses Vorgehen soll nun anhand des folgenden Beispiels noch einmal verdeutlicht werden.

---

[73] Arnd Wiedemann und Martin Horchler: Risikobewertung und Quantifizierung. Discounted-Cash-Flow-Verfahren im Immobilien-Portfoliomanagement. In: Risiko Manager 2008 (10), S. 8–16, S. 10.

Etablierte Wertermittlungsverfahren 1

Beispiel für die Wertermittlung mit der Discounted-Cashflow (DCF)-Methode

Situationsparameter - Positive Einnahmen									
Mietverträge	Mieter		Fläche		Miete			Anfang/Ende	
	23 Einheiten		1.368,46 m²		5,72 €/m²		93.931 €	unbefristet	
Jahr 2014 bis 2024	14/15	15/16	16/17	17/18	18/19	19/20	20/21	21/22	22/23	23/24
Marktmiete	5,72 €/m²									
Mietanpassung			4%					2%		
Situationsparameter - Fehlende Einnahmen										
Vermietungszugeständnisse	0 €									
Konjunktureller Leerstand	0%									
Struktureller Leerstand	0%									
Leerstand bei Mieterwechsel	1 Monat						2 Monate			
Mietausfallwagnis	2,1% (2% Wohnen, 4% Gewerbe)									
Situationsparameter - Kosten										
Instandhaltungskosten	12,00 €/m²									
Verwaltungskosten	6,00%									
Nicht umlegbare Betriebskosten	0%									
Instandsetzungskosten	0,00 €/m²							150,00 €/m²		
Mieterwechsel - Umbau	5.000 €/Einheit									
Kostenanpassung	2%									
Situationsparameter - DCF-Berechnung										
Rohertragsfaktor für Restwert								13,0		
Diskontierungszinssatz	3,50%									

Jahr 2014 bis 2024	14/15	15/16	16/17	17/18	18/19	19/20	20/21	21/22	22/23	23/24
Einnahmensimulation - Positive Einnahmen in €										
gesamt	93.931	97.688	101.596	105.660	109.886	112.084	114.325	116.612	118.944	121.323
Einnahmensimulation - Fehlende Einnahmen in €										
Vermietungszugeständnisse	0	0	0	0	0	0	0	0	0	0
Konjunktureller Leerstand	0	0	0	0	0	0	0	0	0	0
Struktureller Leerstand	0	0	0	0	0	0	0	0	0	0
Leerstand bei Mieterwechsel	340	354	368	383	398	812	828	845	862	879
Mietausfallwagnis	1.973	2.051	2.134	2.219	2.308	2.354	2.401	2.449	2.498	2.548
gesamt	2.313	2.405	2.502	2.602	2.706	3.166	3.229	3.294	3.359	3.427
Ausgabensimulation - Kosten in €										
Instandhaltung	16.422	16.750	17.085	17.427	17.775	18.131	18.493	18.863	19.240	19.625
Verwaltung	5.636	5.861	6.096	6.340	6.593	6.725	6.860	6.997	7.137	7.279
Nicht umlegbare Betriebskosten	0	0	0	0	0	0	0	0	0	0
Instandsetzung	0	0	0	0	0	0	0	0	0	245.316
Mieterwechsel - Umbau	5.000	5.100	5.202	5.306	5.412	5.520	5.630	5.743	5.858	5.975
gesamt	27.058	27.711	28.383	29.073	29.780	30.376	30.983	31.603	32.235	278.195
Kalkulation des Marktwertes										
Periodenüberschüsse in € = Positive Einnahmen - Fehlende Einnahmen - Ausgaben	64.560	67.572	70.711	73.985	77.400	78.542	80.113	81.715	83.350	-160.299
Restwert in €										1.577.199
Abzinsungsfaktor	0,9662	0,9335	0,9019	0,8714	0,8420	0,8135	0,7860	0,7594	0,7337	0,7089
Barwerte Periodenüberschüsse in €	62.378	63.078	63.774	64.471	65.171	63.894	62.969	62.054	61.154	-113.636
Barwert Restwert in €										1.118.076
Marktwert in €	1.573.383									

Grenzen der Discounted-Cashflow-Methode

Die Grenzen der DCF-Methode resultieren zum einen aus der methodischen Konzeption und zum anderen aus dem Problem der Prognostizierbarkeit wirtschaftlicher Entwicklungen. Der Anspruch der DCF-Methode ist ihrem Ursprung in der Unternehmensbewertung geschuldet. Die Diskontierung von freien Zahlungsflüssen auf einen bestimmten Stichtag hat in der Investitionsrechnung berechtigterweise einen hohen Stellenwert und dient dazu, Wertentwicklungen zu antizipieren und Renditen vorhersagen zu können. Daher kann es der DCF-Methode nicht zum Vorwurf gemacht werden, keinen Verkehrswert ermitteln zu können. Dies ist, so sei noch einmal betont, nicht möglich, aber auch nicht Ziel der Methode.

Eine weitere Einschränkung, die der DCF-Methode oft nahegelegt wird, ist die Unsicherheit wirtschaftlicher Entwicklungen. Diese erhält in der DCF-Methode ein doppeltes Gewicht, da sie gleich an zwei Stellen in die Berechnung einfließt. Einerseits ist ein Betrachtungszeitraum von bis zu 15 Jahren zur genauen Prognose von Zahlungsflüssen angesetzt. Doch schon hier fließen Ungenauigkeiten in die Berechnung ein. Denn es ist kaum möglich, die Mieteinnahmen über einen solchen Zeitraum detailliert zu beschreiben. Können über die ersten Jahre noch die wirtschaftlichen und juristischen Einflussfaktoren in einem hohen Maße prognostiziert werden, so vergrößert sich die Unsicherheit mit zunehmendem Abstand zum Bewertungsstichtag.

Wirtschaftliche Entwicklungen im Großen und vor allem die Entwicklungen des regionalen Standorts können in einem solchen Zeitraum nicht mehr ausreichend genau vorhergesagt werden: Infrastrukturelle Änderungen können das Mietniveau beeinflussen und die Wirtschaftskraft der Mieter kann sich drastisch ändern — um nur einige Beispiele zu nennen.

Um diesen Risiken gerecht zu werden, sind einige komplexe Verfahren entstanden, die eine Risikoverteilung der Mieteinnahmen ebenso berücksichtigen wie konjunkturelle Risikoszenarien.[74] Letztere müssen darüber hinaus auch im Kapitalisierungszins berücksichtigt werden. Eine absolute Sicherheit gibt es aufgrund der Zukunftsprognosen, welche die DCF-Methode trifft, allerdings nicht. Die DCF-Methode hat keine systemischen Instrumente, um den Markt zu beobachten und eine Prognose über dessen Entwicklung zu erstellen. Mag die Eignung der DCF-Methodik zur Investitionsanalyse einleuchtend scheinen, der mangelnde systemische Hintergrund macht es der Methode unmöglich, korrekte Ergebnisse zur Bestimmung des Verkehrswertes zu liefern.

---

[74] Vgl. hierzu etwa ebd.

Werte erkennen

Die folgende Tabelle zeigt die Stärken und Schwächen der Discounted-Cashflow-Methode im Überblick.

Stärken	Schwächen
+Verfahren zur Ermittlung von Investitionswerten	- Nicht geeignet für die Ermittlung von Verkehrswerten
+Detaillierte Integration aller Faktoren, die den Jahresertrag beeinflussen	- Problem der Unsicherheit über Entwicklung des Markts
	- Kein systematischer Ansatz, um den Markt zu analysieren

Tab. 10: Stärken und Schwächen der DCF-Methode

1.2.6 Fazit

Die Analyse der verschiedenen Verfahren zur Immobilienwertermittlung hat gezeigt, dass es unerlässlich ist, die jeweilige Methode auf ihre theoretischen Prämissen hin zu untersuchen. Denn der Anspruch der unterschiedlichen Wertermittlungsverfahren ist äußerst differenziert. Ob ein Verfahren zur Ermittlung des Werts einer Immobilie geeignet ist, hängt demnach von einer Vielzahl von Faktoren ab. Nicht jedes Verfahren ist in der Lage, den unterschiedlichen Ansprüchen des Bewertungsobjekts und des Bewertungsanlasses gerecht zu werden. Darüber hinaus müssen die Verfahren, wie sich im Rahmen der vorliegenden Analysen herausgestellt hat, auf ihre Praxistauglichkeit hin untersucht werden. So ist eine Methodik, die zwar technisch objektiv und zuverlässig ist, nicht zu gebrauchen, wenn die praktischen Voraussetzungen fehlen. Unsere Beispiele haben gezeigt, dass alle Methoden darüber hinaus unterschiedliche Ergebnisse für dasselbe Objekt erzeugen. Dies veranschaulicht noch einmal die folgende Tabelle:

Etablierte Wertermittlungsverfahren

Methode	Eignung zur Wertermittlung	Ergebnis
Vergleichswertverfahren	Ja	rd. 1.500.000 €
Sachwertverfahren	Ja	1.139.960 €
Ertragswertverfahren	Ja	1.500.000 €
Residualwertmethode	Nein	-
DCF-Methode	Bedingt *	1.573.383 €

* Für das Beispielobjekt Buchnerweg 10 ist die Bewertung mit der Discounted Cash Flow Methode unabhängig von den aus der fehlenden Marktreferenzierung dieser Methode resultierenden Nachteile nicht sinnvoll, denn eine sich periodisch ändernde Bewirtschaftungssituation bis zu einem späteren Verkauf ist aufgrund der Eigenart des Bewertungsobjektes (Bestandsbewirtschaftung bei zeitgemäßem Standard und marktüblichen Mieten) nicht absehbar bzw. wäre rein spekulativ. Dennoch wird für Demonstrationszwecke eine vereinfachte DCF-Berechnung für das Beispielobjekt mit einem investorenseitig angesetzten Diskontierungszinssatz von 3,5 % und einem Rohertragsvervielfältiger von 13,0 durchgeführt.

Tab. 11: Übersicht Ergebnisse der Wertermittlung

Welchen Wert die Dynamische Methode für dieses Objekt ermittelt, können Sie als interessierter Leser auf der Internetseite www.hume.de/uvaluate erfahren. Doch kommen wir noch einmal zurück auf die Schwächen der einzelnen Methoden: Besonders deutlich ist der Unterschied zwischen den gesetzlich normierten Verfahren zur Wertermittlung, nämlich den drei klassischen Verfahren der Immobilienwertermittlungsverordnung, und den neuen Wertermittlungsmethoden nach internationalem Vorbild, die in der Praxis regen Zuspruch finden. Die Wertermittlungsverordnung schreibt vor, die „allgemeinen Wertverhältnisse auf dem Grundstücksmarkt" (ImmoWertV § 2 Abs. 1) zugrunde zu legen, während sowohl die Discounted-Cashflow-Methode als auch die Residualwertmethode sich in ihrer Konzeption am Investor orientieren. Es sind die Renditeerwartungen des einzelnen Investors, die den Wert der Immobilie stark subjektiv beeinflussen. Mit dieser grundlegenden Prämisse limitieren sich die Verfahren jedoch, da sie ihre Sicht auf die Realität des Immobilienmarktes einschränken.

Die Verfahren der ImmoWertV versuchen — und darin liegt das Kernproblem — die Werte der Immobilie am tatsächlichen Marktgeschehen auszurichten. Inwiefern der jeweiligen Methode dies gelingt, haben die Abschnitte zu den Grenzen der einzelnen Verfahren offengelegt. Die Ausrichtung dieses Anliegens jedoch ist absolut nachvollziehbar und richtig. Denn nur, wenn der Wert einer Immobilie aus dem tatsächlichen Marktgeschehen entnommen wird, kann er auch realistisch erzielt werden.

Werte erkennen

Ferner werden Sie in diesem Kapitel erfahren, was es genau mit Mieterzyklus, Mieterdynamik und Makrozyklus auf sich hat — Begriffe, die eine zentrale Rolle im Rahmen der Dynamischen Methode spielen. Auch werden Sie erfahren, welche Rolle der Mikrozyklus in diesem Kontext spielt. Sie werden die verschiedenen Parameter kennenlernen, die die Zyklen bzw. die Dynamik eines Mietobjekts beeinflussen.

Aus dem Matching all dieser Faktoren lassen sich dann die möglichen Renditen einer Immobilie zielgenau ableiten — aber auch die Risiken, mit denen sie behaftet sein kann. Die zentralen Gedanken der Dynamischen Methode zeigt das Zitat von Steohen Phyrr:

> „Understanding the complex and dynamic macro-to-micro cycle relationships is believed to be the foundation for understanding real property performance in a specific market, submarket and site-specific location. Successful cycle strategies that achieve above-market returns over the long run are dependent on this understanding, good market timing and a degree of contrarianism." [75]
> [Das Verständnis des komplexen und dynamischen Verhältnisses von Makro- und Mikrozyklus bildet die Grundlage – so glaubt man –, um die Performance einer Immobilie in einem spezifischen Markt, Teilmarkt oder an einem spezifischen Standort zu verstehen. Erfolgreiche Zyklusstrategien, die auf lange Sicht Renditen über dem Marktdurchschnitt erzielen, hängen von diesem Verständnis, guten Markt-Timing und einem guten Schuss Querdenken ab.]

Obschon diese Erkenntnis in der Theorie der Immobilienökonomie angekommen zu sein scheint, wird sie in der Praxis noch nicht berücksichtigt. Die Dynamische Methode ist das erste Verfahren, welches das theoretische Wissen um die Bedeutung der Immobilienzyklen in die Praxis der Bewertung von Immobilieninvestitionen überführt.

1.3.1 Die Mikroanalyse – der Mieterzyklus und die Mieterdynamik

Am Anfang der Dynamischen Methode steht die Mikroanalyse. Sie dient dazu, die Immobilie im Hinblick auf ihre Mietstruktur zu untersuchen und mit dem Mietniveau des Mikromarkts, des unmittelbaren Mietumfelds, zu vergleichen. Es soll ermittelt werden, wo die Mieten in Relation zu unterschiedlichen Marktmieten

---

[75] Stephen A. Phyrr, Stephen E. Roulac und Waldo L. Born: Real Estate Cycles and Their Strategic Implications for Investors and Portfolio Managers in the Global Economy. In: Journal of Real Estate Research 1999 (18), S. 7–68.

Werte erkennen mit der Dynamischen Methode 1

liegen, da sich unterschiedliche Wohnungsgrößen hinsichtlich ihrer Quadratmeterpreise unterscheiden. Darüber hinaus wird betrachtet, wie sich die Mieten in der Vergangenheit entwickelt haben und welche Dynamik sie in dem Objekt entfachen könnten. Auf diese Weise wird das Mietsteigerungspotenzial deutlich, das die Immobilie besitzt.

Die Analyse des Mikrozyklus beginnt beim wichtigsten Dokument der Immobilie: Der Mieterliste. Eine Lektüre dieser Mieterliste stellt den Ausgangspunkt der nachhaltigen, ganzheitlichen und dynamischen Wertermittlung dar. Die Miete ist die zentrale Größe der Mieterliste, aber Miete ist nicht gleich Miete. Der Bedeutungsumfang variiert je nachdem, welche Kosten im Mietzins enthalten sind. Damit die Mieterliste korrekt interpretiert werden kann, muss man verstehen, welche unterschiedlichen Formen von Miete es gibt.

Die Miete

Die wesentliche Information, die Sie der Mieterliste entnehmen können, ist die Grundmiete: Sie ist die wichtigste wiederkehrende Einnahme und stellt die entscheidende Größe zur Berechnung des Verkehrswerts der Immobilie dar. Was aber umfasst der Begriff „Grundmiete" und was ist zu tun, wenn die Miete auf der Liste als Teilinklusiv- oder Nettowarmmiete aufgeführt ist? Um den Mietzins richtig analysieren zu können, müssen zunächst — wie eben erwähnt — die verschiedenen Formen der Miete verstanden werden.

Der Begriff „Miete" birgt viele Komplikationen. Er ist gesetzlich nicht eindeutig definiert und gliedert sich in Unterkategorien, die sorgfältig unterschieden werden müssen. Beginnen wir zunächst mit einer einfachen Annäherung. Wenn in der Immobilienwirtschaft von Miete gesprochen wird, meint der Common Sense damit den schuldrechtlichen Vertrag, der den Vermieter verpflichtet, dem Mieter einen bestimmten Gegenstand gegen Entgelt auf Zeit zum Gebrauch zu überlassen. Diese Definition von Mietzins berücksichtigt die wichtigen juristischen Pflichten, die sich aus der Vertragsform ergeben und sowohl auf den Mieter als auch auf den Vermieter verteilt sind. Der Vermieter hat die Pflicht, dem Mieter den vertragsgemäßen Gebrauch an der Mietsache zu überlassen und die auf der Mietsache ruhenden Lasten zu tragen. Die Entrichtung des Mietzinses ist die Gegenleistung des Mieters für diese Gebrauchsüberlassung und damit seine Hauptleistungspflicht aus dem Mietvertrag.[76]

---

[76] Vgl. hierzu: Wolf-Rüdiger Bub und Gerhard Treier: Handbuch der Geschäfts- und Wohnraummiete. München 2006, S. 507.

Werte erkennen

Miete ist aber nicht gleich Miete: Rechtlich ist die Miete in den §§ 535 bis 580a BGB geregelt. Sie ist in verschiedene Kategorien von Miete aufgeteilt: Zunächst wird im Bürgerlichen Gesetzbuch zwischen Wohnraum- und Geschäftsraummiete unterschieden.

- Wohnraummiete liegt vor, wenn die Wohnung „zum Zwecke des privaten Aufenthalts des Mieters selbst und/oder seiner nächsten Angehörigen"[77] überlassen wird.
- Geschäftsmiete muss für Objekte entrichtet werden, deren Zweck dem Erwerb dient.

Da sich die Rahmenbedingungen für Wohn- und Geschäftsraummiete juristisch erheblich voneinander unterscheiden, muss in der Mieterliste die Art der Miete vermerkt werden. Das Wohnraummietrecht ist durch den sozialen Mieterschutz gekennzeichnet. Die Dynamischen Methode wird sich auf die Wohnraummiete konzentrieren.

Eine zweite Unterteilung umfasst die verschiedenen Mietbegriffe, die ausdrücken, welche Kosten in der Miete enthalten sind. Diese sind terminologisch nur vage festgelegt: Es gibt keine „einhellige Meinung über Mietbegriffe […], die ausdrücken sollen, welche Kostenarten im Entgelt bzw. in der Miete enthalten sind."[78] Auch gesetzlich ist der Mietzins nicht definiert. Es ist daher unerheblich, ob der Mieter den Mietzinssatz in einem Pauschalbetrag oder nach Grundmiete zuzüglich Nebenkosten zu leisten hat.

Im Sinne des BGB enthält der Mietzins somit alle finanziellen Leistungen, die der Mieter zu entrichten hat. Auch der Begriff der Nebenkosten ist nicht gesetzlich definiert. Im Rahmen der Rechtsprechung werden die Nebenkosten als „alle finanziellen und geldwerten Leistungen des Mieters, die über die Grundmiete hinausgehen" betrachtet, „im engeren Sinne betreffen sie im Wesentlichen die Betriebskosten wie z. B. Heizkosten, Grundsteuer"[79] etc.

Das Gesetz unterscheidet also weder trennscharf zwischen Grundmiete und Nebenkosten noch definiert es, welche Mietformen welche Kosten enthalten. In der Praxis der Immobilienbranche haben sich allerdings verschiedene Formen der Miete etabliert. In der Mieterliste der Dynamischen Methode müssen aus Gründen der

---

[77] Ebd., S. 31.
[78] Ferdinand Dröge: Handbuch der Mietpreisbewertung für Wohn- und Gewerberaum. München 1999, S. 102.
[79] Bub und Treier: Handbuch der Geschäfts- und Wohnraummiete, S. 518.

Vergleichbarkeit allerdings die Grundmiete und die entsprechenden Neben- und Heizkosten separat angegeben werden. Die eigentliche Miete wird daher immer in Form einer Grundmiete dargestellt.

Die Grundmiete — auch Nettomiete oder Nettokaltmiete genannt — enthält keine Betriebskosten. Sie bezeichnet das Entgelt, „das alleine für den Gebrauch der Mietsache selbst zu entrichten ist"[80], also „für die reine Gebrauchsüberlassung"[81] bestimmt ist. Die Grundmiete garantiert, dass nur der Wert des Gebäudes selbst in die Wertermittlung einfließt. Es existieren jedoch weitere Mietformen, die sich darin unterscheiden, zu welchem Anteil sie Neben- und Betriebskosten enthalten.

Die folgende Aufzählung gibt einen Überblick über die verschiedenen Formen der Miete:

- **Nettokaltmiete oder Grundmiete**
  Die Grundmiete enthält keine Betriebs- oder Heizkosten. Sie bildet den „reinen" Mietzins ab.

- **Nettowarmmiete**
  Die Nettowarmmiete beinhaltet zusätzlich zur Grundmiete noch die Heizkosten. Nur in Ausnahmefällen tritt diese Form des Mietzinses auf.

- **Bruttokaltmiete**
  Die Bruttokaltmiete enthält neben der Grundmiete noch sämtliche Betriebskosten, außer den Heiz- und Warmwasserkosten.

- **Teilinklusivmiete**
  Die Teilinklusivmiete enthält nur einen Teil der Betriebskosten. Häufig sind die verbraucherunabhängigen Betriebskosten in der Miete enthalten, während die verbraucherabhängigen Kosten separat zu entrichten und nicht in der Teilinklusivmiete enthalten sind.

- **Bruttowarmmiete**
  Die Bruttowarmmiete enthält sämtliche Betriebskosten — auch die Heiz- und Warmwasserkosten. Die Bruttowarmmiete wird auch als Inklusiv-, Pauschal-, Fest- oder Bruttomiete bezeichnet.

---

[80] Dröge: Handbuch der Mietpreisbewertung für Wohn- und Gewerberaum, S. 102.
[81] Gondring: Immobilienwirtschaft: Handbuch für Studium und Praxis, S. 585.

Werte erkennen

Um die jeweilige Form der Miete bestimmen und sie schließlich auf eine Grundmiete zurückführen zu können, muss klar sein, was sich hinter den Begriffen Nebenkosten und Betriebskosten sowie Bewirtschaftungskosten verbirgt. Laut der Betriebskostenverordnung (BetrKV) werden die Betriebskosten als „die Kosten, die dem Eigentümer […] am Grundstück […] laufend entstehen"[82] definiert. Die Betriebskosten werden auch, da sie wie der Mietzins monatlich zu errichten sind, als die „zweite Miete" bezeichnet und enthalten:

- Grundstückssteuer,
- Gartenpflege,
- Wasserversorgung,
- Beleuchtung,
- Entwässerung,
- Schornsteinreinigung,
- Betriebskosten der Heizungs- und Abgasanlage,
- Sach- und Haftpflichtversicherung des Gebäudes,
- Betriebskosten der Warmwasseranlage,
- Antennenanlage bzw. Kabelnetz,
- Fahrstuhlkosten,
- Hauswart,
- Straßenreinigung und Müllbeseitigung,
- Einrichtungen der Wäschepflege,
- Gebäudereinigung und Ungezieferbekämpfung und
- sonstige Kosten (alle sonstigen Kosten müssen im Mietvertrag explizit als Betriebskosten gekennzeichnet sein).

Die Betriebskosten können auf den Mieter umgelegt werden. Dies ist hingegen bei den Bewirtschaftungskosten nur zum Teil möglich. Denn sie enthalten neben den Betriebskosten auch Instandhaltungskosten, Abschreibungen, Verwaltungskosten sowie das Mietausfallwagnis. Für Wohnraummieten können lediglich Schönheitsreparaturen zum Teil auf den Mieter umgelegt werden. Bei Geschäftsraummieten können alle Bewirtschaftungskosten bis auf die Instandhaltungskosten umgelegt werden.

Um in der Mieterliste eine Nettokaltmiete anführen zu können, muss in einem ersten Schritt ermittelt werden, welche Form der Miete aufgeführt ist. Wird ein Warmbetrag angeführt, muss er um die Heiz- und Warmwasserkosten reduziert werden. Zudem muss ein etwaiger Bruttobetrag um die Betriebs- bzw. Nebenkosten ver-

---

[82] § 1 Abs. 1 BetrKV.

mindert werden. Nur anhand einer Nettokaltmiete kann der Wert des Gebäudes ermittelt werden.[83]

Es kann zudem vorteilhaft sein, in der Mieterliste Schufa-Auskünfte über die Mietparteien aufzuführen. Die Schufa-Auskunft kann als Anhaltspunkt für die Berechnung der Leerstandsraten sowie des Mietausfallwagnisses dienen und dem Vermieter auf diese Weise Planungssicherheit vermitteln.

Ein solches Verständnis der Miete vorausgesetzt, kann die detaillierte Mieterliste gleichzeitig die Basisanalyse des Mikrozyklus sein. Dabei stellt die Grund-, also die Nettokaltmiete pro Quadratmeter die entscheidende Größe zur Ermittlung des nachhaltigen Investitionswerts dar. Wie wird sie aber in der Mieterliste dargestellt und wie lässt sich aus ihr der Mieterzyklus bestimmen?

Der Mieterzyklus

Am Beginn der Analyse des Mikrozyklus steht der Mieterzyklus. Um sich dem Mieter und der Entwicklung der Mieten innerhalb des Investitionsobjekts zu nähern, bietet die Mieterliste den besten Anhaltspunkt. In ihr sind die wichtigsten Informationen über den Mieter gesammelt und für eine Analyse aufbereitet. Die Lektüre einer solchen Mieterliste gibt Antwort auf die wesentlichen Fragen des ersten Schrittes der Mikroanalyse: In welchem Verhältnis stehen die Mieten bei Mietverträgen neueren Beginns gegenüber Mietverträgen, die bereits eine lange Laufzeit besitzen? Wie gestaltet sich der Mieterzyklus? Um diese Fragen beantworten zu können, muss die Mieterliste jedoch richtig gelesen und verarbeitet werden können. Eine solche Lektüre ist wiederum nur dann möglich, wenn die Mieterliste die entsprechenden Formalien erfüllt. Sie muss daher folgende Informationen angeben: Den Name des Mieters, die Art des Mietvertrags (Commercial vs. Residential vs. Parking), die Wohnfläche in Quadratmetern, die Grund- bzw. Nettokaltmiete pro Monat, die Nebenkosten pro Monat, die Heizkosten pro Monat, die Zu- oder Abschläge auf die Miete pro Monat, die Quadratmetermiete pro Monat (die als Quotient aus der Grund- bzw. Nettokaltmiete pro Monat und der Quadratmeter-Wohnfläche berechnet wird) und den Zeitpunkt des Vertragsbeginns.

---

[83] Die hier aufgeführten Informationen zur Miete enthalten nur überblicksartig die für die Dynamische Methode wichtigsten Begrifflichkeiten. Detaillierte Ausführungen zum Mietbegriff finden Sie etwa bei Prof. Dr. Wolf-Rüdiger Bub und Christian von der Osten: Mietrecht aktuell und kompakt. München 2012 oder bei Harald Kinne: Miet- und Mietprozessrecht. Kommentar zu den §§ 535–580a BGB mit Schriftsatz- und Klagemustern für die Rechtspraxis. Freiburg 2011.

Werte erkennen

Erst wenn die Mieterliste analysiert ist, kann der nächste Schritt der Analyse des Mikrozyklus erfolgen. Eine Auswertung der Mieterliste wird dabei fünf Blickwinkel eröffnen:

Blickwinkel 1: Die Mietspanne
Der erste Blickwinkel richtet sich auf die Verteilung der Quadratmetermiete innerhalb des Objekts. Hier wird zu untersuchen sein, wie weit die einzelnen Mieten auseinanderliegen und worin die Gründe für etwaige Differenzen liegen.

Blickwinkel 2: Der Mietspiegel
Die zweite Perspektive setzt die Bestandsmieten des Objekts zum gesetzlichen Mietspiegel ins Verhältnis. Dieser Blickwinkel gibt Aufschluss über die Möglichkeiten einer Mieterhöhung und gibt einen ersten Einblick in die Dynamik des Mikromarkts.

Blickwinkel 3: Die Marktmiete
Im Gegensatz zum von der Stadt erhobenen Mietspiegel ist die Marktmiete dem Markt entnommen. Unter diesem Blickwinkel werden die Mieten des Investitionsobjekts an der Marktmiete des direkten Umfelds ausgerichtet.

Blickwinkel 4: Die Wohnungstypen
Verschiedene Wohnungstypen besitzen unterschiedlich hohe Mieten. In der Regel ist die Quadratmetermiete einer kleinen Wohnung höher als diejenige einer großen Wohnung.

Blickwinkel 5: Die Mieterdynamik
Die ersten vier Blickwinkel betrachten den Ist-Zustand der Mietwohnung des Objekts. Die letzte Perspektive soll jedoch auf eine mögliche Prognose gerichtet werden. Welche Dynamik ist aufgrund der Bestands- und Marktmieten zu erwarten? Wie wird sich die Struktur der Miete im Laufe einer Investitionen verändern?

Um die nächsten Schritte der Dynamischen Methode nachvollziehbar darzustellen, werden sie an einem Beispiel verdeutlicht: Wir bedienen uns hierfür eines Wohnhauses im Bezirk Berlin-Adlershof im Ortsteil Treptow-Köpenick.

1 Werte erkennen mit der Dynamischen Methode

Abb. 5: Beispielimmobilie Berlin-Adlershof

Das Gebäude besteht aus 23 Wohneinheiten mit Größen zwischen 35 und 98 Quadratmetern. In den vergangenen Jahren sind in einigen Wohnungen umfangreiche Sanierungen vorgenommen worden. Fünf Einheiten stehen leer.

Das Objekt befindet sich in einer Lage, in der momentan hohe Mieten gezahlt werden: Der Bezirk Berlin-Adlershof ist aufgrund des neuerbauten Technologiecampus Adlershof sowie der guten Anbindung an den künftigen Flughafen Berlin-Brandenburg ein begehrter Wohnbezirk Berlins. Vielfältige Einkaufsmöglichkeiten des täglichen Bedarfs und auch Schulen und Neubauten der Humboldt-Universität Berlin befinden sich im Bezirk Adlershof.

Werte erkennen

Eine vereinfachte Version der Mieterliste dieser Immobilie zeigt die folgende Tabelle:

Wohnung	Größe m²	Einzug Datum	Grundmiete €/Monat	Grundmiete/m² €/m² und Monat
WE 1	35,00	01.12.96	228,19 €	6,52 €
WE 2	35,00	01.07.11	225,00 €	6,43 €
WE 3	93,50	01.04.10	455,00 €	4,87 €
WE 4	86,75	01.04.10	450,00 €	5,19 €
WE 5	40,00	01.10.05	203,06 €	5,08 €
WE 6	75,00	01.08.05	381,75 €	5,09 €
WE 7	73,55	-	0,00 €	0,00 €
WE 8	63,00	-	0,00 €	0,00 €
WE 9	68,18	-	0,00 €	0,00 €
WE 10	73,55	-	0,00 €	0,00 €
WE 11	63,00	01.07.12	315,00 €	5,00 €
WE 12	70,18	15.03.10	310,00 €	4,42 €
WE 13	67,00	01.10.08	368,50 €	5,50 €
WE 14	59,00	-	0,00 €	0,00 €
WE 15	60,00	01.08.96	462,33 €	7,71 €
WE 16	48,20	15.01.09	250,64 €	5,20 €
WE 17	31,00	01.11.92	226,93 €	7,32 €
WE 18	50,30	01.08.00	246,97 €	4,91 €
WE 19	30,00	01.07.09	183,00 €	6,10 €
WE 20	52,30	15.06.13	303,50 €	5,80 €
WE 21	30,00	01.04.08	198,90 €	6,63 €
WE 22	98,00	01.09.13	560,00 €	5,71 €
WE 23	65,95	01.10.10	389,11 €	5,90 €
Gesamt	1368,46		5.757,88 €	4,21 €

Tab. 12: Mieterliste

Werte erkennen mit der Dynamischen Methode

Für die Analyse der Mieterliste ist an dieser Stelle in erster Linie die Grund-Quadratmetermiete interessant. Sie stellt den Vergleichsfaktor dar, der sowohl die Mietentwicklung innerhalb der Immobilie beschreibt als auch die wichtigsten Vergleichspunkte im regionalen Umfeld markiert.

Lassen Sie uns nun den oben beschriebenen **Blickwinkel 1** einnehmen und die Mietspanne des Objekts betrachten. Da die Dynamische Methode das Timing eines Investments als wesentlichen Faktor ansieht, werden die Quadratmetermieten mit dem Einzugsdatum in Zusammenhang gebracht. Auf diese Weise kann erkannt werden, wie sich die Mieten entwickelt haben und es ist somit eine erste Einschätzung des Mieterzyklus möglich: Sind die Mieten pro Quadratmeter gestiegen, gesunken oder verharren sie auf einem stabilen Niveau? Wie dies dargestellt werden kann, zeigt die folgende Abbildung 6.

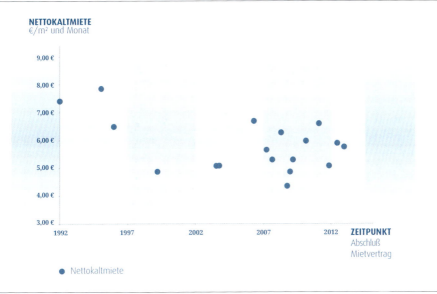

Abb. 6: Entwicklung der Quadratmetermiete

Wie ist diese Grafik nun zu lesen und welche Informationen sind ihr zu entnehmen?

Es zeigt sich, dass die Mieten in den einzelnen Wohneinheiten um über drei Euro pro Quadratmeter auseinanderliegen. Der Unterschied zwischen diesen Mieten hat verschiedene Gründe: Einzelne Wohneinheiten haben aufgrund ihrer Eigenschaften und Ausstattungen unterschiedlich hohe Quadratmetermieten. Auf eine Clusterung nach Größe und Lage der Wohnung soll hier daher kurz eingegangen werden. Eine Dachgeschosswohnung mit Terrasse, moderner Küche und einem sanierten Badezimmer wird immer eine höhere Quadratmetermiete aufweisen als eine Souterrainwohnung mit einer Nasszelle, die seit 25 Jahren keine Modernisierung erfahren hat. Darüber hinaus trägt auch die Inflation zu einer Steigerung der Mieten bei.

Die Differenz in der Mietspanne liegt im Makrozyklus begründet. Das Objekt hat mehrere Zyklen durchlebt, welche die Miete steigen und sinken ließen. Daher ist diese Darstellung immer unter Vorbehalt zu betrachten. Sie stellt lediglich die Datenbasis für die Integration weiterer Blickwinkel. Im Bezug auf die Beispielimmobilie sollte daher nicht von einer positiven Entwicklungen des Mieterzyklus auf einen positiven Investitionswert geschlossen werden. Ob ein Mieter, der im Jahr 2014 einzieht, bereit ist, eine Quadratmetermiete zu zahlen, die im Bereich von der sieben Euro liegt oder ob er nur bereit ist, sechs Euro zu zahlen, kann an dieser Stelle nicht prognostiziert werden. Um das Steigerungspotenzial der Immobilie zu ermitteln, sollten die einzelnen Bestandsmieten daher nicht aneinander gemessen werden.

Es müssen also weitere Analyseschritte folgen, um den Mieterzyklus zu untersuchen. Aus dem **Blickwinkel 2**, der zu diesem Zweck eingenommen werden soll, wird ein Vergleich mit dem gesetzlichen Mietspiegel angestellt. Dieser bietet die Möglichkeit, die Bestandsmieten des Objekts mit dem Markt zu vergleichen und gibt darüber hinaus die Rahmenbedingungen für eine Mieterhöhung vor (siehe hierzu auch das Kapitel 1.3.4 „Verwerfer"). Die Erstellung des offiziellen Mietspiegels wird von der Stadtverwaltung in Auftrag gegeben und er erscheint alle zwei Jahre. Er gibt die Mietober- und die Mietuntergrenze des direkten Umfelds einer Immobilie an. Der Mietspiegel für die Wohnungen in unserer Beispielimmobilie in Adlershof bewegt sich zwischen 4,86 und sieben Euro pro Quadratmeter[84]. Wird er in die Darstellung der Mietverteilung innerhalb des Objekts integriert, ergibt sich folgendes Bild.

---

[84] Abgerufen unter http://www.stadtentwicklung.berlin.de/wohnen/mietspiegel.

Werte erkennen mit der Dynamischen Methode 1

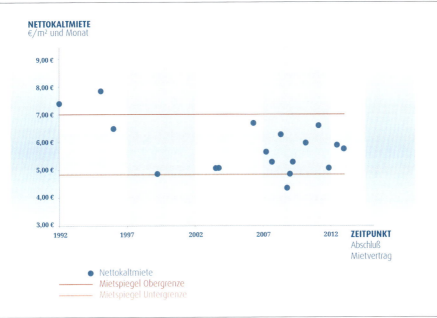

Abb. 7: Entwicklung der Quadratmetermiete mit Mietspiegel

Der Mietspiegel gibt Auskunft darüber, in welchem gesetzlichen Rahmen sich die Mieten bei Neuvermietung ansiedeln dürfen und in welchen Bereich Bestandsmieten gehoben werden können: Gemäß § 558 Abs. 3 BGB sind Mieterhöhungen innerhalb von drei Jahren maximal um 15 Prozent in Berlin erlaubt. Die Politik hat — um den raschen Anstieg der Mieten zu drosseln — hier zusätzliche Restriktionen erlassen. Diese werden im Kapitel 1.3.4 „Verwerfer" detaillierter behandelt.

Für unser Beispiel zeigt der Blick auf den gesetzlichen Mietspiegel, dass sich der Großteil der Bestandsmieten im Bereich zwischen Mietunter- und -obergrenze bewegt. Ein Teil der Mieten befindet sich unterhalb der Mietuntergrenze, ein Großteil im unteren Bereich des Mietspiegels. Sie könnten — insofern die gesetzlichen Rahmenbedingungen berücksichtigt werden — in den Bereich des Mietspiegels gehoben werden. Über die zyklischen Gegebenheiten des direkten Umfelds gibt der Mietspiegel allerdings nur wenig Auskunft — der Mietspiegel ist ein Lagging Indicator. Er ist in seinen Möglichkeiten, den Mieterzyklus darzustellen, limitiert, da er von der Stadtverwaltung nur alle zwei Jahre in Auftrag gegeben und ermittelt wird. Damit werden die zum Teil kurzfristigen Entwicklungen im Mieterzyklus, wenn überhaupt, nur mit einer starken Verzögerung abgebildet. Eine dynamische Analyse des Mieterzyklus ist so nicht möglich. Für die Rahmenbedingungen hinsichtlich der Steigerung von Mieten ist der Mietspiegel aufgrund seiner juristischen Funktion dennoch von Bedeutung.

Werte erkennen

Aufgrund der Reglementierungen des Mietspiegels muss der Mieterzyklus aus dem **Blickwinkel 3** betrachtet werden, denn um den Markt in Echtzeit — also auf einer aktuellen Datenbasis — zu erfassen, wird ein dynamischer Vergleichswert ermittelt. Dieser wird mathematisch aus den real vermieteten Objekten abgeleitet. Dabei ist vor allem ein hoher Detailgrad von Bedeutung, der es ermöglicht, Mietniveaus bis in die direkte Nachbarschaft hin zu betrachten. Somit wird es möglich, den Mikromarkt nicht nur regional zu beschränken, sondern auch auf Basis tagesaktueller Daten zu beschreiben. Die Marktmiete gibt zudem einen ersten Anhaltspunkt für eine mögliche Entwicklung des Markts. Ihre Integration in die bisherigen Untersuchungen zeigt die folgende Abbildung.

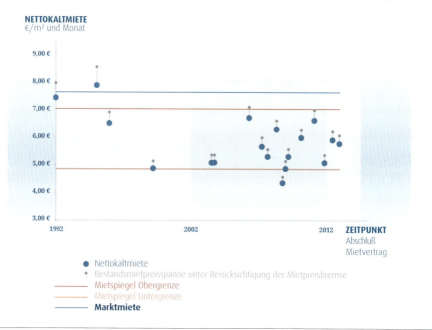

Abb. 8: Die Marktmiete[85]

Die Marktmiete setzen wir in unserem Fall bei 7,55 Euro pro Quadratmeter an.

Diese drei bisher vorgestellten Blickwinkeln beschreiben den Status quo der Bestandsmieten, ihre Entwicklung bis zum heutigen Zeitpunkt sowie ihre Einordnung in den Zyklus des direkten Umfelds. Darüber hinaus geben sie aber auch wichtige

---

[85] In der Praxis sind Mietspiegel und Marktmiete abhängig von der Wohnungsgröße. Bei kleinen Wohnungen sind die Quadratmeterwerte in der Regel höher als bei großen Wohnungen. Aus Vereinfachungsgründen wird an dieser Stelle auf diese Differenzierung verzichtet.

Anhaltspunkte für die Beschreibung der Dynamik des Objekts. Wie die einzelnen Betrachtungsweisen zu einer Prognose der Mieterdynamik miteinander verbunden werden können, zeigt das folgende Kapitel. Es beschreibt, wie das Verhältnis von Bestandsmieten, Mietspanne, Mietspiegel und dynamischer Marktmiete die Mieterdynamik innerhalb einer Immobilie bestimmt.

Die Mieterdynamik

Die Mieterdynamik gibt Auskunft darüber, wie sich die einzelnen Mieten entwickeln werden — sie beschreibt also das Potenzial, das einer Entwicklung innewohnt. Damit dies möglich ist, müssen die Bestandsmieten aus allen **fünf Blickwinkeln** gleichzeitig betrachtet werden:

- Die **Mietspanne** gibt an, wie weit die einzelnen Mieten der Immobilie auseinanderliegen und verdeutlicht somit ein generelles Potenzial zur Steigerung oder Adjustierung.
- Der **Mietspiegel** beschreibt in Ansätzen das Mietniveau des Mikromarkts und gibt darüber hinaus die juristischen Rahmenbedingungen zur Werthebung vor.
- Die **Marktmiete** erlaubt es schließlich, die Bestandsmieten als Teil eines Mieterzyklus zu sehen.

Zusammengenommen legen diese Informationen offen, welche Dynamik sich im Investitionsobjekt entfachen lässt und wie sich der Mieterzyklus entwickeln wird.

Verdeutlichen wir die Synthese der Blickwinkel an unserem Beispielobjekt: Das Mietshaus in Adlershof besitzt das Potenzial für eine positive Dynamik. Ein Großteil der Mieten befindet sich unterhalb der Obergrenze des Mietspiegels und der dynamischen Marktmiete. Somit besteht die Möglichkeit, die Mieten nach oben anzupassen und im Rahmen von Mieterhöhungen den Wert des gesamten Objekts zu heben.

Dabei unterscheiden sich die Maßnahmen, die es erlauben, die Mieten anzupassen, voneinander. Im optimalen Fall werden im Rahmen des Investments alle Mieten, die sich unterhalb der Marktmiete befinden, in einen Bereich um die Marktmiete von 7,55 Euro pro Quadratmeter erhöht. Dies ist aber nur im Rahmen von Neuvermietungen möglich. Bestandsmieten können lediglich im Rahmen der gesetzlichen Höchstmiete, also des Mietspiegels, angepasst werden. Für Bestandsmieten ist, wie erwähnt, eine Steigerung der Mieten um 15 Prozent über drei Jahre zulässig. Diese Voraussetzungen schon vorweggenommen, lässt sich eine Prognose über die zukünftige Mieterdynamik stellen. Dies verdeutlicht die folgende Abbildung:

Werte erkennen

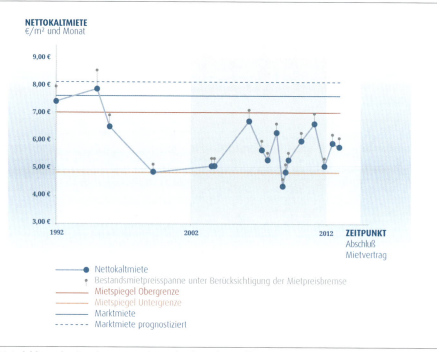

Abb. 9: Entwicklung der Quadratmetermiete mit Mieterdynamik

Die Abbildung zeigt die verschiedenen Rahmenbedingungen der Mieterdynamik: Während die von der Nettokaltmiete ausgehenden Linien die gesetzlich erlaubte Steigerung von 15 Prozent innerhalb von drei Jahren darstellen, geben die roten Linien den Mietspiegel an, bis zu dem die einzelnen Mieten gesteigert werden können. Mit sieben Euro pro Quadratmeter liegt die Obergrenze des Mietspiegels knapp unterhalb der Marktmiete. Die Dynamik, die unsere Beispielimmobilie im Mikrozyklus besitzt, ist eine durchaus positive: Nahezu alle Mieten können innerhalb der nächsten drei Jahre gesteigert werden, da sie sich unter der gesetzlichen Mietobergrenze befinden. Da manche Mieten weit unterhalb dieses Betrags angesiedelt sind, ist in einigen Fällen sogar eine Steigerung um die vollen 15 Prozent möglich. Die Mieten können hier sowohl bei der Beseitigung von Leerstand durch Neuvermietungen als auch bei einer Neuvermietung in Folge eines Mieterwechsels in Höhe der Marktmiete angesetzt werden.

Eine solche positive Mieterdynamik wirkt sich direkt auf die Investitionsrendite einer Immobilie aus und muss daher vor Beginn eines jeden Investments erkannt werden. Nach Abschluss eines Investitionszyklus befindet sich aller Voraussicht nach ein Großteil der Mieten auf Höhe der dynamischen Marktmiete. Lediglich ältere Bestandsmieten werden sich knapp unterhalb dieser Grenze befinden. Diese

Mieten werden, mit Ausnahme von Neuvermietungen, jedoch die größte Steigerung erfahren. Die Analysen lassen erkennen, dass unser Beispielimmobilie im Rahmen des Mikrozyklus durchaus positiven Renditen verspricht.

Die Dynamische Methode kommt so zu detaillierteren Schlussfolgerung als die etablierte Wertermittlung. Eine Wertermittlung mit einem der klassischen Verfahren würde den Unterschied von tatsächlicher und ortsübliche Miete als Zeichen einer negativen Wertentwicklung deuten. So würde das Ertragswertverfahren die Cashflows der ortsüblichen Miete auf den Bewertungsstichtag abzinsen, sie um die Differenz zur tatsächlichen Miete bereinigen und einen Verkehrswert ermitteln, der die in der Mieterdynamik verborgenen Steigerungspotenziale außer Acht lässt.

Lägen die Bestandsmieten einer Immobilie jedoch oberhalb der ortsüblichen Miete, würde das Ertragswertverfahren einen im Vergleich zum direkten Umfeld zu hohen Marktwert ermitteln, da es die drastischen Risiken einer negativen Dynamik, die das gesamte Investment gefährden kann, nicht ermittelt. Solche Fallstricke zu erkennen ist eine Stärke der Dynamischen Methode. Wie Sie eine negative Dynamik erkennt, soll im Folgenden beschrieben werden. Als Beispiel hierfür dient ein Mietshaus in Berlin Marzahn-Hellersdorf:

> **BEISPIEL: Mietshaus in Marzahn-Hellersdorf**
>
> Mietshaus mit zwölf Wohneinheiten in Marzahn-Hellersdorf. In der Immobilie, die 1970 erbaut wurde, stehen drei Wohnungen leer.

Die Mieterliste ist nach dem Vorbild der Analyse des Mieterzyklus inklusive Mietspiegel, der zwischen 3,70 und 5,04 Euro pro Quadratmeter liegt,[86] und der dynamischen Marktmiete, die bei 3,80 Euro pro Quadratmeter ermittelt wurde, auf der folgenden Abbildung dargestellt.

---

[86] Berliner Mietspiegel aus 2013 für Wohnungen in einfacher Lage mit einer durchschnittlichen Wohnungsfläche von über 90 Quadratmetern und einem Baujahr zwischen 1965 und 1972. Einzusehen unter http://www.stadtentwicklung.berlin.de/wohnen/mietspiegel/de/download/Mietspiegel2013.pdf.

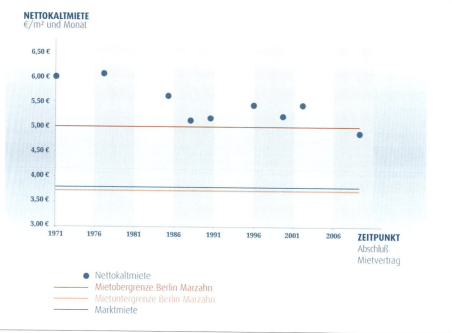

Abb. 10: Beispiel für negative Mieterdynamik

Es ist zu erkennen, dass alle Mieten dieses Beispielobjekts oberhalb der Mietobergrenze sowie der dynamischen Marktmiete liegen. In der vergangenen Zeit haben sich sämtliche Bestandsmieten an den Mietspiegel und die Marktmiete angenähert. In diesem Fall ist eine negative Mieterdynamik zu erwarten.

Verdeutlichen wir einmal in Ansätzen, wie sich die Mieterstruktur der Immobilie entwickeln wird: Aufgrund der niedrigeren Mieten im Umfeld werden die Bestandsmieter einen Wohnungswechsel erwägen und ihre Wohnung verlassen. Wohneinheiten werden leer stehen und eine Neuvermietung wird im Normalfall zu einem Preis in Höhe der Marktmiete erfolgen. Da aber mit Ausnahme einer Wohnung alle Werte über der Mietobergrenze liegen, wird die Wohnung zu einem wesentlich geringeren Preis im Bereich von maximal fünf Euro pro Quadratmeter vermietet werden. Tritt eine Neuvermietung zu einem geringeren Preis ein, mindert sich der Jahresreinertrag der Immobilie und damit auch ihr Gesamtwert. Geschieht dies bei mehreren Wohnungen, so wird die Beispielimmobilie im Markt Marzahn schnell und deutlich an Wert verlieren. Der Mieterzyklus offenbart an dieser Stelle ein extrem hohes Investitionsrisiko.

Einige Leser könnten nun an dieser Stelle einwenden, dass es also doch die Lage eines Objekts ist, die seinen Wert bestimmt. Aber ist die Lage in dem Stadtbezirk Marzahn-Mahlsdorf gleichbedeutend mit einer negativen Investitionsprognose? Dass dies nicht der Realität entspricht, wird deutlich, wenn wir den Investitionszyklus unseres Beispielobjekts zu einem anderen Zeitpunkt beginnen lassen. Nehmen wir an, die Mieter verlassen das Gebäude und beziehen günstigere Wohnungen im Umfeld. Die Immobilie steht schließlich leer und wird zum Verkauf angeboten. Die Randbezirke Berlins befinden sich in einem positiven Makrozyklus und das Mietniveau steigt an. In einem solchen Moment könnte die Investition in unser Beispielobjekt in Marzahn wieder lohnend sein. Ein Objekt kann also in ein und derselben Lage zu verschiedenen Zeitpunkten unterschiedliche Investitionsratings erhalten. Auf Basis dieser Informationen wird die Immobilie im nächsten Schritt in eine Investmentklasse eingeteilt. Mithilfe des Mieterzyklus sowie einigen Informationen über die Position der Immobilie in ihrem Lebenszyklus kann diese für jede Immobilie ermittelt werden.

Die Investmentklassifikation

Die Dynamische Methode verwendet ein eigenes Instrumentarium, um die Position der Immobilie im Zyklus zu beschreiben. Dabei greift sie auf Darstellungsmittel der Immobilienwirtschaft zurück, akzentuiert diese jedoch vollständig neuartig. Auf diese Weise werden für die Investition sowohl die Chancen als auch ein Risiko gemessen, das es erlaubt, ein Rating für die Investition zu erstellen und eine mögliche Rendite, also eine „Internal Rate of Return" in Abhängigkeit vom Mikrozyklus zu ermitteln. Ein wichtiges Instrument der mikrozyklischen Analyse ist dabei die Klassifikation von Immobilien in Investmentklassen.

Der Begriff der Investmentklasse ist gleichzusetzen mit dem der Investmentstrategie oder des Investmentstils. Er entstammt ursprünglich dem Aktien- und Wertpapierhandel und gibt primär Auskunft über das Verhältnis von Risiko und Rendite eines Investments. In der Immobilienwirtschaft orientiert sich die Einteilung in die Investmentklassen an verschiedenen Merkmalen des Investitionsobjekts. Zu diesen Merkmalen gehören:

- Die Nutzungsart des Gebäudes,
- der Zustand des Gebäudes und seine Position im Lebenszyklus,
- die Struktur und die Bonität der Mieter,
- die Laufzeit der Mietverträge,
- die Leerstandsraten,
- die Höhe der Quadratmetermiete,
- die Höhe der Nebenkosten und
- die Lage und der Standort.

Werte erkennen

Die Klassifikation von Immobilien nach Investmentstilen erfolgt anhand dieser Kriterien, die durch die Immobilie und ihren Standort determiniert sind. Durch die Berücksichtigung objektspezifischer Kriterien gibt die Investmentklasse Informationen zur Immobilie als Investitionsobjekt: Die „Definition von Risikoklassen (= Investmentklassen) ermöglicht den Anlegern eine genauere Einschätzung der potenziellen Risiken und der damit verbundenen Renditechance"[87]. Ferner erlaubt sie eine Einschätzung der Fremdkapitalquote, etwaiger Wertschöpfungstiefen und überdies auch möglicher Zielgruppen für einen späteren Verkauf. Die Investmentklassifikation transformiert im Rahmen der Dynamischen Methode also Objekt- in Investmentinformationen. Dabei ist die Position der Immobilie in ihrem Lebenszyklus eine entscheidende Information, die es erlaubt, Immobilien in Investmentklassen einzuordnen.

Der Lebenszyklus der Immobilie

Die Immobilie durchläuft, wie jedes Wirtschaftsgut, einen Lebenszyklus. Allerdings ist der Lebenszyklus der Immobilie wesentlich vielschichtiger als der Lebenszyklus anderer Wirtschaftsgüter. Dies beginnt schon bei der Trennung in Gebäude und Boden. Denn während der Boden eine unendliche Nutzungsdauer besitzt und damit — um im metaphorischen Sprachgebrauch zu bleiben — unsterblich ist, ist die Lebensdauer der Gebäude beschränkt. Sie sind durch eine tatsächliche, eine technische und eine ökonomische Lebensdauer nur für einen bestimmten Zeitraum lebendig.

Die Unterscheidung in eine technische, eine tatsächliche und eine wirtschaftliche Lebensdauer ist für die Nutzbarkeit der Immobilie entscheidend. Da die Nutzbarkeit durch den Mieter eine entscheidende Größe für die Immobilie darstellt, wird auch die Lebensdauer immer in ihrem Verhältnis zur Nutzbarkeit betrachtet. Eine Immobilie ist nicht bis zu ihrem Abriss nutzbar, eine Ruine generiert keine Erträge. So ist die Lebensdauer jeder Immobilie aus unterschiedlichen Perspektiven zu bewerten.

Beginnt die Lebensdauer einer Immobilie immer mit der Planung des Baus, so sind die jeweiligen Endpunkte durch verschiedene Kriterien bestimmt. Die maximale Lebensdauer einer Immobilie wird tatsächliche Lebensdauer genannt. Sie endet (oder beginnt) mit dem Abriss oder der Kernsanierung der Immobilie. Nutzbar ist die Immobilie aber schon zuvor nicht mehr, denn sie erreicht mit dem Ende der technische Lebensdauer den Status einer Ruine. Dieser Zeitpunkt tritt genau dann ein, wenn die Immobilie nicht mehr in ihrer Funktion nutzbar ist und ein nutzbarer Zustand durch Renovierungsarbeiten oder Reparaturen auch nicht wieder hergestellt werden kann.[88]

---

[87] Junius und Piazolo: Immobilienmarktrisiken, S. 32.
[88] Vgl. hierzu Schulte: Immobilienökonomie Band 1, S. 3, S. 212.

Werte erkennen mit der Dynamischen Methode

Wiederum einige Zeit davor endet die wirtschaftliche Lebensdauer einer Immobilie, nämlich genau dann, wenn das Gebäude durch eine Umstrukturierung in eine alternative Nutzung eine höhere Rentabilität erwirtschaften würde. Von diesen verschiedenen Varianten der Lebensdauer ist noch einmal die Nutzungsdauer zu unterscheiden. Denn da die Eigentümer einer Immobilie nicht immer uneingeschränkt ökonomisch rational handeln, kann die tatsächliche Nutzung die ökonomische Lebensdauer unter- oder überschreiten.

Je nach Gebäudetyp kann die Lebensdauer deutlich variieren. Einige Beispiele für die Unterschiede in der ökonomischen und technischen Nutzungsdauer gibt die folgende Abbildung.

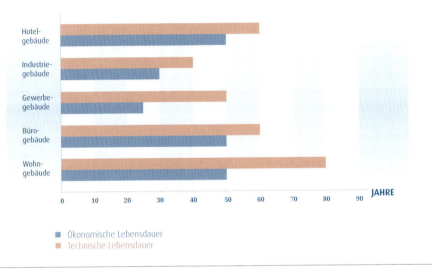

Abb. 11: Nutzungsdauer von Gebäudearten[89]

In ihrem Leben durchläuft jede Immobilie verschiedene Phasen, die unterschiedliche Ansprüche an die Verwaltung und das Management stellen: Von der Planung des Baus bis hin zum Abriss oder der Kernsanierung. So beginnt eine jede Immobilie ihren Lebenszyklus mit der Projektentwicklung, die sich in die Konzeption des Bauprojekts, die tatsächliche Durchführung und die Verwertung aufteilt. Je nach Grad der Komplexität kann diese Phase zwischen zwei und zehn Jahren andauern. Daran anschließend beginnt die Phase der ersten Nutzung der Immobilie, also die Zeit, in der die Immobilie Cashflows generiert. Diese erste Nutzung der Immobilie endet, wenn die Wohneinheiten der Immobilie leer stehen.

---

[89] Ebd., S. 214.

Werte erkennen

Die Gründe für einen Leerstand sind vielfältig und können sowohl in einer negativen Entwicklung des Markts als auch in einem unzureichendem Management der Immobilie begründet liegen. So ist oft eine Vernachlässigung von Reparaturarbeiten oder eine ungenügende Mieterakquise der Grund für zunehmenden Leerstand. Um die Leerstandsphase zu beenden, existieren zwei Möglichkeiten: Entweder die Immobilie wird abgerissen oder sie wird umstrukturiert und einer neuen Nutzung zugeführt. „Welche Möglichkeit gewählt wird, hängt davon ab, wie sich Standort und Markt entwickeln, welche Qualität die vorhandene Bausubstanz aufweist und welche architektonischen und technischen Mittel für eine Umnutzung erforderlich sind."[90]

Wenn die Immobilie abgerissen wird, bleibt ein brachliegendes Grundstück zurück, das erneut Grundlage eines Immobilienprojekts werden kann. Wird die Immobilie umstrukturiert, also saniert und einer neuen Nutzung zugeführt, schließt an die Phase des Umbaus eine weitere Nutzung an. Auf diese zweite Nutzung folgt erneut eine Leerstandsphase, die wiederum eine Entscheidung zwischen Abriss und Sanierung erfordert. Dieser Kreislauf kann so lange fortgesetzt werden, bis die technische Lebensdauer der Immobilie endet und eine weitere Umstrukturierung nicht mehr möglich ist. Wenn die Kosten eines Umbaus den Wert der Immobilie übersteigen, muss die Immobilie hingegen kernsaniert werden. Die Abläufe der verschiedenen Phasen des Immobilienlebenszyklus zeigt Abbildung 12.

Abb. 12: Lebenszyklus einer Immobilie

---

[90] Gondring: Immobilienwirtschaft: Handbuch für Studium und Praxis, S. 40.

1 Werte erkennen mit der Dynamischen Methode

Die ökonomische Lebensdauer einer Immobilie hängt dabei stark von den Aufwendungen ab, die während der Nutzungsdauer in die Immobilie investiert werden. Regelmäßige Instandhaltungs-, Reparatur- und Sanierungsarbeiten können die Nutzungsdauer beträchtlich verlängern. Die Länge der Nutzung einer Immobilie muss dabei den spezifischen Ansprüchen des einzelnen Investors angepasst werden und hängt stark von der Haltedauer eines Investments sowie der gewünschten Rendite ab.

Die Position einer Immobilie innerhalb dieses Zyklus hat einen starken Einfluss auf die Investitionsstrategie des Objekts und damit auch auf die Investmentklassifikation: „[F]ür den Erfolg einer Projektentwicklung ist vor allem das Timing entscheidend"[91], und Timing heißt, die richtige Immobilie zur richtigen Zeit im richtigen Markt zu erwerben.

Aber was ist die richtige Zeit, um eine Investition zu tätigen und eine Immobilie zu kaufen? Wenn eine Immobilie sich auf dem Hoch ihrer Nutzung befindet? Direkt nach einem Umbau oder in einer Leerstandsphase? Jeder Phase des Lebenszyklus entsprechen unterschiedliche Investmentklassen, die alle eine unterschiedliche Strategie für die Investition vorsehen. Im Folgenden wird dargestellt, welche Investmentklassen es gibt und welche Chancen-Risiko-Profile sie belegen.

Die Investmentklassen

In der Immobilienbranche hat sich die Einteilung in die Investmentklassen Core, Core Plus, Value Added, Opportunistic und Development etabliert, die im Rahmen der Dynamischen Methode noch um die Super-Core- und Workout-Klasse erweitert werden. Wie diese sich anhand ihres Rendite-Risiko-Profils anordnen, zeigt Abbildung 13.

Abb. 13: Investmentklassen

---

[91] Ebd., S. 41.

Werte erkennen

Eine Investition in Supercore-Immobilien beinhaltet das geringsten Risiko, erwirtschaftet allerdings auch die geringste Rendite. Eine Development-Immobilie hingegen trägt ein wesentlich höheres Risiko, ist jedoch bei einem gelingenden Investment auch ertragreicher, da sie höhere Renditen einbringen kann. Auch die Kosten des Investments verteilen sich bei den einzelnen Investmentklassen unterschiedlich: Das Verhältnis von Erwerbskosten und Baukosten verschiebt sich zugunsten der Baukosten, je weiter rechts sich eine Investmentklasse auf der Abbildung 13 befindet.

Dabei sind die einzelnen Klassen nicht trennscharf voneinander abzugrenzen. Investitionsobjekte können mehr oder weniger Merkmale der Supercore-Klasse besitzen und auch schon Züge eines Core-Objekts beinhalten. Wie sich die einzelnen Klassen hinsichtlich ihrer Merkmale unterscheiden, wird im Anschluss beschrieben. Dabei handelt es sich bei den einzelnen Beispiele lediglich um illustrierende Gebäude, welche die typischen Merkmale beschreiben sollen. Sie sind prototypische Vertreter ihrer Klasse und entsprechen daher nicht in allen Bereichen echten Beispielen.

Super Core

Super-Core-Wohnimmobilien sind Tophäuser in Toplagen in Topmärkten in Topzuständen. Sie besitzen die bestmögliche Bausubstanz, sie befinden sich in ihrem Lebenszyklus zu Beginn einer ersten Nutzungsphase bzw. einer Nutzungsphase nach Kernsanierung. Sie zeichnen sich durch exponierte Lagen in den Topmärkten aus und besitzen eine ausgezeichnete infrastrukturelle Anbindung sowie ein hervorragendes Marktumfeld. Super-Core-Objekte sind langfristig an bonitätsstarke Mieter vermietet und garantieren auf diese Weise ein geringes Leerstandsrisiko und minimale Fluktuation. „Nur dann ist eine gute Vermietbarkeit auch nach Ablauf der bestehenden Mietvertragsverhältnisse gesichert."[92] Die dem Marktumfeld entsprechenden hohen Quadratmetermieten garantieren stabile Cashflows. Super-Core-Immobilien werden aufgrund ihrer Strahlkraft, aufgrund ihrer exzellenten Substanz, Lage und Mieterstruktur auch als „Beacon Properties" bezeichnet.

Entspricht eine Immobilie diesen Anforderungen, so unterliegt sie als Super-Core-Immobilie einer spezifischen Strategie. Der Wert von Super-Core-Immobilien kann selten kurzfristig gesteigert werden, da die Mieten sich schon im Bereich oder sogar über der Marktmiete befinden. Erträge erwirtschaften Super-Core-Immobilien

---

[92] Thomas Rüschen: Geschlossene Immobilienfonds im privaten Asset Management. In: Marlies Brunner (Hg.): Kapitalanlage mit Immobilien. Produkte – Märkte – Strategien. Wiesbaden 2009, S. 121–143, S. 123.

Werte erkennen mit der Dynamischen Methode

also vor allem aufgrund ihrer hohen jährlichen Mieteinnahmen. Da ein Großteil der Rendite eines Investments im Verkauf entsteht, können Super-Core-Immobilien lediglich einen Return von maximal zwei bis vier Prozent erbringen. Allerdings birgt eine Investition in eine solche Immobilie nur sehr geringe Risiken.

Eine Super-Core-Investition ist auf einen Longterm Hold, also eine lange Halteperiode von mindestens zehn bis fünfzehn Jahren ausgelegt, in der das genutzte Fremdkapital durch die Mieteinnahmen abgezahlt wird. Eine Super-Core-Investition zielt auf den langfristigen Werterhalt der Immobilie[93] und ist somit bei Investoren in einer Defensivstrategie angesiedelt. Gelderhalt und nicht Geldvermehrung ist das Ziel der Super-Core-Strategie. Die Kosten eines Super-Core-Investments beschränken sich nahezu vollständig auf den Erwerb des Objekts. Lediglich zwischen null und fünf Prozent werden für typische Instandhaltungsarbeiten aufgewendet.

Ein Beispiel für eine Super-Core-Wohnimmobilien ist ein kernsaniertes Wohn- und Geschäftshaus in bester Lage am Kurfürstendamm in Berlin-Charlottenburg.

Abb. 14: Super-Core-Immobilie

---

[93] Vgl. Junius und Piazolo: Praxishandbuch Immobilienmarktrisiken, S. 35.

Werte erkennen

Abb. 18: Value-Added-Immobilie

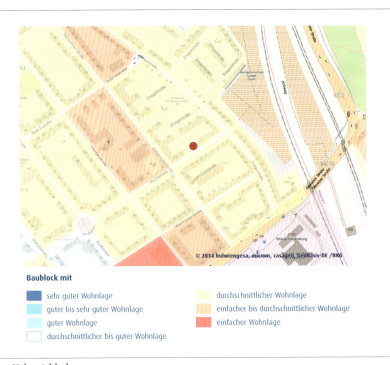

Baublock mit

- sehr guter Wohnlage
- guter bis sehr guter Wohnlage
- guter Wohnlage
- durchschnittlicher bis guter Wohnlage
- durchschnittlicher Wohnlage
- einfacher bis durchschnittlicher Wohnlage
- einfacher Wohnlage

Abb. 19: Lage Value Added

Investitionsstrategie: Bei dem Objekt handelt es sich um den Prototypen der Value-Added-Klasse: Die Immobilie hat durch Sanierung und Neuvermieten einer jeden Wohnung einen Wertzuwachs erhalten. Die Immobilie befindet sich momentan noch in einer mittleren bis guten Lage, die sich in naher Zukunft allerdings stark verbessern dürfte. Das Umfeld unserer Immobilie wird als mittlere bis gute Lage geführt, im erweiterten Umfeld etablieren sich sogar Bereiche mit guter bis sehr guter Lage. Die Investitionsstrategie geht von einem starken Anstieg der Mieten aus.

Opportunistic

Opportunistic-Immobilien sind Objekte, die einen hohen Investitionsaufwand benötigen. „Struktureller Leerstand und eine Mieterbasis auf Qualitätsniveau deutlich unterhalb der Value-Added-Kategorie"[97] zeichnen Opportunistic-Objekte aus. Sie befinden sich zudem meist in B- oder C-Lagen, deren Marktzyklen sich im Bereich des Tiefpunkts befinden können. Cashflows sind aus solchen Immobilien, wenn überhaupt, dann in vernachlässigbaren Größenordnungen zu generieren. Solche meist unterbewerteten Immobilien in schwierigen Märkten mit einer schlechten Mietstruktur und renovierungsbedürftiger Bausubstanz werden im Rahmen von Opportunistic-Investments unter hohem Kostenaufwand und mit einer Fremdfinanzierung von zum Teil weit unter 65 Prozent in den Markt integriert.

Investitionen, die einer Opportunistic-Strategie folgen, liegen im Chancen-Risiko-Profil noch einmal über der Value-Added-Klasse. Von der Projektentwicklung im Neubau über Neupositionierungen im Bestandsmarkt und sehr spezielle und riskante Immobilienprojekte umfasst die Opportunistic-Strategie mittel- bis hochriskante Investitionen. Bei einer Haltedauer von ein bis drei Jahren liegt die erwartbare Rendite bei acht bis zehn Prozent. Um diese generieren zu können, sind jedoch aufwendige Sanierungsarbeiten durchzuführen, ehe die Immobilie im Markt neu positioniert werden kann. Die Kostenstruktur ist bei einem Opportunistic-Investment mit 50 zu 50 Prozent gleichermaßen auf den Erwerb des Objekts sowie auf die baulichen Maßnahmen verteilt.

Das folgende Beispiel beschreibt eine Opportunistic-Immobilie: Industriegelände mit Gebäuden, die zwischen 1952 und 1984 entstanden sind, in sehr guter Lage in Erlangen. Die Gebäude sind in einem schlechten Zustand und bedürfen erheblicher Umbauarbeiten. Die nutzbare Fläche beträgt 6.000 Quadratmeter. Im Innenhof sind 100 Parkplätze vorhanden. Die Immobilie ist für die nächsten beiden Jahre noch an einen sehr guten Mieter aus der Wirtschaft vermietet.

---

[97] Junius und Piazolo: Immobilienmarktrisiken, S. 36.

Werte erkennen

Abb. 20: Opportunistic-Immobilie

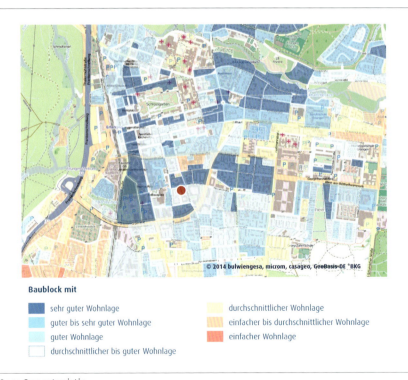

Baublock mit

- sehr guter Wohnlage
- guter bis sehr guter Wohnlage
- guter Wohnlage
- durchschnittlicher bis guter Wohnlage
- durchschnittlicher Wohnlage
- einfacher bis durchschnittlicher Wohnlage
- einfacher Wohnlage

Abb. 21: Lage Opportunistic

Investitionsstrategie: Der Vorteil dieser Immobilie liegt darin, dass während der Umbauphase noch Cashflows erzeugt werden. Durch den extrem positiv gerankten Makrozyklus sowie die sehr gute Lage wird das Objekt im Rahmen der Sanierungsarbeiten eine enorme Wertentwicklung durchlaufen und hohe Renditen erwirtschaften.

Development

Unter die Klasse der Development-Immobilien fallen Investments mit sowohl hoher Chance als auch hohem Risiko. Hier hat die Wohnimmobilie ihre Nutzungsart in den meisten Fällen verloren und kann in einem ruinösen Zustand sein. Eine allumfassende Kernsanierung ist notwendig, um sie einer neuen Nutzung zuführen zu können. Auch Projektentwicklungen in riskanten Märkten fallen in die Klasse der Development-Immobilien. Die Immobilien dieser Investmentklasse befinden sich oft in schlechten Lagen in Primärstandorten oder guten Lagen in aufstrebenden C-Märkten. Sehr selten findet man diese Investmentklasse in sehr guten Lagen in A- oder B-Standorten. Die Mieterstruktur liegt, sofern überhaupt Mieter vorhanden sind, qualitativ unter der von Opportunistic-Immobilien.

Investitionsstrategien, die solche Immobilien bedingen, sind noch einmal komplexer als bei den Opportunistic-Investments. Intensive Managementaktivitäten sind bei Development-Investitionen nötig, um überhaupt Werte generieren zu können, die meist erst durch Weiterveräußerungen realisiert werden können. Bei einer eher kurzen Haltedauer von vier bis sechs Jahren liegt die zu erzielende Rendite bei zehn bis 15 Prozent. Auch die Fremdkapitalquote sowie das Risiko ist merklich über dem Opportunistic-Investment angesiedelt. Die Kosten für bauliche Maßnahmen liegen bei einem Development-Investment bei ca. zwei Dritteln der Gesamtkosten. Das folgende Beispiel zeigt eine typische Development-Immobilie:

Werte erkennen

Abb. 22: Development-Immobilie

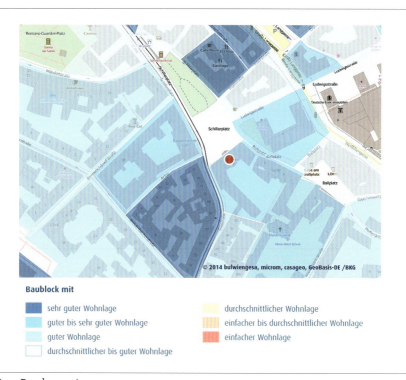

Abb. 23: Lage Development

Werte erkennen mit der Dynamischen Methode

Investitionsstrategie: Ein ehemaliges Regierungsgebäude in Mainz wird für Wohnzwecke umgewandelt und anschließend veräußert. Dabei wird die baufällige, aber denkmalgeschützte Bausubstanz hochwertig renoviert und schließlich im Super-Core-Segment neu im Markt platziert. Die einzelnen Wohneinheiten werden schließlich veräußert. Auf diese Weise sind hohe Renditen möglich.

Workout

Der Begriff der Workout-Investition ist in der Immobilienbranche noch kaum bekannt. Er entstammt dem Bankensektor, der Immobilien meist indirekt über den Kauf von Non-Performing-Loans, die sich in gesellschaftsrechtlichen Strukturen befinden, erwirbt. Dies geschieht aufgrund von ökonomischen Verwerfungen. Bei einer Haltedauer von einem halben bis zwei Jahren liegt die erwartbare Rendite oberhalb der 15-Prozent-Marke.

Es ist zu beachten, dass das Workout im eigentlichen Sinne nicht den Zustand der Immobilie beschreibt, sondern eine spezifische Situation, in der sich eine Liegenschaft befinden kann. Das Workout „überschreibt" somit die jeweilige Investmentklassifikation.

Folgendes Beispiel verdeutlicht dies: Als Workout wird etwa ein Immobilienportfolio, das unter Liquiditätsproblemen leidet, klassifiziert. Die einzelnen Immobilien des Portfolios wären nach wie vor den oben beschriebenen Klassen zuzuordnen. Aufgrund der schwierigen Liquiditätslage und der Unfähigkeit, den Kapitaldienst zu bedienen, wird das Gesamtportfolio der Bank als Workout deklariert, um ihre Zinsen und Tilgungen bedienen zu können. Gelingt dieses Internal Workout nicht, wird das Portfolio auf dem Markt verwertet. Die Situation des Portfolios „überschreibt" also die Klassifizierung der Einzelobjekte.

Überblick über die Investmentklassen

Die verschiedenen Investmentklassen definieren sowohl den Zustand einer Immobilie als auch die Strategie, die ein Investment mit diesem Objekt verfolgt. Das entscheidende Differenzierungskriterium, die wichtigste Information einer solchen Klassifikation ist daher das Verhältnis von Risiko und Eigenkapitalrendite. Im Folgenden fasst Tabelle 13 die wichtigsten Merkmale der einzelnen Investmenklassen zusammen.

Werte erkennen

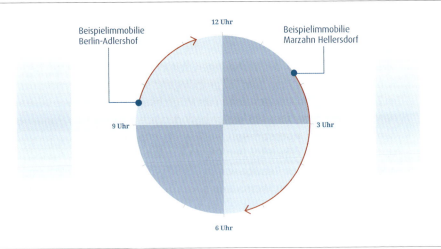

Abb. 24: Beispielimmobilie auf der Immobilienuhr

Die rechte Hälfte der Uhr stellt die abnehmenden Mietdynamiken dar. Der Grad des Abnehmens ist kurz nach 12:00 Uhr am höchsten und verkleinert sich im Uhrzeigersinn, bis auf 06:00 Uhr kompletter Leerstand erreicht ist. Die linke Hälfte der Immobilienuhr stellt die zunehmenden Mieterdynamiken dar. Hier sind die gelingenden Investmentklassifikationen zu verorten. Die Zunahme ist im Bereich kurz nach 06:00 Uhr am größten und verkleinert sich, je näher sie an 12:00 Uhr kommen. Ein Beispiel hierfür ist die Immobilie in Berlin-Adlershof. Ihre Mieterdynamik ist beim Erwerb auf ca. 09:30 Uhr verortet. Durch Sanierungs-, Vermarktungs- und Neuvermietungsmaßnahmen kann sie schließlich auf der mikrozyklischen Immobilienuhr hochgeschraubt werden. Sind die Mieten auf Marktniveau und ist die Bausubstanz ausgebessert, dann wird die Immobilie — je nach der Entwicklung der Lage im Makromarkt — als ein Core-Investment, das seine Erträge aus stabilen Mieteinnahmen generiert, wieder im Markt platziert.

Den negativen Verlauf eines Investments zeigt die Immobilie in Marzahn-Hellersdorf. In ihrem aktuellen Zustand wird die Immobilie in Marzahn-Hellersdorf durch ihren hohen Instandhaltungsstau bei etwa 01:45 Uhr erworben. Die negative Mieterdynamik wird im weiteren Verlauf des Lebenszyklus die Mieteinnahmen und damit auch den Wert der Immobilie senken. Wohneinheiten werden von Leerstand betroffen werden, da sich die Mieten weit oberhalb der Marktmiete befinden. Im Laufe der Investition werden sich die Mieten dem ortsüblichen Preisniveau anpassen. Ist das Objekt schließlich auf ein übliches Preisniveau gefallen, kann es eventuell als eine Investition neu im Markt platziert werden.

Beginnt der Investitionszyklus dieser Beispielimmobilie zu einem anderen Zeitpunkt, besitzt die Investition also ein anderes Timing, kann die mikrozyklische Mietdynamik weniger negativ oder im besten Falle sogar positiv werden. Die Entwicklung bis dahin markiert der von der Beispielimmobilie ausgehende rote Pfeil in Abbildung 24.

Wie bereits mehrfach angedeutet, reicht eine Analyse des Mikrozyklus allein nicht aus, um nachhaltige Investratings zu erstellen. Zu diesem Zweck muss zusätzlich der Makrozyklus analysiert werden, d. h., der Standort der Immobilie wird auf sein Entwicklungspotenzial hin untersucht. Wie entwickelt sich der Mietspiegel? In welche Richtung bewegt sich die Marktmiete? Welche Faktoren und Treiber beeinflussen diese Entwicklung? Um diese Fragen beantworten zu können, widmen wir uns im folgenden Kapitel einer Analyse des Makrozyklus, des Standorts der Immobilie.

1.3.2 Die Makroanalyse – der Standort

Der Mikrozyklus der Immobilie ist untersucht: Der Mieterzyklus ist bekannt, die Struktur der Mieten im Investitionsobjekt ist aufgedeckt, die Dynamik wurde entschlüsselt und der Investmentstil wurde zugeordnet. Kann an dieser Stelle schon eine Entscheidung über die Investition fallen? Mit Sicherheit nicht, denn mit einer Immobilie wird eine langfristige Investition getätigt, deren mikrozyklische Grundannahmen sich im Lauf der Zeit verändern. Da sich die Mieterdynamik an der Höhe des Mietspiegels und der Marktmieten orientiert, muss untersucht werden, wie sich diese Größen verändern und wie sich diese Veränderungen auf die Mieterdynamik auswirken. Genau dies geschieht im Rahmen der Analyse des Makrozyklus.

Es wird untersucht, ob sich die Marktmiete nach oben oder nach unten bewegt und welche Faktoren für eine solche Änderung ausschlaggebend sind. Allein der Mikrozyklus — also die Informationen, die aus dem Mieterzyklus, der Mieterdynamik und der Investmentklasse gesammelt werden — genügt nicht, um den nachhaltigen und gesamtheitlichen Investitionswert einer Immobilie zu ermitteln.

Ob eine Investition eine hohe Rendite erwirtschaftet, ist nur zu erkennen, wenn der Mikrozyklus und der Makrozyklus in ihren Wechselwirkungen betrachtet werden. Nur wenn das Potenzial, das ein Investmentobjekt im Mikrozyklus offenbart, mit dem Makrozyklus harmoniert, kann eine optimale Rendite erwirtschaftet werden. Eben diesen systemischen Zugang zum Markt besitzt die DCF-Methode nicht. Sie kann nicht aus einer detaillierten Analyse des Markts die zukünftige Entwicklung prognostizieren.

Werte erkennen

Während der Mikrozyklus die Miete im Haus als absolute Größe und in ihrer Relation zu den Mieten in der direkten Nachbarschaft untersucht, fasst die Analyse des Makrozyklus ein größeres Umfeld in den Blick: Wie entwickelt sich das Mietniveau? Hier wird der Zyklus auf Ebene der Lage (Stadt, Stadtviertel, Straßenzug) betrachtet. Welche Perspektive genau gewählt wird, ist stets eng an die jeweilige Immobilie geknüpft. So ist es bei einer Immobilie in Berlin sicherlich sinnvoll, die Entwicklung des Stadtteils gesondert vom Zyklus der gesamten Stadt zu betrachten. Bei Immobilieninvestitionen z. B. in Rathenow, einer Kleinstadt in Brandenburg, hingegen ist eine Untersuchung des städtischen Zyklus wahrscheinlich die sinnvollere Alternative.

Um den Makrozyklus zu bestimmen, ist es nötig, den Standort einer detaillierten Analyse zu unterziehen. Nur wenn die determinierenden Standortfaktoren erkannt sind, können die Treiber untersucht werden, die eine Veränderung dieser Faktoren bewirken und den Marktzyklus mobilisieren. Dabei wird sich für den Standort und die Lage des Objekts eine dynamische Perspektive etablieren, welche die Betrachtung der Lage um den Faktor Timing erweitert: „Die immer noch anzutreffende Auffassung, der Standort einer Immobilie und seine Rahmenbedingungen bedürften als ‚Quasi-Konstante' nur eingeschränkter Beachtung im Zeitverlauf, ist also nicht zutreffend"[99], — und sogar äußerst riskant. Denn wie sehr sich einzelne Städte oder Stadtviertel wandeln können, hat die Vergangenheit gezeigt. Beispielhaft hierfür ist die Entwicklung von Berlin-Kreuzberg:

Im Rahmen der städtischen Vergrößerung war Berlin-Kreuzberg im 19. Jahrhundert Teil des wilhelminischen Mietskasernengürtels um den alten Stadtkern. Es entstanden vier- bis fünfgeschossige Mietskasernen, die um Hinterhöfe angeordnet wurden. Schon zu dieser Zeit wurde Kreuzberg von den Arbeitern der Fabriken geprägt. Über die kulturelle Entwicklung im frühen 20. Jahrhundert, die Zuwanderungswelle der Gastarbeiter in den 1960er-Jahren sowie die Straßenschlachten in den 1980ern entwickelte sich Kreuzberg zu einem angesagten Szenebezirk Berlins.

Ein entscheidender Einflussfaktor auf den Marktzyklus Kreuzbergs war dabei mit Sicherheit die Entwicklung der geografischen Lage des Standorts. Stellte Kreuzberg während der Zeit der Berliner Mauer noch einen Randbezirk im Osten West-Berlins dar, so liegt es nach der Wiedervereinigung im Zentrum der Stadt. Solche Entwicklungen gilt es bei der Analyse des Makrozyklus auf ihre entscheidenden Treiber hin zu untersuchen, um daran anschließend die Position des Makrozyklus zu ermitteln und eine Vorhersage über seine Entwicklung zu treffen. Bevor wir die

---

[99] Günter Muncke und Lars Rybak: Immobilienanalyse. In: Nico B. Rottke und Martin Wernecke (Hg.): Praxishandbuch Immobilienzyklen. Köln 2006, S. 153–156, S. 161.

Einflussfaktoren, also die Treiber des Makrozyklus, näher betrachten und aus ihnen Prognosen für zukünftige Entwicklungen des Makrozyklus ableiten, soll zunächst die grundlegende Funktionsweise des Makrozyklus erklärt werden.

Der Makrozyklus

Wie Sie bereits erfahren haben, ermittelt sich Wert einer Immobilie aus der Dynamik der Marktzyklen. Um eine gelingende Immobilieninvestition zu tätigen, ist es daher unerlässlich, die Zyklen zu bestimmen und ihre Entwicklung vorherzusagen. Der Immobilienmarkt und seine Funktionsweise müssen verstanden werden, um zum einen die Entwicklung der Region nachvollziehen und zum anderen ihre zukünftige Gestaltung vorhersagen zu können.

Die Dynamik des Immobilienmarkts entwickelt sich in spezifischen Schwankungen, die aus den Besonderheiten des Wirtschaftsguts Immobilie resultieren (siehe hierzu Kapitl 1.1.1 „Die Immobilie — ein Wirtschaftsgut"). Insbesondere die langen Produktionszeiträume von Immobilien sind ein Grund dafür, dass auf Nachfrageänderungen nur verzögert reagiert werden kann. Die Funktionsweise des Markts sowie die einzelnen Faktoren, die den Makrozyklus beeinflussen, sollen im Folgenden analysiert werden. Nur wenn man die Besonderheiten des Immobilienmarkts versteht, kann das emergente, sich stets neu ausrichtende Marktsystem Aufschluss über die Chancen und Risiken eines Investments geben.

Der Immobilienmarkt setzt sich aus verschiedenen, sich gegenseitig beeinflussenden Kräften zusammen. Um die zyklischen Bewegungen des Immobilienmarkts nachvollziehen zu können, genügt es daher nicht, nur die Entwicklung der Mieten zu betrachten. Darüber hinaus sind auch die Neubauprojekte sowie die Kaufpreise ein bedeutender Teilbereich des Gesamtzyklus. Diese einzelnen Bereiche greifen ineinander und verdichten sich zu den typischen Schwankungen des Immobilienmarkts, die stets wiederkehrende Muster aufweisen. Diese legen eine Einteilung des Makrozyklus in vier aufeinanderfolgende Phasen nahe.[100] Diese vier Phasen wiederholen sich zyklisch und bilden die Schwankungen des Immobilienmarkts ab, die aus der Korrelation von Angebot und Nachfrage entstehen. Der Makrozyklus gliedert sich dabei zunächst in einen Aufschwung und einen Abschwung. Der Abschwung setzt sich zusammen aus der Phase der Überbauung und der Phase der Marktbereinigung, der Aufschwung besteht aus der Phase der Marktstabilisierung und der Phase der Projektentwicklung.

---

[100] Die Erläuterung der Phasen folgt: Immobilienwirtschaft: Handbuch für Studium und Praxis, S. 39.

Werte erkennen

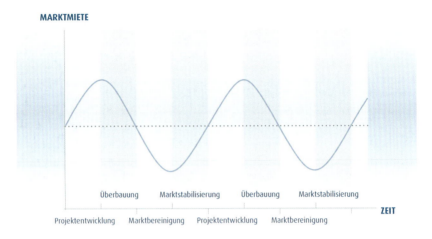

Abb. 25: Makrozyklus[101]

Die einzelnen Phasen werden durch ein spezifisches Profil aus Angebot und Nachfrage bestimmt. Am Beginn des Zyklus liegt ein sich verknappendes Angebot vor, das es für Investoren zunehmend interessanter macht, neue Projekte zu entwickeln: Die steigenden Mietpreise versprechen hohe Renditen. Da allerdings Wartezeiten bis zur Fertigstellung der Flächen entstehen, herrscht für eine gewisse Zeit ein Angebot, das die vorhandene Nachfrage nicht befriedigen kann. Aufgrund der Flächenknappheit vergeben die Banken in dieser Phase des Makrozyklus günstige Baukredite, die neue Immobilienprojekte begünstigen. Diese Phase wird aufgrund der starken Aktivität der Bauträger auch als Phase der Projektentwicklertätigkeit oder als Expansionsphase bezeichnet.

Ihr folgt schließlich die Phase der Überbauung: Der Boom auf dem Baumarkt hat zur Folge, dass viele Objekte in kurzer Zeit fertiggestellt werden. Die Vielzahl an neuen Flächen übersteigt jedoch die wirkliche Nachfrage. Da der Makrozyklus der allgemeinen Konjunktur oft mit einer leichten Verzögerung folgt, sinkt die Nachfrage in dieser Phase des Zyklus schon konjunkturbedingt. Der Überschuss des Flächenangebots über die Nachfrage trifft daher auf eine ohnehin schon gebremste Kaufkraft der Bevölkerung. Die Leerstände nehmen zu und die Mieten und Kaufpreise fallen.

---

[101] Einteilung der Phasen anhand ebd., S. 41 ff.

Nun beginnt die Phase der Marktbereinigung, in der ein Überangebot an Immobilienflächen herrscht, das einer konjunkturbedingt sinkenden Nachfrage gegenübersteht. Diese Effekte verstärken sich gegenseitig, sodass die Leerstände zunehmen und die Neuvertragsmieten und Kaufpreise sinken. Die fallende Dynamik intensiviert sich, bis der Preis auf einem niedrigen Niveau angelangt ist.

An diesem Tiefpunkt des Makrozyklus setzt die Marktstabilisation ein: Das niedrige Preisniveau erweckt eine Nachfrage nach günstigen Immobilien, die durch eine anziehende Konjunktur zusätzlich gefördert wird. Die Nachfrage verstärkt sich zunehmend und die Neuvertragsmieten steigen an. Auf diese Nachfrage kann nicht unmittelbar reagiert werden, da neue Flächen nur mit Verzögerung generiert werden können: „Ein unerwarteter Anstieg der Nachfrage trifft auf ein Angebotsvolumen, das kurzzeitig fix ist."[102] An dieser Stelle ist der Zyklus einmal durchlaufen und beginnt erneut mit der Phase der Marktbereinigung.

Die entscheidende Ursache für den Verlauf des Makrozyklus ist das Timelag, das zum Wirtschaftsgut Immobilie gehört. Aufgrund der langen Produktionszeiträume von Immobilien können neue Flächen den starken Nachfrageüberhang erst mit einer Verzögerung bedienen. Ein Großteil der Bauvorhaben wird so in einer Phase des Makrozyklus vollendet, der ein vollkommen anderes Verhältnis von Angebot und Nachfrage aufweist als der Moment, in dem die Projekte begonnen wurden.

Der Makrozyklus kann jedoch nicht nur in Form einer Kurve dargestellt werden. Eine wesentlich anschaulichere Variante bietet die Immobilienuhr, die auch im Rahmen der Dynamischen Methode zur Illustration des Makromarkts verwendet wird.

Die Immobilienuhr

Die modellhafte Darstellung eines Zyklus kann auf verschiedene Weisen erfolgen. Die wohl bekannteste haben Sie in Abbildung 25 kennengelernt. Über den zeitlichen Verlauf (auf der X-Achse) kann jedem Zeitpunkt die Marktmiete (auf der Y-Achse) zugeordnet werden. Da die Marktmieten normalerweise nicht sprunghaft steigen, wird in Modellen in der Regel die Sinus-Funktion verwendet.

---

[102] Nico B. Rottke und Martin Wernecke: Marktzyklen in Deutschland. In: Dies. (Hg.): Praxishandbuch Immobilienzyklen. Köln 2006, S. 73–96, S. 79.

Werte erkennen

Eine andere Darstellungsform bietet die Immobilienuhr: Anstatt der Zeit wird auf der X-Achse nun die Veränderung der Marktmiete (Abbildung 27) abgebildet. Wie eine Sinus-Funktion sich ändert, stellt die Cosinus-Funktion dar. Sehen Sie dazu die folgende Abbildung:

Abb. 26: Marktmiete absolute und relative Änderung

Trägt man nun alle Wertepaare aus absoluter Höhe und relativer Änderung[103] der Marktmiete in dieses Koordinatensystem ein, ergibt sich — aufgrund der Verwendung der Sinus-Funktion und ihrer spezifischen Eigenschaften — ein Kreis, der als Uhr interpretiert werden kann.

---

[103] Damit sich die Uhr im Uhrzeigersinn dreht, muss der Wert für die relative Änderung der Marktmiete noch mit dem Faktor (−1) multipliziert werden.

1 Werte erkennen mit der Dynamischen Methode

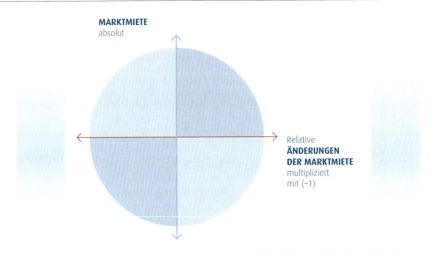

Abb. 27: Herleitung der Immobilienuhr

Die Darstellung in Form der Immobilienuhr wird auch in der Dynamischen Methode verwendet. Ursprünglich wurde diese Immobilienuhr von dem amerikanischen Unternehmen Jones Lang LaSalle entwickelt, um die Spitzenmieten in europäischen Gewerbeimmobilienmärkten vergleichend darstellen zu können. Die Dynamische Methode geht jedoch über diesen Anwendungsbereich hinaus: Während Jones Lang LaSalle lediglich Mietpreiszyklen untersucht, wird die Dynamische Methode die Immobilienuhr dazu verwenden, den Zyklus des Makromarkts ebenso abzubilden. Die Darstellung des Makrozyklus auf der Immobilienuhr ist für unsere Zwecke besonders geeignet, da sie die zyklischen Schwankungen auf ihre wesentlichen Informationen reduziert.

Um die Funktionsweise der Immobilienuhr zu verstehen, erinnern wir uns an den oben beschriebenen Makrozyklus, der das Marktgeschehen in vier Teilbereiche gliedert. Jeweils zwei Phasen setzen sich zu einem Aufschwung und einem Abschwung zusammen. Diese Einteilung übernimmt die Immobilienuhr und ordnet jeder Phase des Makrozyklus eine Sektion von drei „Stunden" auf der Uhr zu. Die Teilbereiche sind Überbauung: 12:00 Uhr bis 03:00 Uhr, Marktbereinigung: 03:00 Uhr bis 06:00 Uhr, Marktstabilisierung: 06:00 Uhr bis 09:00 Uhr und Expansion (Projektentwicklung): 09:00 Uhr bis 12:00 Uhr. Diese Phasen des Makrozyklus sind in der folgenden Abbildung dargestellt.

Werte erkennen

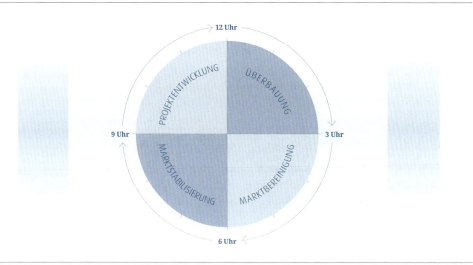

Abb. 28: Die Immobilienuhr

Die Funktionsweise des Markts wird also mit der Immobilienuhr lediglich in einer anderen Form als üblich dargestellt. Nochmals zur Erinnerung: Die rechte Hälfte der Uhr, welche die Segmente der Überbauung und der Marktbereinigung beinhaltet, steht für den Abschwung. Die linke Hälfte der Uhr, welche die Marktstabilisierungs- und die Expansionsphase zeigt, entspricht den Phasen des Aufschwungs.

Die einzelnen Segmente sind dabei wie folgt zu interpretieren: Die Überbauung ist von einem hohen Mietpreisniveau bestimmt, das jedoch bis 03:00 Uhr stark rückläufig ist. Die durch das Timelag verursachte, verspätete Bereitstellung von Flächen führt zu einem Überangebot, zu zunehmenden Leerständen sowie sinkenden Mieten und Kaufpreisen. Bis zum Tiefpunkt auf 06:00 Uhr bereinigt sich der Markt bei verlangsamt sinkenden Mieten.

Am Tiefpunkt angelangt, beginnt ein beschleunigtes Wachstum. Der hohe Leerstand hat ein günstiges Mietniveau zur Folge, das die Flächennachfrage in Verbindung mit einer anwachsenden Konjunktur und einer Erhöhung der Kaufkraft ansteigen lässt. Ab 09:00 Uhr verlangsamt sich der Anstieg, da erste Immobilienprojekte fertiggestellt werden und die Nachfrage reduzieren können. Die Angebotsknappheit verringert sich und die Mieten steigen aufgrund der allmählich zurückgehenden Nachfrage langsamer an. Der Immobilienuhr gelingt es in einer klaren Darstellungsweise, die komplette Marktdynamik vereinfachend zu illustrieren.

Werte erkennen mit der Dynamischen Methode

Wie schon angemerkt, ordnet Jones Lang LaSalle den europäischen Teilmärkten für Gewerbeimmobilien[104] Positionen auf der Immobilienuhr zu. In quartalsweise erscheinenden Berichten wird so ein Mietpreisklima bestimmt. Im vierten Quartal 2012 befindet sich Berlin etwa auf 10:30 Uhr, während Amsterdam und Paris auf 12:00 Uhr, Frankfurt auf 06:00 Uhr und London auf 08:00 Uhr liegt.

Die Dynamische Methode wird sich nicht auf die europäischen Gewerbemärkte konzentrieren, sondern den deutschen Wohnungsmarkt betrachten. Bei der Arbeit mit der Immobilienuhr sind allerdings einige methodische Grundlagen zu beachten: Die Immobilienuhr sagt zunächst nichts über die absolute Höhe der Mieten aus, sondern gibt lediglich die Position eines Markts innerhalb des Makrozyklus an. Die Marktmieten in zwei Städten müssen nicht gleich hoch sein, nur weil den Städten die gleiche Uhrzeit zugewiesen wurde.

Da sowohl die absolute Marktmiete als auch deren relative Änderung benötigt wird, um auf der Immobilienuhr eine Uhrzeit bestimmen zu können, muss die aktuelle Marktposition immer im Kontext seiner Veränderung betrachtet werden. Es sind dabei folgende Fragen zu beantworten: Woher kommt der Markt? Wo steht er heute? Wohin entwickelt er sich morgen?

Im bisherigen Modell wurde davon ausgegangen, dass sich der Markt lediglich zyklisch verändert und die Marktmiete sich nach dem Durchwandern eines kompletten Zyklus wieder am Ausgangspunkt befindet. Zur Vereinfachung wurde dabei angenommen, dass es kein langfristiges Wachstum entlang eines sogenannten Trends gibt. Diese Annahme ist allerdings in der Realität (z. B. aufgrund von Inflation) in der Regel nicht gegeben. Der Wert einer Immobilie ist zum Anfang und zum Ende eines Zyklus meist unterschiedlich.

Im Folgenden soll nun analysiert werden, was passiert, wenn neben einer zyklischen Schwankung auch eine langfristige Änderung stattfindet, wenn also ein Trend in die Betrachtung integriert wird. Dazu wird das Modell erweitert: Neben der zyklischen Schwankung verändert sich die Marktmiete nun zusätzlich um einen konstanten Prozentsatz. Während der Markt immer noch gleichen Schwankungen unterworfen ist, steigt die absolute Entwicklung der Marktmiete jetzt stetig an, wie die folgende Abbildung zeigt:

---

[104] Mittlerweile auch für Wohnimmobilien.

Werte erkennen

Abb. 29: Zyklische Änderungen der Marktmieten entlang eines positiven Trends

Der Wert und seine Veränderung werden nun wieder in ein gemeinsames Koordinatensystem überführt. Während man in einer vereinfachten Darstellung ohne Trend einen Kreis (Immobilienuhr) erhält, ähnelt die Form mit Trend einer Spriale.

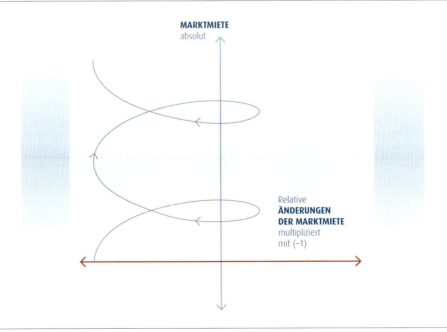

Abb. 30: Positive Immobilienspirale

Werte erkennen mit der Dynamischen Methode

Da der Trend natürlich auch negativ sein kann, soll auch dargestellt sein, wie das Modell für diesen Fall aussieht.

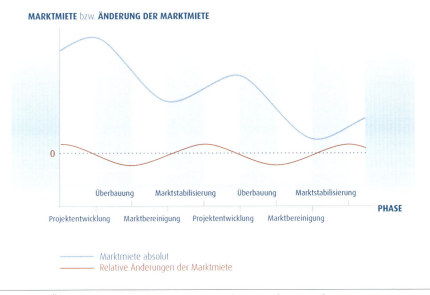

Abb. 31: Zyklische Änderungen der Marktmieten entlang eines negativen Trends

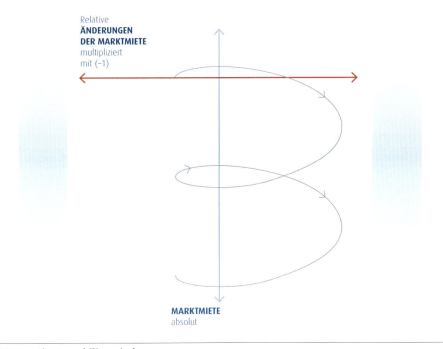

Abb. 32: Negative Immobilienspirale

Werte erkennen

Nur eine Prognose, die auch die Trends berücksichtigt, erlaubt es, die Entwicklung der Miete und damit die Rendite der Investition zu antizipieren. Die Position im Markt alleine ist nur bedingt nützlich, da sie nicht angibt, wie sich die Immobilie im Laufe des Investments entwickeln wird. Dies verdeutlicht die folgende Abbildung.

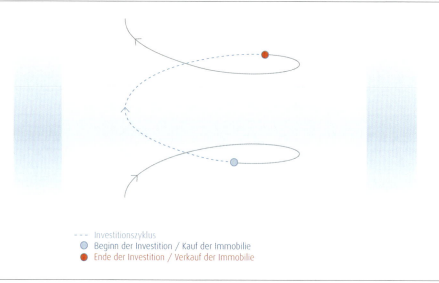

- - - Investitionszyklus
○ Beginn der Investition / Kauf der Immobilie
● Ende der Investition / Verkauf der Immobilie

Abb. 33: Entwicklungsmöglichkeiten des Makromarkts

Die beiden obigen Abbildungen zeigen die Anwendungsmöglichkeiten der Immobilienspirale. Gehen wir davon aus, dass es sich bei dem zu betrachtenden Makromarkt um Berlin-Kreuzberg handelt. Der Makrozyklus dieses Markts befindet sich in der Mitte des beschleunigten Mietwachstums, in der Marktstabilisierungsphase (also zwischen 06:00 und 09:00 Uhr auf der Immobilienuhr). Bei einem prototypisch positiven Verlauf des Zyklus wäre zu erwarten, dass die Marktmieten noch für eine gewisse Zeit stark beschleunigt und schließlich verlangsamt steigen. Diese Entwicklung manifestiert sich in der Immobilienspirale in der Aufwärtsbewegung. Eine Investition an dieser Position und mit einer solchen Prognose kann sich unter Umständen als lohnendes Investment erweisen.

Die bisherigen Herleitungen des Makrozyklus, der Immobilienuhr und der Immobilienspirale basierten auf einem Modell, in dem die Annahme getroffen wurde, dass sich der Marktzyklus sinusförmig entwickelt. Allerdings ist diese Form des Zyklus nur modelltheoretisch zu erwarten.

Da der Makromarkt von einer Vielzahl von Faktoren beeinflusst wird, ist es durchaus möglich, dass sich andere Verläufe einstellen: Nehmen wir an, es tritt ein Verwerfer auf, der die Marktentwicklung stark beeinflusst. Ein aktuelles Beispiel dafür ist die Diskussion um eine Kappung von Mietsteigerungen bei Neuvermietungen. Ein derartiger Eingriff in das bestehende System hat einen großen Einfluss auf die zukünftige Entwicklung der Marktmieten. Daher kann sich sich die Verortung des Markts auf der Immobilienuhr abrupt und sehr dynamisch ändern. Das eben erwähnte Beispiel zeigt, dass es nicht genügt, den Status quo sowie seine unmittelbare prognostizierte Änderung in seine Überlegungen miteinzubeziehen, wenn der Makrozyklus beschrieben werden soll. Vielmehr müssen potenzielle Einflussfaktoren stetig beobachtet werden, da sie den Zyklus und damit auch eine wichtige Entscheidungsgrundlage für Investitionen gravierend beeinflussen können.

Beginnen wir also mit der Analyse und Beschreibung des Makrostandorts, um eine Sensibilität für seine Entwicklung zu gewinnen. Dabei muss nochmals vor Augen gehalten werden, dass der Makrozyklus in seiner Reinform lediglich ein theoretisches Erklärungsmodell zur Verfügung stellt, um sich den Besonderheiten des Immobilienmarkts zu nähern. Der Immobilienmarkt gestaltet sich in der Realität wesentlich vielschichtiger, als eine Annäherung mit diesem Modell vermuten lässt. Er setzt sich aus verschiedenen Teilmärkten zusammen, die allesamt ineinandergreifen und ihre Entwicklung gegenseitig beeinflussen.

Neben den Einflüssen der einzelnen Teilmärkte, die — da sie aus dem System selbst kommen — endogen heißen, treten noch externe Faktoren hinzu, welche die Schwankungen des Markts ebenfalls beeinflussen. Sie heißen, da sie von außerhalb des Immobilienmarkts stammen, exogene Faktoren. Um die Wirkungsmacht der endogenen und exogenen Faktoren auf den Immobilienmarkt zu verstehen, soll in einem nächsten Schritt das komplexe Ineinandergreifen der systeminternen Teilmärkte erläutert werden. Im Anschluss daran werden die exogenen Faktoren sowie ihr Einwirken auf das System untersucht. Auf diese Weise kann die Dynamische Methode Trending Indicators erfassen und die Entwicklung des Markts prognostizieren.

Die endogenen und exogenen Einflussfaktoren

Die Analyse des Makrostandorts zielt darauf, verschiedene Rahmenbedingungen für die Entwicklung der Flächennachfrage sowie der Miet- und Kaufpreise an einem Standort zu erfassen und zu bewerten. Solche Rahmenbedingungen sind vielfältig und variieren je nach Nutzung des Objekts. Da sich die Dynamische Methode auf die Analyse von Investitionen in Wohnimmobilien konzentriert, stehen an dieser Stelle diejenigen Merkmale des Standorts im Vordergrund, die für den Zyklus von Wohnimmobilien relevant sind. Diese Rahmenbedingungen werden in der

Werte erkennen

Forschung in harte und weiche Standortfaktoren unterteilt. Während die harten Faktoren quantifizierbar und direkt messbar sind, besitzen die weichen Faktoren einen qualifizierbaren, eher psychologischen Charakter. Die harten Standortfaktoren können unter folgenden Kategorien zusammengefasst werden:

- Infrastruktur,
- Geografie,
- Arbeit und Wirtschaft sowie
- Demografie.

Diese vier Kategorien umfassen jeweils verschiedene Faktoren, die den Makrozyklus eines Standorts nachhaltig beeinflussen.[105] Bei der Analyse der Kategorien muss darauf eingegangen werden, wie sich der aktuelle Zustand gestaltet und welche Entwicklungen zukünftig zu erwarten sind.

Um die Infrastruktur des Makrozyklus zu untersuchen, ist Folgendes zu ermitteln: Wie verlaufen die Straßenprofile, wie gestalten sich Zugänglichkeit und Anfahrt, welche Parksituation liegt vor und wie weit sind Anbindungen an den öffentlichen Personennahverkehr sowie den Fernverkehr entfernt. Auch die Anbindungsmöglichkeiten der Stadt mit Auto, Bahn, Zug oder Flughafen sowie die Gesamtstruktur der Netze des öffentlichen Personennahverkehrs sind hier zu berücksichtigen.

Die geografische Lage umfasst Faktoren wie die Lage der Stadt, die Entfernung zu Nachbarstädten, die Pläne der Stadtentwicklung — etwa den Flächennutzungsplan oder das regionale Raumordnungsprogramm — aber auch Faktoren wie den Aufbau der Stadt und ihrer Viertel: Zentriert sich die Stadt in einem Stadtkern oder besitzt jeder Stadtteil einen eigenen Kern? Auch die infrastrukturelle Bedeutung der Stadt für die Umgebung ist bei einer Analyse der geografischen Gegebenheiten zu beachten. So werden Städte in Ober-, Mittel- und Unterzentren unterschieden. Oberzentren erfüllen neben dem grundlegenden Versorgungsbedarf auch höhere Ansprüche etwa durch Kliniken oder kulturelle Einrichtungen. Umgeben werden diese Oberzentren meist von Mittelzentren, die nur Grundbedürfnisse erfüllen. Diese sind wiederum von Unterzentren umgeben. Die Einordnung in Zentren hat einen bedeutenden Einfluss auf die Marktmiete.

Die harten Standortfaktoren, die den stärksten Einfluss auf den Markt ausüben, sind Arbeit und Demografie: „[D]ie Erfassung von sozial- und wirtschaftsstruktu-

---

[105] Die folgenden Standortfaktoren sind entnommen bei Muncke und Rybak: Immobilienanalyse, S. 159.

Werte erkennen mit der Dynamischen Methode

rellen Gegebenheiten"[106] ist der Schlüssel zu einer nachhaltigen Beschreibung des aktuellen Zustands eines Makromarkts und seiner zukünftigen Entwicklung. Daher wird im Folgenden auf diese beiden Faktoren noch einmal separat eingegangen werden.

Während sich Veränderungen der infrastrukturellen und geografischen Standortfaktoren eher kurzfristig auf die Marktdynamik auswirken, sind es Demografie und Arbeit, die eine langfristige Prognose ermöglichen. Die gesamte Makroentwicklung setzt sich aus der Verbindung von Zyklus und Trend zusammen. Während die kurzfristigen Einflussfaktoren den Zyklus bestimmen, sind die langfristigen für die Entwicklung des Trends entscheidend.

Auch die Forschung hat die Bedeutung der wirtschaftlichen und demografischen Standortfaktoren erkannt und konstatiert: „Unter dem Gesichtspunkt zyklischer Verläufe geht es also insbesondere darum, den aktuellen Entwicklungsstand der am Standort vorherrschenden Wirtschaftssektoren […] zu ermitteln."[107] Um dies zu leisten, müssen im wirtschaftlichen Bereich die Anzahl und Struktur an Arbeitgebern, die Arbeitslosenquote, das durchschnittliche Haushaltseinkommen, die Kaufkraft der Bevölkerung, die Wirtschaftsstruktur, das Wirtschaftswachstum und das Pendleraufkommen untersucht werden.

Die Demografie wird in der Forschung hingegen oft als weicher Faktor aufgeführt. Die Entwicklungen, die im folgenden Abschnitt „Demografie" nachgezeichnet sind, können allerdings sowohl quantifiziert und gemessen als auch in ihrer Bedeutung für den Immobilienmarkt bewertet werden. Daher wird die Demografie im Zuge der Dynamischen Methode zu einem harten Standortkriterium erhoben. Zu den wichtigen demografischen Entwicklungen, die am Makromarkt zu beobachten sind, gehören die Bevölkerungsstruktur, die Altersstruktur, die Sozialstruktur, die Anzahl der Haushalte, aktuelle Migrationstrends sowie das Bildungsniveau. Diese strukturellen Gegebenheiten sind jedoch keine statische Momentaufnahme, sie müssen stattdessen als Entwicklungstrends erkannt werden. Erst dann kann der wichtige Schritt von der Marktanalyse zur Zyklusprognose erfolgen.

Neben den harten Standortfaktoren sind auch die weichen Standortfaktoren ein wichtiger Teil der Bewertung des Makrozyklus. Zu den weichen Standortfaktoren zählt vor allem das Image einer Stadt oder eines Stadtteils, das sich aus dem Zusammenspiel der harten und weichen Faktoren ergibt und eine immense Bedeutung für die Attraktivität eines Markts besitzt.

---

[106] Vgl. ebd., S. 161.
[107] Vgl. hierzu ebd.

Werte erkennen

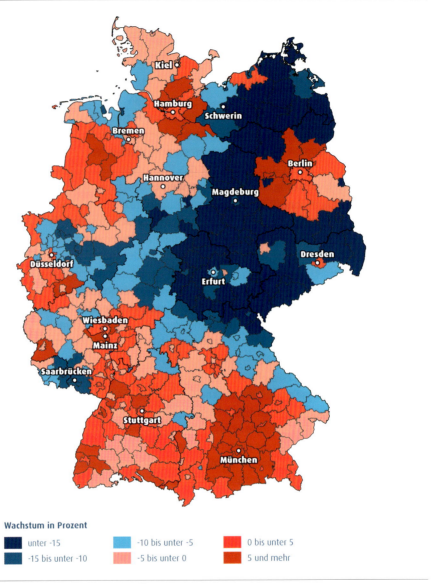

Abb. 34: Bevölkerungsentwicklung bis 2030[112]

[112] Bundesinstitut für Bevölkerungsforschung (2012): Bevölkerungswachstum nach Kreisen, 2009–2030, http://www.demografie- portal.de/SharedDocs/Informieren/DE/Statistiken/ Regional/Bevoelkerungswachstum_Kreise_bis2030.html (eingesehen am 13.04.2014).

1 Werte erkennen mit der Dynamischen Methode

„Der demografische Wandel in Deutschland ist gekennzeichnet durch eine niedrige Geburtenrate und den Rückgang der Bevölkerungszahl"[113], so beginnt die Kurzfassung des Demografieberichts des Bundesinnenministeriums. Seit dem Jahr 2003 ist ein Rückgang der Gesamtbevölkerung auszumachen, der sich in den beiden vergangenen Jahren nur leicht erholt hat. Dieser Bevölkerungsrückgang setzt sich im Wesentlichen aus zwei Faktoren zusammen: zum einen aus dem Geburtenüberschuss gegenüber der Sterberate und zum anderen aus den Migrationsbewegungen.

Die Geburtenrate hat seit den 1960er-Jahren stets abgenommen und befindet sich seit den 1970er-Jahren auf einem Niveau von ca. 1,4 Kindern pro Frau. Die geburtenstarken Jahrgänge zwischen 1946 und 1965 werden als „Babyboomer" bezeichnet. „Nie zuvor und nie danach wurden so viele Kinder geboren"[114] wie in dieser Zeit. Liegt die Geburtenrate im Hoch des Babybooms im Jahr 1964 noch bei 2,54 Kindern pro Frau, so ist sie bis zum Jahr 2009 auf 1,36 zurückgegangen.[115] Die 2,1 Kindern pro Frau, die benötigt werden, um eine konstante Bevölkerungsentwicklung ohne Alterung und Zuwanderung zu garantieren, werden demnach bei weitem nicht mehr erreicht.

Zudem steigt die Zahl der Sterbefälle stetig an, sodass es seit den 1970er-Jahren keinen Überschuss der Geburten über die Todesfälle mehr gibt. Die Geburtenrate kann die Sterberate nicht mehr ausgleichen, geschweige denn übertreffen — im Jahr 2011 beläuft sich das Geburtendefizit auf 190.000. Prognosen für das Jahr 2050 gehen davon aus, dass sich diese Bewegung noch verstärkt und ein jährliches Defizit von bis zu 600.000 entsteht.

Ein negativer Geburtensaldo bedeutet allerdings nicht zwangsläufig den Rückgang der Bevölkerung. Bis zum Jahr 2003 konnte das Geburtendefizit noch durch die Zuwanderung ausgeglichen werden, sodass im Jahr 2003 über 82,5 Millionen Menschen in der Bundesrepublik Deutschland lebten. Für die Bevölkerungsentwicklung ist dabei der Wanderungssaldo, die Differenz aus Zu- und Fortzügen über die Staatsgrenzen hinweg, bedeutsam. Da dieser Zuwanderungssaldo positiv ist, kann die negative Geburtenentwicklung teilweise ausgeglichen werden.

Allerdings unterliegt der Wanderungssaldo großen Schwankungen. Das Maximum von 312.000 Zuwanderern aus dem Jahr 1990 wird bei weitem nicht mehr erreicht: Im Jahr 2005 ist lediglich ein Zuwanderungssaldo von 35.000 Menschen auszumachen. Es ist allerdings zu erwarten, dass sich der Wanderungssaldo in den kommenden Jahren zwischen 100.000 und 200.000 einpendeln wird.

---

[113] Kurzfassung des Demografieberichts des Bundesministerium des Innern.
[114] Anita Blasberg: Demografie. Die schon wieder. In: Die Zeit, 18.04.2013.
[115] Geburtenbericht aus dem Jahr 2012 des Statistischen Bundesamtes.

Werte erkennen

Die wirtschaftliche Attraktivität des Standorts Deutschland wird dazu führen, dass Arbeitssuchende vor allem aus den strukturschwachen Regionen im Süden Europas nach Deutschland ziehen. Der natürliche Bevölkerungssaldo kann vom Wanderungssaldo allerdings nicht vollkommen ausgeglichen werden. Dies hat gravierende Folgen sowohl für die Einwohnerzahl als auch für die Bevölkerungsstruktur. So werden im Jahr 2050 nur noch etwa 69 bis 74 Millionen Menschen in Deutschland leben und auch die Altersstruktur wird sich wesentlich verschieben.

Die deutsche Bevölkerung wird bis zum Jahr 2050 stark altern. Schon jetzt sind „die Deutschen […] das zweitälteste Volk der Welt, vor den Italienern, nach den Japanern. Jeder zweite Bundesbürger ist älter als 45."[116] Dies hat verschiedene Gründe: Zum einen steigt die Lebenserwartung stetig an. Durch eine verbesserte medizinische Versorgung ist es gelungen, sowohl die Kindersterblichkeit zu reduzieren als auch eine bessere Krankenversorgung im Alter zu gewährleisten. Auch der strukturelle Wandel der Arbeitswelt trägt hierzu bei, da immer weniger Menschen in Berufen mit einem hohen Gefahrenpotenzial arbeiten.

Dies hat zur Folge, dass sich die Lebenserwartung drastisch steigert: Im Jahr 1960 betrug sie für einen neugeborenen Jungen noch 66,86 Jahre und für ein Mädchen 72,39 Jahre. Im Jahr 2010 lag dieser Wert bereits bei 77,51 Jahren für Jungen und bei 82,59 Jahren für Mädchen.[117] Die Steigerung der Lebenserwartung wird sich nach Prognosen des Statistischen Bundesamts weiter fortsetzen. Neugeborene im Jahr 2050 werden eine Lebenserwartung von 83,5 Jahren für Männer und 88,0 Jahren für Frauen besitzen.

Auch der wachsende natürliche Bevölkerungssaldo trägt einen erheblichen Teil zur Verschiebung der Altersstruktur der Bevölkerung bei. Im Jahr 2012 waren die Altersgruppen der Bis-25-Jährigen sowie die der Über-65-Jährigen mit einem Anteil von je 20 Prozent an der Gesamtbevölkerung noch in etwa gleich groß. Im Jahr 2050 wird allerdings knapp ein Drittel der Bevölkerung über 65 Jahre alt sein. Diese Bewegung kann auch durch die Zuwanderung nicht aufgehalten werden. Ein Großteil der Zuwanderer befindet sich in einem Alter zwischen 20 und 30 Jahren, sodass große Zuwanderungsbewegungen die Überalterung abmildern können. Mit dem Altern der geburtenstarken Generation der Babyboomer beschleunigt sich die Verschiebung der Altersstruktur der Bundesrepublik allerdings zunehmend.

Solche Prognosen sind jedoch mit einem Unsicherheitsfaktor belegt und können nicht sämtliche Entwicklungen antizipieren. Vor allem die Zukunft der Migrationsbewegungen kann nur schwer eingeschätzt werden. Ging man lange Zeit davon

---

[116] Blasberg: Demografie.
[117] Sterbetafeln des Statistischen Bundesamts.

Werte erkennen mit der Dynamischen Methode

aus, dass der Wanderungssaldo zunehmend schrumpft, so haben die Weltwirtschaftskrise wie auch die Unruhen im arabischen Raum die Zuwanderung nach Deutschland noch einmal verstärkt. In den ost- und südeuropäischen Staaten sind große Teile der jungen Bevölkerung arbeitslos, während die deutsche Wirtschaft aktuell einen leichten Aufschwung zu verzeichnen hat. Die Integration von Fachkräften in die deutsche Wirtschaft wird daher mit Sicherheit zunehmen. Ob die Zuwanderung den natürlichen Bevölkerungssaldo ausgleichen kann, ist zweifelhaft. Gerade weil die Entwicklung der Demografie mit einem gewissen Maß an Unsicherheit behaftet ist, müssen bei einem Investment stets die aktuellen Trends berücksichtigt werden.

Die Demografie entwickelt sich regional sehr differenziert und lässt die regionalen Teilmärkte unterschiedlich stark wachsen bzw. schrumpfen. Der Grund dafür ist der zweite wichtige Treiber: Arbeit. Denn sowohl innerdeutsche Wanderungsbewegungen als auch Zuwanderungen aus dem Ausland erfolgen stets in Regionen, die wirtschaftliche Perspektiven bieten. So sind Metropolregionen weniger stark von demografischen Entwicklungen betroffen als Dörfer in Teilen Deutschlands. Daher muss im Rahmen einer Analyse die demografische Entwicklung jeder Region und jedes Stadtteils einzeln betrachtet werden.

Es ist festzuhalten, dass „der demografische Wandel […] in den nächsten Jahrzehnten die Rahmenbedingungen für Wachstum und Wohlstand [verändert]."[118] Aber wie wirken sich der Bevölkerungsrückgang und die veränderte Altersstruktur der Bundesrepublik auf die Immobilienmärkte aus? Zwei Aspekte der demografischen Entwicklungen beeinflussen den Immobilienmarkt wesentlich: Der Bevölkerungsrückgang in Kombination mit der Überalterung bedeutet, dass die Zahl der Menschen, die im erwerbstätigen Alter sind, abnimmt.

Durch eine stärkere Beteiligung von Frauen und älteren Menschen an der Erwerbstätigkeit konnte dies noch ausgeglichen werden. Die bereits sinkende Zahl an Erwerbstätigen wird sich jedoch in Zukunft weiter vergrößern. Selbst in äußerst optimistischen Prognosen, die eine hohe Frauenerwerbsquote und ein spätes Rentenalter annehmen, sind im Jahr 2035 um 15 Prozent weniger Menschen erwerbstätig als heute.[119] Spätestens wenn die Babyboomer im Jahr 2020 aus dem Erwerbsleben austreten, wird der Rückgang der Erwerbstätigenquote nicht mehr zu verhindern sein. Selbst bei einer Zuwanderung von 200.000 Personen pro Jahr sinkt der Anteil der Erwerbstätigen bis zum Jahr 2030 einer mittleren Prognose nach um 6,4 Millionen.

---

[118] Kurzbericht Demografie.
[119] Vgl. hierzu: Schulte: Immobilienökonomie Band 4, S. 307.

Werte erkennen

Die Veränderung der Bevölkerungsstruktur steht in Wechselwirkung mit sozialen Änderungen: In den vergangenen Jahren hat die Anzahl an Ein-Personen-Haushalten in Deutschland stark zugenommen. Seit 1991 ist ein Anstieg von über fünf Millionen Haushalten auszumachen, die Anzahl der Haushaltsteilnehmer stieg im gleichen Zeitraum allerdings nur um 1,5 Millionen. Dies erklärt den Rückgang der Haushaltsgröße von 2,2 Personen auf 2,0 Personen zwischen 1991 und 2011. Während die Anzahl an Ein-Personen-Haushalten steigt, stagniert die Anzahl der Zwei-Personen-Haushalte. Die Anzahl der Haushalte mit drei oder mehr Personen ist hingegen rückläufig. Die sich ändernde Haushaltsstruktur hat einen starken Einfluss auf die Nachfrage nach Wohnraum. Denn nach Prognosen steigt die Wohnraumnachfrage ausgehend von 2005 bis 2030 noch um sieben Prozent[120] an, ehe sie aufgrund der rückläufigen Bevölkerung abfällt.

Der Immobilienmarkt wird daher von einer mittelfristig steigenden und langfristig fallenden Nachfrage beeinflusst. Dabei ist jedoch zu beachten, dass die unterschiedlichen Regionalmärkte konträr performen können. Während die Metropolregionen auch langfristig wachsende Nachfragen verzeichnen werden, wird der Bedarf in strukturschwachen Landstrichen schrumpfen. Ein Rückgang der Immobilienpreise in regionalen Teilmärkten ist daher mit hoher Wahrscheinlichkeit anzunehmen. Auch die Alterung der Bevölkerung wird sich auf den Immobilienmarkt auswirken. Eine wichtiges Element sind die Babyboomer: Sie „kaufen 80 Prozent aller deutschen Neuwagen. Sie sorgen für die Hälfte des Jahresumsatzes in der Tourismusbranche, sogar Banken entwerfen ihre Bausparpläne inzwischen für die über 48-Jährigen. In allen wichtigen Märkten sind sie die wichtigsten Konsumenten. Nach Berechnung des Deutschen Instituts für Wirtschaftsforschung gehen sie jedes Jahr für rund 500 Milliarden Euro einkaufen. Sie verfügen über die Hälfte der gesamten deutschen Kaufkraft."[121]

Wenn die Babyboomer altern, so wird die Nachfrage nach altersgerechtem und barrierefreiem Wohnen dramatisch ansteigen. Auch die Anzahl an altersbedingten Kranken wird sich deutlich erhöhen. Aber auch das steigende Flächenbedürfnis liegt im zunehmenden Durchschnittsalter der Bevölkerung begründet. Alte Menschen leben oft in großen Wohnungen, die sie in früheren Lebensphasen bezogen haben. So haben Menschen im Rentenalter den höchsten Flächenverbrauch, da sie sich aus emotionalen oder finanziellen Gründen vor einem Umzug fürchten. Dieses Phänomen wird in der Forschung als Remanenzeffekt betitelt.[122] So weist das Konsumverhalten im Alter durchschnittlich höhere Ausgaben für Wohneigentum auf.[123]

---

[120] Ebd., S. 320.

[121] Blasberg: Demografie.

[122] Vgl. hierzu auch Kröhnert: Wohnen im demografischen Wandel. Der Einfluss demografischer Faktoren auf die Preisentwicklung von Wohnimmobilien, S. 8 f.

[123] Vgl. Schulte: Immobilienökonomie Band 4, S. 319.

1 Werte erkennen mit der Dynamischen Methode

Aber auch neue Familien- und Arbeitsstrukturen werden die Nachfrage nach individuellen Nutzungskonzepten steigen lassen. Die traditionelle Familie verliert zunehmend an Bedeutung und auch die Tendenzen zu Arbeiten im „Homeoffice" spielen hier eine große Rolle.[124] Der Wohnungsbestand muss also, wenn er langfristig hohe Renditen erwirtschaften soll, an die neuen Bedürfnisse der sich wandelnden Bevölkerung angepasst werden. „Es existiert ein Mismatch zwischen Angebot und Nachfrage hinsichtlich der gewünschten Bauformen, der baulichen Standards, der präferierten Lagen, der Nachbarschaft und der Eigentumsform"[125], das sich direkt auf die Zyklen des Immobilienmarkts auswirkt.

An kaum einer anderen Stelle wird es so deutlich, dass sich Immobilieninvestitionen nach dem Mieter und nicht nach der Immobilie richten müssen. Die langfristige Entwicklung der Bevölkerungsstruktur zu antizipieren ist gerade für eine Investition in Immobilien unerlässlich, da sie durch ihre lange Haltedauer die Konsequenzen des demografischen Wandels erfahren. Viele Entwicklungen sind noch nicht eindeutig vorhersehbar – eine genaue Beobachtung ist allerdings unerlässlich. Nur so kann etwa auf das Problem des Asset-Meltdown[126] reagiert werden. Während einige Experten davon ausgehen, dass sich die alternde Bevölkerung mit Immobilien zur Altersvorsorge absichern will, gehen andere davon aus, dass die Menschen ihre Investitionen aufkündigen, um die Kosten im Alter decken zu können. „Für den Immobilienmarkt würde dies bedeuten, dass mit einer alternden Bevölkerung immer mehr Immobilien zum Kauf angeboten werden, was zu einem Preisverfall führt."[127]

Im Rahmen der Dynamischen Methode sind die demografischen Faktoren wichtige Driver für die Verschiebung der Marktmiete. Ist eine regionale Zunahme der Bevölkerung auszumachen, so ist zu erwarten, dass die Nachfrage nach Mietflächen steigt und die Marktmieten sich nach oben verschieben. Das gegensätzliche Szenario wird eintreten, wenn die Bevölkerung einer Region stark schrumpft. In solchen Regionen ist mit Leerstand und sinkenden Mieten zu rechnen.

Die demografische Entwicklung einer Region muss daher vor Beginn eines Investments untersucht werden. Nur dann können rückläufige Marktzyklen im Businessplan antizipiert und zu gelingenden Investments transformiert werden. Gleiches gilt für den zweiten wichtigen Driver: Arbeit.

---

[124] Vgl. hierzu Marc und Manuel Breidenbach: Immobilienverbriefung. In: Nico B. Rottke und Martin Wernecke (Hg.): Praxishandbuch Immobilienzyklen. Köln 2006, S. 379–396, S. 383 f.

[125] Vgl. Schulte: Immobilienökonomie Band 4, S. 321.

[126] Als Asset-Meltdown wird das betriebswirtschaftliche Szenario bezeichnet, in dem es den wirtschaftskräftigen Babyboomern nicht mehr gelingt, ihre Finanzanlagen zu veräußern. Daher sinken die Preise und der Wert der Finanzanlagen verfällt.

[127] Kröhnert: Wohnen im demografischen Wandel. Der Einfluss demografischer Faktoren auf die Preisentwicklung von Wohnimmobilien.

Werte erkennen

Arbeit

Neben der Demografie existiert noch ein weiterer Einflussfaktor, der sowohl die Entwicklungen des gesamten Immobilienmarkts als auch der regionalen Teilmärkte stark beeinflusst: Die Arbeit.

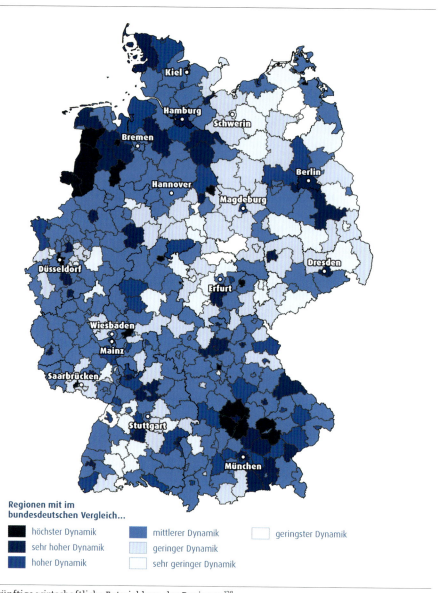

Abb. 35: Zukünftige wirtschaftliche Entwicklung der Regionen[128]

---

[128] Prognose Zukunftsatlas 2010, Regionen „Dynamik-Karte".

Werte erkennen mit der Dynamischen Methode

Die Bedeutung der Arbeit für den Immobilienmarkt ergibt sich dabei aus zwei Faktoren: Zum einen garantiert der Arbeitsplatz eines Mieters dessen Bonität. Mieter, die langfristige gut dotierte Arbeitsverhältnisse besitzen, bedeuten ein geringeres Ausfallrisiko als etwa Zeitarbeitskräfte. Doch darüber hinaus hat die Arbeit als wirtschaftlicher Faktor immense Auswirkungen auf den Zyklus des Immobilienmarkts und auf den regionalen Teilmarkt.

So ist etwa die Globalisierung noch lange nicht abgeschlossen. Das stete Zusammenwachsen internationaler Wirtschaftsmärkte setzt sich seit den 1980er-Jahren immer weiter fort, sodass nicht nur Abhängigkeiten zwischen der Weltwirtschaft und den Bruttoinlandsprodukten der einzelnen Länder entstehen, sondern auch Abhängigkeiten zwischen den einzelnen Immobilienmärkten. Immobilienschocks in den USA können sich durch die immer stärkeren Verbindungen der Finanzmärkte direkt auf den internationalen bzw. deutschen Immobilienmarkt auswirken – wie wir durch die Insolvenz der Lehmann Brothers erlebt haben. Auch die Rivalität der jeweiligen Investitionsmärkte ist nicht mehr nur auf das Binnenland begrenzt. So muss sich der Standort Berlin jetzt der internationalen Konkurrenz aus Paris, London oder Peking erwehren.[129]

Darüber hinaus hat sich die Struktur des Arbeitsmarkts in Deutschland gewandelt. Die Deregulierung des Arbeitsmarkts als Folge einer globalisierten Weltwirtschaft hat durch einen steigenden Konkurrenz- und Wettbewerbsdruck eine erhöhte Mobilität und Flexibilität von ihren Teilnehmern gefordert. Doch nicht nur hinsichtlich seines Arbeitsverhältnisses wird vom Einzelnen Flexibilität verlangt, auch in der Wahl des Arbeitsplatzes sind heutige Generationen mobiler geworden.

Nur die wenigsten Arbeitnehmer werden ihr Leben lang bei ein und derselben Firma oder in ein und demselben Ressort arbeiten, wie es noch vor einigen Jahrzehnten der Fall war. Die Bindung zum Unternehmen wird immer stärker durch Faktoren wie ein attraktives Arbeitsumfeld mit Weiterbildungsmöglichkeiten und eine leistungsorientierte Lohnpolitik beeinflusst.

Da das Arbeitsleben aber nach wie vor einen großen Teil der Zeit in Anspruch nimmt, werden kurze Arbeitswege zu einem entscheidenden Standortvorteil für Immobilien. So gewinnen Regionen an Attraktivität, in denen wirtschaftlich starke Arbeitgeber angesiedelt sind. Dies gilt nicht nur für Gewerbeimmobilien, sondern in hohem Maß auch für Wohnimmobilien. In Zeiten, die eine ausgeglichene Life-Work-Balance proklamieren, ist die infrastrukturelle Anbindung an den Arbeitsplatz

---

[129] Vgl. hierzu Jenny Arens: Megatrends. Auswirkungen von Megatrends auf Immobilienzyklen. In: Nico B. Rottke und Martin Wernecke (Hg.): Praxishandbuch Immobilienzyklen. Köln 2006, S. 329–342, S. 331 ff.

Werte erkennen

deren besteht der Gesamtmarkt Berlin aus einer Vielzahl heterogener Immobilienmärkte, die sich allesamt unterschiedlich entwickeln. Bevor wir die Teilmärkte Berlins genauer betrachten, soll zunächst die Frage geklärt werden, was Berlin als Investitionsstandort so interessant macht.

Die Kauf- und Mietpreise für Immobilien in Berlin steigen in den letzten Jahren stetig an und sind ein verlässlicher Anzeiger für eine hohe Nachfrage im Bereich der Immobilieninvestitionen. Doch woher stammt die Überzeugung der Investoren, dass im Berliner Markt positive Renditen erzielt werden können? Sie liegt in der positiven Prognose für den Marktzyklus der Stadt, die wiederum auf die Entwicklung der beiden Faktoren Demografie und Arbeit zurückzuführen ist. Diese beiden Bereiche sind — so wird im weiteren Verlauf zu zeigen sein — die Kriterien, die den Immobilienmarktzyklus entscheidend beeinflussen.

In Berlin sind die Prognosen für die demografische und wirtschaftliche Entwicklung positiv: Während Deutschland einen starken Bevölkerungsrückgang erfährt, wächst die Einwohnerzahl Berlins. Seit dem Jahr 2004 leben jedes Jahr mehr Menschen in der Hauptstadt. Im Jahr 2011 hat die Einwohnerzahl die Grenze von 3,5 Millionen überschritten.[134] Diese Entwicklung soll sich laut einer mittleren Schätzung der Stadtentwicklung Berlins bis ins Jahr 2030 fortsetzen, sodass die Einwohnerzahl auf über 3,75 Millionen steigt[135].

Besonders beeindruckend ist dies, da der Anstieg nicht nur durch Migration erfolgt, sondern auch durch einen positiven Geburtensaldo. Diese Entwicklung ist vor allem im Vergleich zur gesamtdeutschen Demografie bemerkenswert, da der Geburtensaldo der Bundesrepublik seit den 1970er-Jahren negativ ist.[136] Berlin ist jedoch aufgrund seines vielfältigen Studiums- und Ausbildungsangebots auch für junge Familien interessant und schafft somit hervorragende demografische Bedingungen, die durch ein starkes Wirtschaftswachstum zusätzlich unterstützt werden. Berlin ist die jüngste Stadt Deutschlands.

Berlin befindet sich im Vergleich zu den anderen deutschen Großstädten hinsichtlich der Kaufkraft zwar nur in der unteren Hälfte, kann jedoch stetige Zuwächse verzeichnen. Auch der Berliner Arbeitsmarkt liegt im bundesdeutschen Vergleich auf einem hinteren Rang. Das überdurchschnittliche Wachstum der Wirtschaft auf-

---

[134] Amt für Statistik Berlin-Brandenburg.
[135] Senatsverwaltung für Stadtentwicklung und Umwelt, Ref. I A – Stadtentwicklungsplanung, in Zusammenarbeit mit dem Amt für Statistik Berlin-Brandenburg: Kurzfassung der Bevölkerungsprognose für Berlin und die Bezirke 2011–2030. Berlin 2012.
[136] Statistisches Bundesamt: Bevölkerung und Erwerbstätigkeit. Natürliche Bevölkerungsbewegung. Berlin 2011, S. 12 (= Fachserie 1, Reihe 1.1).

grund des wachsenden Dienstleistungssektors, aber auch der florierenden Start-up-Kultur bietet jedoch ausgesprochen gute Rahmenbedingungen für den Abbau der Arbeitslosenquote. Hierzu trägt auch der Tourismus bei. Im Jahr 2012 ist mit fast 25 Millionen Übernachtungen ein Wachstum von 11,4 Prozent[137] gegenüber dem Vorjahr zu verzeichnen. Diese florierenden wirtschaftlichen Rahmenbedingungen lassen das Pro-Kopf-Einkommen steigen.

Das erhöhte Einkommen sowie die positive Demografie Berlins führen zu einer hohen Nachfrage nach Wohnimmobilien, die nicht durch Neubauprojekte gedeckt werden. So können bei Neuvermietungen hohe Preisanstiege realisiert werden und die Mieten entwickeln sich nach oben. Die Mieten steigen jedoch nicht in allen Teilen der Stadt gleichmäßig. Während in gefragten Stadtteilen in zentralen Lagen ein beschleunigtes Mietpreiswachstum einsetzt, ist ein Wachstum in vielen Randbereichen nur noch minimal auszumachen. In einigen Teilmärkten sind sogar negative Tendenzen erkennbar.

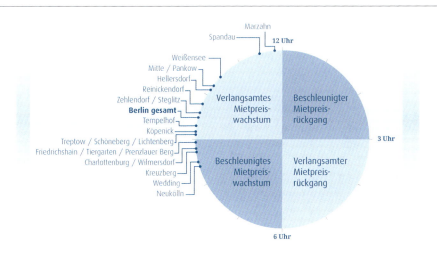

Abb. 36: Immobilienzyklen Berlin[138]

Die heterogene Entwicklung der Berliner Teilmärkte ist der zweite Grund, weshalb die Hauptstadt für Beispiele zur Dynamischen Methode prädestiniert ist. Der Berliner Gesamtmarkt, der sich im Bereich des verlangsamten Mietpreiswachstums befindet, ist in eine Vielzahl von Teilmärkten differenziert, von denen jeder eine an-

---

[137] Angabe des Amts für Statistik Berlin-Brandenburg: https://www.statistik-berlin-brandenburg.de/statistiken/inhalt-statistiken.asp (eingesehen am 01.03.2014).
[138] Eigene Kalkulation auf der Grundlage von Daten von bulwiengesa und diversen Marktportalen.

Werte erkennen

dere Position im Makrozyklus einnimmt. Während Marzahn-Hellersdorf nur geringe Mietanstiege verzeichnen kann — in einzelnen Straßenzügen sogar rückläufige —, steigen die Mieten in den Lagen Innenstadt, Mitte, Friedrichshain-Kreuzberg oder Neukölln stark an. Doch selbst die Mietpreisentwicklung innerhalb der einzelnen Bezirke ist noch einmal differenziert zu betrachten. Während im Pankower Teilbezirk Prenzlauerberg hohe Mietzuwächse erzielt werden, entwickeln sich die Mieten in den nördlichen Gebiete Pankows vergleichsweise langsam.

Wie ein einzelner Markt aber zu untersuchen ist, wird im folgenden Kapitel „Matching" anhand der Beispielobjekte verdeutlicht.

1.3.3 Matching

Der Mikrozyklus der Immobilie ist analysiert: Das Potenzial der Mieterstruktur ist erkannt und der Mieterzyklus ist beschrieben. Auch die Dynamik des Makromarkts ist ermittelt: Die Schwankungen des Makrozyklus sind klar, die Position im Zyklus ist bestimmt und die Entwicklung wurde antizipiert. Um das Investitionspotenzial einer Immobilie gesamtheitlich zu ermitteln, müssen diese Erkenntnisse nun integriert betrachtet werden, denn erst im Zusammenspiel beider Zyklen offenbart sich, ob eine Investition nachhaltige Renditen generieren kann.[139] Nur wenn sowohl die Entwicklungen innerhalb der Immobilie als auch die zyklische Realität des Immobilienmarkts richtig eingeordnet ist, kann eine Investitionsstrategie entworfen werden, die optimal auf das Objekt und seine Dynamik abgestimmt ist.

An dieser Stelle soll — um diese Einordnung bzw. Harmonisierung adäquat nachvollziehen zu können — zunächst die Funktionsweise des Matching erklärt werden: Wie interagieren Mikrozyklus und Makrozyklus miteinander? Welche Annahmen sind für den Businessplan eines Investments zu treffen, wenn die demografische Entwicklung von einem starken Rückgang der Bevölkerung ausgeht? Wie verändert sich eine negative Mieterdynamik in einem Markt mit stark anziehenden Mieten?

Bei der integrativen Betrachtung werden die Effekte, die durch den Mikro- und auch den Makrozyklus auftreten, ganzheitlich aufgezeigt. Dadurch ist es möglich, die Frage zu beantworten, die bei einer Immobilieninvestition essenziell ist: Wie entwickeln sich die Nettokaltmieten für ein bestimmtes Objekt? Wie diese Frage beantwortet werden kann, wird am einfachsten mit folgender Abbildungen illustriert.

---

[139] Vgl. hierzu: Phyrr, Roulac und Born: Real Estate Cycles and Their Strategic Implications for Investors and Portfolio Managers in the Global Economy, S. 7.

Werte erkennen mit der Dynamischen Methode 1

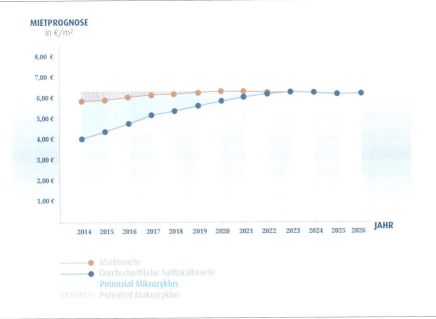

Abb. 37: Integrative Betrachtung von Mikro- und Makrozyklus

Wie in den vorangegangenen Kapiteln beschrieben, ist der Mikrozyklus als Abstand von den tatsächlichen Nettokaltmieten zur Marktmiete zu verstehen. Der Makrozyklus ist dagegen als die Änderung der Marktmiete im Zeitverlauf definiert. Die Integration — also das Matching — von Mikro- und Makrozyklus ist nach diesem Modell die Annäherung der Nettokaltmiete an die Marktmiete im Zeitverlauf. Diese Anpassung erfolgt (außer bei vollständiger Neuvermietung einer komplett leeren Immobilie) nicht schlagartig, sondern vollzieht sich sukzessive über mehrere Jahre. Gründe hierfür sind etwa, dass aufgrund der gesetzlichen Rahmenbedingungen die Mieten nur zu einem gewissen Grad in einem gewissen Zeitraum erhöht werden können und dass gewisse Modernisierungsarbeiten lediglich prozentual, aber nicht vollständig auf die Miete umgelegt werden dürfen.

Das Potenzial für eine Erhöhung der Mieten hängt also vom Mikro- und Makrozyklus ab.

- **Mikrozyklus**: Wie hoch sind die Mieten zum Kaufzeitpunkt? Je niedriger sie sind, desto höher ist das daraus resultierende Potenzial.
- **Makrozyklus**: Wie verändern sich die Marktmieten? Je positiver sich der prognostizierte Makrozyklus entwickelt, desto höher und sicherer ist das Steigerungspotenzial für die Mieten im Zeitverlauf.

Werte erkennen

Neben der absoluten Höhe der Potenziale muss zudem untersucht werden, wie schnell diese realisiert werden können. Hierzu muss die Entwicklung der Nettokaltmieten im Zeitverlauf betrachtet werden. Der Verlauf dieser Entwicklung ist von einigen Faktoren abhängig:

Es existieren zum einen gesetzliche Rahmenbedingungen. Diese legen fest, welche Regelungen bei der Erhöhung von Bestandsmieten gelten. In einem Bundesland, in dem die Mieten um 20 Prozent alle drei Jahre erhöht werden dürfen, kann eine Annäherung der Mieten an die Marktmiete schneller erfolgen als in einem Bundesland, das nur 15 Prozent erlaubt.

Auch von der Fluktuationsquote ist die Möglichkeit, das Potenzial zu realisieren, abhängig: Kündigungen von Mietverträgen können zu mehreren Auswirkungen führen. Zum einen können bei einer Neuvermietung unter Umständen höhere Mieten angesetzt werden. Dies ist generell dann der Fall, wenn die alten Mieten signifikant unter Marktniveau lagen. Auf der anderen Seite birgt die Kündigung eines Mietvertrags immer die Gefahr, dass auf einen Auszug Leerstand folgt, der die durchschnittliche Nettokaltmiete in einer Immobilie reduziert. Zur genauen Messung des Effekts, der durch Fluktuation ausgelöst wird, ist es also nötig, zu wissen, mit welcher Wahrscheinlichkeit eine leere Wohnung vermietet werden kann. Indikationen hierfür können auf Ebene des Mikrozyklus aus der oben beschriebene Mieterdynamik abgeleitet werden. Auf der Ebene des Makrozyklus bietet die durchschnittliche Leerstandsquote der unmittelbaren Umgebung eine Richtgröße dafür, wie leicht eine Wohnung wiedervermietet werden kann.

Im folgenden Kapitel werden anhand von vier Szenarien die Matching-Prozesse beispielhaft erläutert.

Als erstes Szenario werden wir an der Immobilie in Adlershof das Matching eines positiven Mikrozyklus und eines positiven Makrozyklus demonstrieren: Sie werden sehen, wie sich die positiven Zyklen gegenseitig potenzieren und die Renditechancen der Investition erhöhen. Ferner erkennen Sie, auf welche Fallstricke gegebenenfalls zu achten ist.

Daran anschließend wird das Szenario eines negativen Mikrozyklus in einem negativen Makrozyklus besprochen: In dieser Konstellation verstärken sich die investitionsgefährdenden Effekte wechselseitig, sodass eine Investition nur unter immensen Risiken sowie bestimmten Bedingungen erfolgreich sein kann.

Werte erkennen mit der Dynamischen Methode

Im Anschluss an die Matching-Szenarien, deren Zyklen sich jeweils nur in eine Richtung entwickeln, werden die kontrastierenden Harmonisierungen untersucht. Zunächst wird das Beispiel eines positiven Mikrozyklus in einem negativen Makrozyklus beschrieben.

Im Anschluss daran wird die Konstellation eines negativen Mikrozyklus, der sich in einem positiven Makrozyklus befindet, aufgezeigt. Diese Szenarien sind wohl die spannendsten, da für sie keine generelle Handlungsanweisung gegeben werden kann. Risiken und Chancen solcher Investitionen sind stark von der Beschaffenheit der jeweiligen Zyklen und der Immobilie abhängig.

Die vier Beispiele sollen dabei stets repräsentativ für eine ganze Reihe von Szenarien stehen, da nicht jede mögliche Variante einer jeden Konstellation beschrieben werden kann.

Positiver Mikrozyklus — Positiver Makrozyklus

Trifft ein positiver Mikrozyklus auf einen positiven Makrozyklus, so sprechen wir von einem +/+ Matching. In einem solchen Fall könnte anzunehmen sein, dass immense Renditen garantiert sind. Natürlich ist die Kombination von zwei positiven Zyklen für eine Investition von Vorteil, allerdings sollte auch dieses Szenario nicht als Garantie für eine gelingende Investition angesehen werden. Ein +/+ Matching beinhaltet auf den ersten Blick keine Gefahren. Allerdings ist hier die Gefahr umso größer, dass durch das Auftreten von Verwerfern, auf die in Kapitel 1.3.4 eingegangen wird, die Investition scheitert. Was zeichnet ein +/+ Matching aber aus? Verdeutlichen wir dies an der Beispielimmobilie Adlershof. Um die Zyklen zu harmonisieren, sollen zunächst einmal die Ergebnisse der Analyse des Mikrozyklus und des Makrozyklus zusammengefasst werden:

Werte erkennen

MIETSHAUS IN BERLIN-ADLERSHOF	
Mikrozyklus	
Mieterzyklus:	Die Mieten sind in den vergangenen Jahren stetig gestiegen. Eine Mietspanne von über 3 € pro Quadratmeter ist im Objekt auszumachen.
Mietspiegel:	Während die Mietverträge, die in den vergangenen Jahren abgeschlossen wurden, im Bereich des Mietspiegels liegen, befindet sich ein Viertel der Mieten unterhalb des Mietspiegels. Ein Großteil der Mieten ist darüber hinaus im unteren Bereich des Mietspiegels angesiedelt. Lediglich einige Mieten befinden sich oberhalb des Mietspiegels.
Marktmiete:	Die Marktmiete befindet sich sogar oberhalb des Mietspiegels. Das direkte Umfeld der Immobilie weist daher entweder eine erhöhte Miete als das vom Mietspiegel berücksichtigte Gebiet aus oder die Marktmiete hat sich seit der letzten Erhebung des Mietspiegels geändert.
Mieterdynamik:	Die Mieterdynamik im Mikrozyklus ist äußerst positiv. Die Mieten befinden sich fast alle unterhalb der Marktmiete und haben somit ein enormes Steigerungspotenzial.
Investmentklasse:	Das Mietshaus in Berlin-Adlerhof ist eine Value-Added-Investition. Die Bausubstanz ist im Vergleich zu Core-Produkten schlechter. Einige Wohnungen müssen saniert werden. Das Objekt kann teilsaniert und neu im Markt platziert werden, das Dach kann ausgebaut und Balkone können angebracht werden.
Fazit:	Der Mikrozyklus der Immobilie ist extrem positiv. Das Objekt verspricht aufgrund seiner Eigenschaften im Mikrozyklus Renditen von ca. 6 %.
Demografie:	Die demografischen Aussichten für Adlershof sind äußerst positiv. Es wird in den nächsten Jahren mit einer regelmäßigen Zunahme der Einwohnerzahlen gerechnet. Auch mit einer gestiegenen Anzahl an Haushalten wird gerechnet.
Arbeit:	In Adlershof gibt es mit dem Technologiecampus sowie mit Universitätseinrichtungen und Unternehmen viele Arbeitgeber. Die Region ist zudem mit Einzelhandel, Gastronomie sowie Hotelgewerbe ausgestattet.
Sonstiges:	Adlershof bietet zahlreiche Grünflächen, die durch umfangreiche Investitionen in den öffentlichen Raum noch ausgebessert werden. Außerdem besitzt der Stadtteil eine perfekte Anbindung an den neuen Flughafen Berlin Brandenburg.
Fazit:	Die Mieten werden in Berlin-Adlershof weiter steigen. Aufgrund des Bevölkerungszuwachses sowie der positiven wirtschaftlichen Entwicklung des Standortes wird der Markt auf der Immobilienuhr auf 10 Uhr verortet. Adlershof wird sich in Zukunft noch weiter verbessern und sich im Bereich der guten Wohnlagen etablieren.

Tab. 14: Positiver Mikrozyklus – Positiver Makrozyklus: Beispiel

Werte erkennen mit der Dynamischen Methode **1**

Wie sind diese Informationen zu harmonisieren und zusammenzubringen? Unser Beispiel in Berlin-Adlershof offenbart im Mikrozyklus die Möglichkeit, die Mieten stark anzuheben. Das Potenzial für eine deutliche Wertentwicklung ist also vorhanden. Im Makrozyklus sind sowohl die demografischen als auch die wirtschaftlichen Aussichten äußerst positiv, sodass mit einer weiter steigenden Marktmiete zu rechnen ist. Für die Investition bedeutet das, dass die Mieten in Zukunft noch weiter gesteigert werden können. Die Abbildung 38 verdeutlicht diese Entwicklung. Während die Mieten in der mikrozyklischen Betrachtung nur bis zum Bereich der Marktmiete bei 7,55 Euro gehoben werden können, weist die Integration des Makrozyklus darauf hin, dass sie im Laufe des Investments sehr wahrscheinlich nochmals deutlich gesteigert werden können. Das im Matching offengelegte, zusätzliche Steigerungspotenzial zeigt die blau schraffierte Fläche in der folgenden Abbildung. Ist im Rahmen der Mieterdynamik lediglich eine Steigerung bis zur Marktmiete zu erwarten (in der Abbildung blau abgesetzt), kann, wie eben erklärt, die Erhöhung der Marktmiete noch einmal zusätzliches Potenzial freilegen.

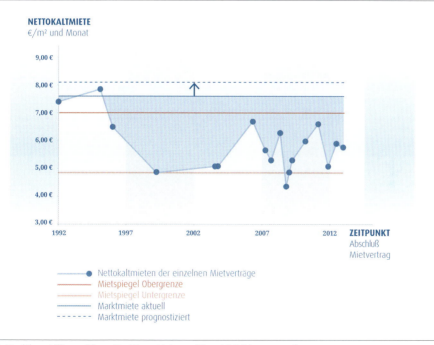

Abb. 38: Positiver Mikrozyklus – Positiver Makrozyklus: Matchingszenario

Werte erkennen

Auch auf der Immobilienuhr liegen beide Zyklen in einem aussichtsreichen Bereich. Sowohl der Mikrozyklus als auch der Makrozyklus befinden sich in einer Phase schnellen Wachstums „links unten" auf der Uhr. Im Mikrozyklus sind hohe Renditen zu erwarten, da sich die Mieterdynamik aussichtsreich gestaltet. Die Entwicklung im Makrozyklus prognostiziert, dass sich diese Rahmenbedingungen sogar noch verbessern werden. Bei diesem Beispiel, das keine Komplikationen aufweist, dürfte sich mit einer sehr hohen Wahrscheinlichkeit eine Rendite von mindestens sechs Prozent erwirtschaften lassen.

Ein positiver Makrozyklus bietet vor allem für die riskanten Investmentstile gute Rahmenbedingungen, da die Wertsteigerung des Objekts durch die Entwicklung des Makrozyklus zusätzlich verstärkt wird. Je länger der Aufschwung eines Makrozyklus anhält, umso aussichtsreicher gestalten sich die Bedingungen für die riskanten Investmentstile Value Added, Opportunistic und Development. Das Risiko eines Scheiterns dieser Investmentstile verringert sich, je positiver die Prognose des Markts ist.

Die Mieten befinden sich in den Mikrozyklen dieser Investmentstile zumeist unterhalb der Marktmiete, da sich das Ausstattungsniveau sowie die Bausubstanz in einfachem oder sogar schlechtem Zustand befinden. Werden solche Objekte in der Phase eines aufstrebenden Marktzyklus erworben und als Core- oder Core-Plus-Produkte neu im Markt platziert, so kann mit hohen Renditen gerechnet werden.

Anders verhalten sich hingegen risikoarme Core-Investitionen in aufstrebenden Makrozyklen. Sie profitieren von einem positiven Makrozyklus nicht in demselben Maße wie die riskanteren Investmentstile. Zwar können auch risikoarme Investitionen in steigenden Märkten ihren Wert steigern, die Vorteile von gehobenen Marktmieten können Core-Investitionen jedoch nicht im gleichen Maß umsetzen wie Value-Added-Objekte. Da bei Core-Investitionen ohnehin schon ein hohes Mietniveau vorliegt, können die Bestandsmieten nicht ohne weiteres gehoben werden.

Vor allem Objekte, deren Mieterstruktur in Richtung eines Supercore-Investments tendiert, können keine kurzfristigen Mieterhöhungen realisieren. Eine angehobene Marktmiete kann daher nicht direkt in einen höheren Cashflow münden. Je optimistischer die Prognose für den Makrozyklus allerdings ist, desto aussichtsreicher gestalten sich Investitionen in Investmentklassen mit einem hohen Rendite-Risiko-Profil. Sie können den gesamten Wertschöpfungszyklus gehalten und erst am Punkt der maximalen Werthebung veräußert werden. Den Verlauf eines solchen Investments stellt Abbildung 39 dar.

1 Werte erkennen mit der Dynamischen Methode

Abb. 39: Positiver Mikrozyklus – Positiver Makrozyklus: Makrozyklus

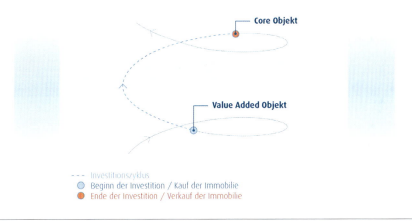

Abb. 40: Positiver Mikrozyklus – Positiver Makrozyklus: Immobilienspirale

Werte erkennen

Das Objekt wird in der Value-Added-Klasse erworben und im Rahmen von Werthebungsprozessen zu einem Core-Produkt aufgebaut. Da sich der Makrozyklus noch an seinem Beginn befindet, kann der gesamte Aufschwung im Investment genutzt werden und erst am höchsten Punkt („12:00 Uhr") des antizipierten Marktzyklus veräußert werden. Je mehr sich der Zyklus dem Umschwung nähert, desto höher ist die Nachfrage nach Core-Immobilien, da diese in Abschwungphasen die sichersten Renditeaussichten versprechen.

Die Integration der Zyklen bei einem +/+ Matching als Annäherung der Nettokaltmiete an die Marktmiete über Zeit illustriert die folgende Abbildung.

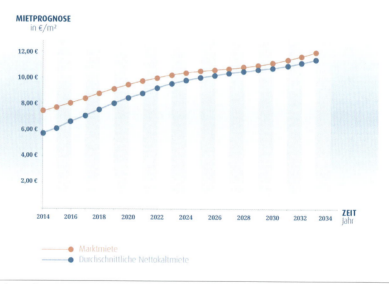

Abb. 41: Positiver Mikrozyklus – Positiver Makrozyklus: Integration

Werte erkennen mit der Dynamischen Methode

Negativer Mikrozyklus — Negativer Makrozyklus

Während bei einem +/+ Rating von Mikrozyklus und Makrozyklus risikohafte Investitionen hohe Renditewahrscheinlichkeiten erbringen, ist bei einem –/– Rating für nahezu jede Investition die Verlustwahrscheinlichkeit hoch. Wenn ein Mikrozyklus, der eine negative Mieterdynamik prognostiziert, mit einer sinkenden Marktmiete zusammengeführt wird, können nur unter besonderen Umständen und mit hohem Risiko gelingende Investments getätigt werden. Wie sich eine Immobilie bei solchen Voraussetzungen verhält, zeigt das folgende Beispiel:

MIETSHAUS IN MARZAHN	
Mikrozyklus	
Mieterzyklus:	Die Mieten der Immobilie nehmen kontinuierlich ab. Das Mietniveau, das noch bis zum Jahr 2000 vorlag, kann bei Neuvermietungen nicht mehr erreicht werden. Insgesamt liegt eine Mietspanne in Höhe von 0,60 € vor.
Mietspiegel:	Die Quadratmetermieten sämtlicher Mietverträge, die vor dem Jahr 2009 abgeschlossen worden sind, liegen oberhalb des Mietspiegels. Nur neuere Mieten sind im Bereich des Mietspiegels angesiedelt.
Marktmiete:	Die Marktmiete befindet sich im Bereich des Mietspiegels. Nur ein geringer Teil der Bestandsmieten liegt im Bereich der Bench. Der Großteil der Mieten befindet sich jedoch auf einem höheren Niveau.
Mieterdynamik:	Es ist zu erwarten, dass Mieter, deren Mieten über der Marktmiete liegen, die Immobilie verlassen, um sich preisgünstigeren Wohnraum zu suchen. Leerstand wird in der Immobilie Einzug halten und Neuvermietungen können nur auf einem niedrigen Mietniveau erfolgen.
Investmentklasse:	Von einer Investition ist aufgrund der negativen Mieterdynamik abzuraten. Gemessen an seinen Eigenschaften entspricht das Objekt dem Core-Plus-Status, da es über eine gute Bausubstanz sowie teil sanierte Wohneinheiten verfügt. Die einfache Lage und die Mieten, die sich zu einem großen Teil über dem Mietniveau befinden, sind allerdings Merkmale, die das Investment stark negativ beeinflussen.
Fazit:	Der Mieterzyklus ist abnehmend und aufgrund der im Vergleich zu Mietspiegel und Marktmiete hohen Bestandsmieten ist eine negative Mieterdynamik zu erwarten. Die Mieteinnahmen werden aus diesem Grund sinken.

Werte erkennen

MIETSHAUS IN MARZAHN	
Makrozyklus	
Demografie:	Die Demografische Entwicklung des Stadtteils ist deutlich pessimistisch. Vor allem die junge Bevölkerung wandert aufgrund mangelnder wirtschaftlicher Perspektiven fort. Zurück bleibt eine überalterte Bevölkerung, die zudem stark schrumpft.
Arbeit:	Die Region bietet im direkten Umfeld weder Industrie noch wirtschaftliche Unternehmen; lediglich vereinzelte Betriebe sowie Dienstleistungs- und Einzelhandelsgewerbe sind vorhanden.
Fazit:	Der Makrozyklus lässt erahnen, dass die Mieten weiter sinken werden. Es ist nicht davon auszugehen, dass alle Leerstände beseitigt werden, da das Angebot an Immobilienflächen größer als die Nachfrage ist.

Tab. 15: Negativer Mikrozyklus – Negativer Makrozyklus: Beispiel

Tritt ein solch negativer Mikrozyklus in einem Makrozyklus auf, der sich im Abschwung befindet, entstehen für mögliche Investitionen enorme Risiken. Die negative Entwicklung des Makrozyklus wird die problematische Mieterdynamik noch zusätzlich verstärken: Die Marktmiete wird weiter sinken, sodass Neuvermietungen in Zukunft zu einem noch niedrigeren Mietniveau erfolgen, als die Mieterdynamik annimmt. Die negative demografische Prognose bedeutet darüber hinaus noch einen Rückgang der Nachfrage nach Flächen am Standort. So ist eine Neuvermietung im Worst Case überhaupt nicht möglich, da keine Nachfrage vorhanden ist. Den dramatischen Wertverlust, der im Rahmen einer solchen Dynamik entstehen kann, zeigt Abbildung 42.

Werte erkennen mit der Dynamischen Methode

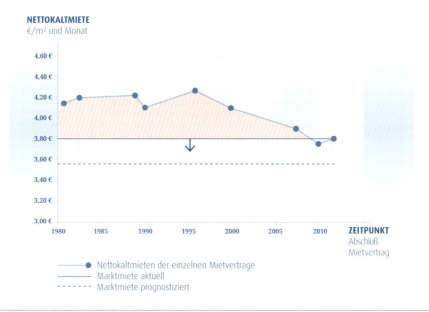

Abb. 42: Negativer Mikrozyklus – Negativer Makrozyklus: Matchingszenario

Die ohnehin schon über dem durchschnittlichen Mietniveau liegenden Mieten werden in ihrer Entwicklung durch den negativen Makrozyklus noch einmal in ihrer Abwärtsbewegung beschleunigt. Vor allem die schlechte demografische Entwicklung des Standorts ist dafür verantwortlich, dass das Mietniveau weiter abnehmen wird, die Cashflows deutlich kleiner ausfallen werden und die Immobilie rasant an Wert verliert.

Für ein –/– Matching ist es kaum möglich, positive Renditen zu generieren. Die einzige, wenn auch hochriskante Möglichkeit besteht darin, die Baissephase des Makromarkts bewusst in Kauf zu nehmen und durch eine extrem lange Halteperiode auf einen anschließenden Anstieg zu spekulieren. Dabei muss jedoch der gesamte Makrozyklus in der Hoffnung, dass der nächste Boom die aktuelle Marktposition übertrifft, durchlaufen werden. Diese Strategie zeigt Abbildung 43.

Werte erkennen

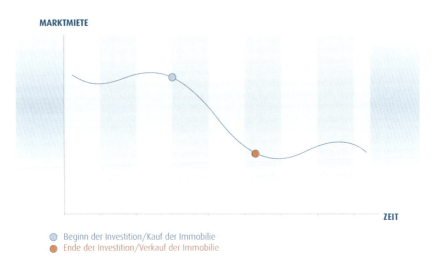

Abb. 43: Negativer Mikrozyklus – Negativer Makrozyklus: Makrozyklus

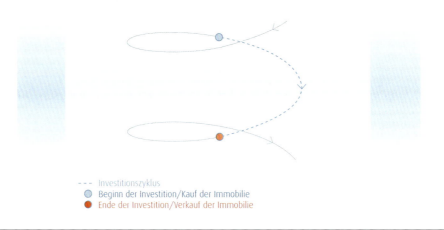

Abb. 44: Negativer Mikrozyklus – Negativer Makrozyklus: Immobilienspirale

Eine Konstellation, in der am Ende der Abwärtsspirale ein neuer Boom entsteht, ist allerdings nur sehr schwer zu prognostizieren, daher ist von solch spekulativen Investments abzuraten. Nur wenn Anzeichen für einen Umschwung im Mikrozyklus oder Makrozyklus vorhanden sind, sollte ein solches Investment in Erwägung gezogen werden. Die negative Mieterdynamik wird, da sie nicht durch den Makromarkt kompensiert werden kann, in jedem Fall zunächst eine Wertminderung der Immobilie bewirken. Um dies zu minimieren, sollte bei einer pessimistischen

Prognose des Makrozyklus lediglich eine Core-Investition in Betracht gezogen werden, da hier eine negative Mieterdynamik nicht in dem gleichen Maße zu einem Wertverlust führt wie bei Hochrisiko-Investitionen.

Grundsätzlich aber gilt, dass Käufe in rückläufigen Märkten nur unter höchstem personellen und finanziellen Aufwand zu ertragreichen Investitionen werden können. Aus diesem Grund sind Käufe in einem –/– Matching zu Marktpreisen zu vermeiden, da die zukünftige negative Entwicklung Einfluss auf den Verkaufpreis nehmen muss.

Die Integration der Zyklen bei einem –/– Matching illustriert die folgende Abbildung.

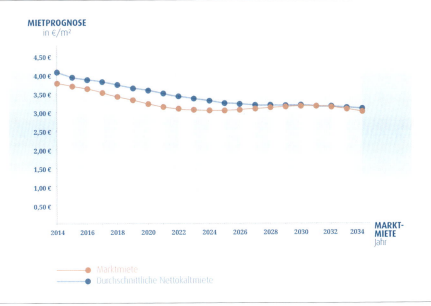

Abb. 45: Negativer Mikrozyklus – Negativer Makrozyklus: Integration

Werte erkennen

Positiver Mikrozyklus — Negativer Makrozyklus

Während die Harmonisierungen von +/+ und –/– Zyklen zu großen Teilen eindeutige Investitionsstrategien vorgeben, sind die +/– und –/+ Szenarien weitaus komplexer. Sie zeichnen sich durch kontrastierende Prognosen aus: Während der eine Zyklus eine positive Investition verspricht, hemmt der andere die Erwartung. Solche Matchingszenarien können keiner simplen Harmonisierung unterzogen werden. Es bedarf einer hohen Sensibilität, um die Gefahren zu erkennen, die Investments mit kontrastierenden Zyklen besitzen. Verdeutlichen wir die Chancen und Risiken eines +/– Matching an einem Beispiel.

MIETSHAUS IN MAGDEBURG	
Mikrozyklus	
Mieterzyklus:	Die Quadratmetermieten der Immobilie befinden sich auf einem konstanten Niveau. Die Mietspanne liegt zwischen 4,80 € und 5,02 € und ist damit äußerst gering, alle Mieten liegen nahe beieinander.
Mietspiegel:	Sämtliche Mieten liegen im unteren Bereich des Mietspiegels, der sich zwischen 4,50 € und 5,50 € bewegt.
Marktmiete:	Die Marktmiete ist mit 5,10 € im mittleren Bereich des Mietspiegels angesetzt. Sämtliche Mieten liegen knapp unterhalb der Marktmiete.
Mieterdynamik:	Es ist zu erwarten, dass eine leicht positive Mieterdynamik einsetzen wird. Die Mieten können graduell an die Marktmiete angepasst werden, da sich sämtliche Wohnungen in einem sehr guten Zustand befinden.
Investmentklasse:	Die Immobilie ist ein prototypischer Vertreter der Core-Klasse. Die Cashflows sind seit geraumer Zeit stabil, es herrscht kein Leerstand und die Bausubstanz ist hervorragend.
Fazit:	Der Mikrozyklus ist leicht positiv. Die leichte Erhöhung resultiert aus den unter Mietniveau liegenden Mieten. Bei langer Haltedauer wird die Immobilie nach der Analyse des Mikrozyklus stabile Cashflows erwirtschaften, die sich in Zukunft leicht erhöhen werden.

1 Werte erkennen mit der Dynamischen Methode

MIETSHAUS IN MAGDEBURG	
Makrozyklus	
Demografie:	Die Bevölkerung Magdeburgs schrumpft seit dem Jahr 1989 stetig. Dieser Trend wird sich nach aktuellen Prognosen fortsetzen, sodass die Einwohnerzahl im Jahr 2025 im Vergleich zu heute noch einmal um 7 % sinken wird. Der Wanderungssaldo, der momentan noch leicht positiv ist, wird nach statistischen Prognosen wieder negativ werden.
Arbeit:	In Magdeburg herrschen hohe Arbeitslosen- und Sozialhilfequoten. Es sind leichte wirtschaftliche Aufschwünge zu erkennen, wie etwa der Aufbau von Produktions-, Logistiknetzen und Dienstleistungsunternehmen aus den Bereichen Consulting und Kommunikation. Darüber hinaus ist die Automotivebranche mit Mahreg Automotive und Daimler Chrysler stark vertreten. Auch die Otto-von-Guericke-Universität schafft positive wirtschaftliche Anreize. Allerdings ist Magdeburg einem hohen Fachkräftemangel ausgesetzt, da ein Großteil der Absolventen die Stadt verlässt.
Fazit:	Ein leichter wirtschaftlicher Aufschwung und eine pessimistische demografische Prognose zeichnen die Situation in Magdeburg. Zwar verlangsamt sich durch kontinuierliche Verbesserungen der Abschwung, es sind jedoch immer noch nicht ausreichende Rahmenbedingungen für eine positive Bewertung des Makrozyklus geschaffen. Lediglich der mittelfristig steigende Zyklus durch die Arbeitssituation kann dazu führen, dass ein Investment, das bei 8 Uhr beginnt und dessen Ausstieg bei 12 Uhr liegt, gelingen kann.

Tab. 16: Positiver Mikrozyklus – Negativer Makrozyklus: Beispiel

Wie sind diese kontrastierenden Entwicklungen zu harmonisieren? Während die Entwicklung im Mikrozyklus eine Investition sinnvoll erscheinen lässt, ist die makrozyklische Prognose pessimistisch. Um den nachhaltigen Investitionswert des Investmentobjekts ermitteln zu können, muss antizipiert werden, wie sich die Immobilie im Rahmen eines Investments entwickelt. Die +/– Konstellation des Beispiels besitzt gemäß Matching durchaus Chancen auf nachhaltige Renditen, da sich die Core-Investition durch ein niedriges Risikoprofil auszeichnet. Die Beispielimmobilie erfüllt damit eine Grundvoraussetzung für die Investmenttätigkeit in kontrahierenden Märkten: In schwachen Makrozyklen sind nachhaltig hohe Mieteinnahmen vor allem in exklusiven Lagen möglich. Auch wenn die Bevölkerungszahl rückgängig ist, wird es mit hoher Wahrscheinlichkeit für Toplagen Abnehmer geben, während mittlere oder einfache Lagen von Leerstand bedroht sind.

In Immobilienzyklen, die sich im Abschwung befinden, muss daher gelten: Je schlechter der Makrozyklus, desto mehr Fokus sollte auf sichere Investmentklassen gelegt werden. Wenn sich alle Investoren an diese grobe Faustregel halten, könnte ein hohes Maß an Fehlinvestitionen vermieden werden. Gerade Investments, die durch bauliche Maßnahmen ein hohes Maß an Wertsteigerung erwarten — und für ihre Rendite auch benötigen —, laufen in Abschwungphasen der Immobilienzyklen

Werte erkennen

Gefahr zu scheitern und Kapital zu vernichten. Entweder wird für diese Immobilien nach Abschluss des Werthebungsprozesses kein Käufer gefunden oder die Wohneinheiten finden keine Mieter, da die Nachfrage nach Wohnraum in einem negativen Makromarkt stark sinkt. Große Werthebungsprozesse können daher nicht durchgeführt werden.

Unser Beispiel ist als Core-Investition mit einem positiven Mikrozyklus auch bei einem negativen Makrozyklus als Investitionsobjekt geeignet, da es durch eine Toplage sowie durch eine gute Bausubstanz überzeugt.

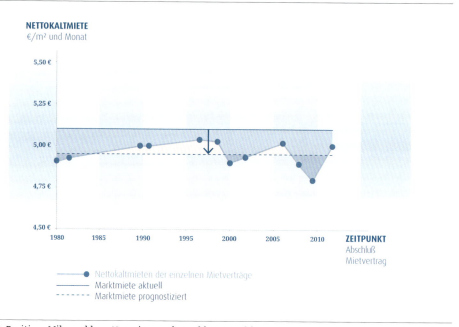

Abb. 46: Positiver Mikrozyklus – Negativer Makrozyklus: Matchingszenario

Die Abbildung zeigt den Worst Case der Harmonisierungsprozesse. Der negative Makrozyklus könnte durch eine Verschiebung der Marktmiete nach unten die Mieten oberhalb der Marktmiete platzieren und so eine negative Dynamik entstehen lassen. Nun können die Mieten nicht mehr angehoben werden, sondern müssen zum Teil sogar nach unten angepasst werden, solange es auch weiterhin Mieterhöhungschancen in anderen Teilbereichen gibt. Dies ist für Core-Investments nicht so folgenschwer wie für Investitionen, die stark auf Werthebung ausgelegt sind. Allerdings sollte die Möglichkeit, dass in Zukunft Teile der Mieteinnahmen sinken könnten, im Businessplan berücksichtigt werden. Businessplan-Modulationen, bei denen mittlere und hohe Risikoszenarien gerechnet werden, gehen davon aus, dass in Bestlagen der negative Makrozyklus nur in gedämpfter Form die Mieten nach unten beeinflussen wird bzw. in gedämpfter Form Mieten nur moderat angehoben werden können. Den Makrozyklus des Investments zeigt die folgende Abbildung.

Abb. 47: Positiver Mikrozyklus – Negativer Makrozyklus: Makrozyklus

Die Mieten werden an den nachgefragten Standorten langsamer sinken oder gar stagnieren, im Gegensatz zu den Mieten in einfachen oder mittleren Lagen. Auch die Immobilienspirale verdeutlicht die Strategie des Investments.

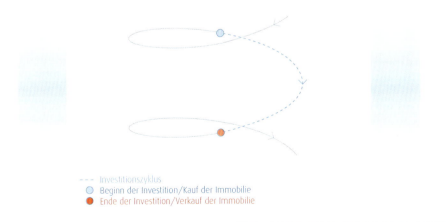

Abb. 48: Positiver Mikrozyklus – Negativer Makrozyklus: Immobilienspirale

Werte erkennen

In einem negativen Makrozyklus sollten also nur Topimmobilien erworben werden, die sich neben einem positiven Mikrozyklus zusätzlich durch eine gute Bausubstanz sowie exzellente Standorte auszeichnen. Hohe Investitionen in Bautätigkeiten sollten dagegen vermieden werden. Daher müssen präferiert Immobilien erworben werden, die in ihrem Lebenszyklus am Beginn einer Nutzungsphase stehen.

Die Integration der Zyklen bei einem –/+ Matching illustriert die folgende Abbildung.

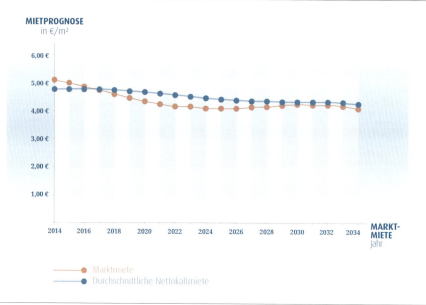

Abb. 49: Positiver Mikrozyklus – Negativer Makrozyklus: Integration

Negativer Mikrozyklus — Positiver Makrozyklus

Entscheidend für die Ermittlung des nachhaltigen Investitionswerts in einem +/– Matching sind vor allem die Investitionsstrategie und die Wahl der Investmentklasse. Bei der Harmonisierung eines negativen Mikrozyklus und eines positiven Makrozyklus muss auf andere Merkmale geachtet werden. Die entscheidende Frage an dieser Stelle ist, inwieweit der Makrozyklus die negative Investitionsprognose der Mieterdynamik kompensieren kann.

Werte erkennen mit der Dynamischen Methode

MIETSHAUS IN WIESBADEN	
Mikrozyklus	
Mieterzyklus:	Die Mieten im Gebäude liegen auf hohem Niveau, nehmen aber seit kurzer Zeit ab. Bei Neuvermietungen wird auf diese Weise stets eine geringere Quadratmetermiete erzielt als bei der vorigen Bestandsmiete. Die Mietspanne beträgt knapp 1,60 €.
Mietspiegel:	Der Mietspiegel bewegt sich im Bereich von 9,50 €. Vor allem die Mieten, die in den Jahren bis 1995 festgelegt wurden, liegen deutlich oberhalb des Mietspiegels.
Vergleichsmiete:	Die dynamische Vergleichsmiete ist bei 10,70 € verortet. Damit liegt ca. die Hälfte der Bestandsmieten im Bereich der Vergleichsmiete oder nur knapp darüber. Die restlichen Mieten bewegen sich allerdings deutlich über dem ortsüblichen Mietniveau.
Mieterdynamik:	Es ist zu erwarten, dass sich auch die Mieten, die jetzt noch oberhalb der Marktmiete bewegen, durch Neuvermietungen auf die Höhe der Marktmiete anpassen. Lediglich bei den beiden zuletzt vermieteten Wohnungen liegt ein minimales Potenzial zur Mieterhöhung vor. Ob dies aufgrund der nicht mehr neuen Bausubstanz genutzt werden kann, ist allerdings fraglich.
Investmentklasse:	Das Objekt profitiert vor allem von seiner guten Lage. Die Bausubstanz ist auf gutem Niveau, ein Teil der Wohnungen muss allerdings saniert werden. Der erforderliche Aufwand an baulichen Leistungen ist dafür verantwortlich, dass die Immobilie als ein Overrented-Value-Added-Investment klassifiziert wird.
Fazit:	Die Kosten, die das Investment durch Sanierungsarbeiten verursacht, sind im Mikrozyklus nicht durch ein Wertsteigerungspotenzial abgedeckt. Daher verspricht die Analyse des Mikrozyklus eine nur äußerst geringe Mietsteigerung.

Werte erkennen

MIETSHAUS IN WIESBADEN	
Makrozyklus	
Demografie:	Durch die Attraktivität der Stadt wird Wiesbaden bis 2030 wachsen und selbst im Jahr 2050 wird Wiesbaden mehr Einwohner haben als heute. „Wiesbaden kann im Unterschied zur Bundes- und Landesentwicklung einen positiveren Verlauf der demografischen Entwicklung für sich verbuchen."*
Arbeit:	Die wirtschaftliche Lage in Wiesbaden ist äußerst positiv. Durch die Nähe zu Frankfurt haben sich verschiedene Unternehmen des Dienstleistungssektors in Wiesbaden niedergelassen. Auch die Einrichtungen des Landtags, des US-Militärs und der Landwirtschaft sorgen für ein erfolgreiches wirtschaftliches Klima.
Fazit:	Für den Makrozyklus in Wiesbaden Mitte gelten trotz seines schon lange andauernden Anstiegs, immer noch hervorragenden Prognosen. Die Mietentwicklung wird sich aufgrund der exzellenten Lage nicht verlangsamen.
	* Landeshauptstadt Wiesbaden, Personal und Organisationsamt: Demographischer Wandel. Einflüsse und Chancen für die Personalarbeit.

Tab. 17: Negativer Mikrozyklus – Positiver Makrozyklus: Beispiel

Grundsätzlich ist in einem –/+ Szenario immer davon auszugehen, dass der Makrozyklus die negative Prognose der Mieterdynamik kompensiert. Die entscheidende Frage, die sich in einem solchen Matching stellt, ist allerdings, wie weit die Kompensation reicht. Für das oben gewählte Beispiel ergibt das Matching eine nahezu vollständige Kompensation des negativen Mikrozyklus. Wenn im Laufe des Investments die Marktmiete steigt, können nahezu alle Mieten gehoben statt gesenkt werden. Lediglich die Mieten der zwei zuletzt vermieteten Wohnungen könnten in diesem Szenario nicht mehr gesteigert werden. Es ist jedoch unwahrscheinlich, dass diese Mieten sinken, da sie sich nur knapp oberhalb der prognostizierten Marktmiete bewegen.

Werte erkennen mit der Dynamischen Methode

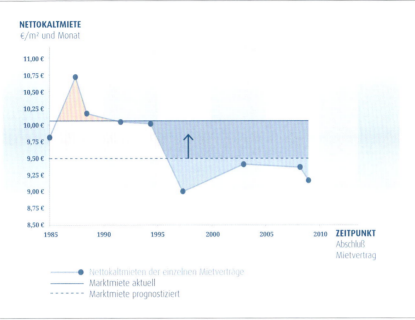

Abb. 50: Negativer Mikrozyklus – Positiver Makrozyklus: Matchingszenario

Allerdings ist beim Businessplan zu beachten, dass die Kosten zur Werthebung sowie möglicherweise kurzfristig sinkende Mietennahmen die Rendite eines klassischen Value-Added-Investments verhindern. Die Werthebung wird dennoch der entscheidende Faktor der Investition sein, den der starke Makrozyklus ermöglicht. Das Risiko eines solchen Investments besteht darin, dass die makrozyklische Prognose im Zeitraum der Investition eintreten muss. Ist dies nicht der Fall, kann der negative Mikrozyklus im Worst Case nicht ausgeglichen werden und führt zu einer Wertminderung des Objekts.

Tritt jedoch die erwartete Steigerung der Mieten ein, so kann das Objekt nach der Sanierung als Core-Immobilie im Markt platziert werden und besitzt folgende Investitionsstrategie.

Werte erkennen

Abb. 51: Negativer Mikrozyklus – Positiver Makrozyklus: Makrozyklus

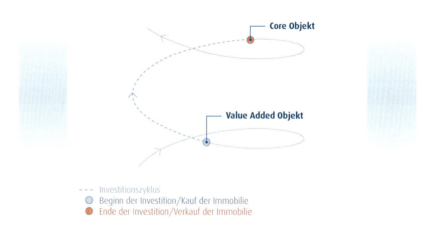

Abb. 52: Negativer Mikrozyklus – Positiver Makrozyklus: Immobilienspirale

Bei diesem Objekt liegt zum Zeitpunkt des Erwerbs ein Sanierungsstau vor, weshalb die Renditeprognose gering ist. Es soll in ein Core-Investment gewandelt werden. Der Makrozyklus sollte im Rahmen eines –/+ Matchings möglichst vollständig mitgegangen werden, da auf diese Weise die größte Kompensation geboten wird. Bei einem –/+ Matching muss also immer darauf geachtet werden, ob es während des Investitionszyklus gelingt, die geringe Anfangsrendite durch ein starkes Wachstum zu vergrößern. Dabei gilt, je stärker und je länger die Aufschwungsphase andauert, umso eher ist ein Turnaround möglich. Bei kurzen oder schwachen Aufschwungsphasen sollten die Investitionen lediglich in Core-Objekte erfolgen.

Die Integration der Zyklen bei einem +/– Matching illustriert die folgende Abbildung.

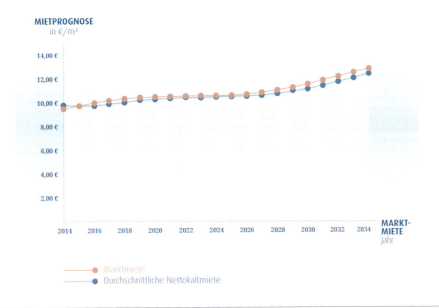

Abb. 53: Negativer Mikrozyklus – Positiver Makrozyklus: Integration

1.3.4 Verwerfer

Nachdem nun klar ist, wie der Mikro- und Makrozyklus analysiert und miteinander harmonisiert werden, sind die Grundlagen für eine erste Bewertung der Investition geschaffen. An diesem Punkt, so könnte man meinen, ist die Investition nachhaltig bewertet und alle Risiken sind erfasst. Auch ich habe so gedacht und Investitionen getätigt, die im Matching hervorragende Scores erzielt haben. Ich war mir sicher, alle Gefährdungspotenziale ausgeschlossen und die Investition wirklich nachhaltig und ganzheitlich kalkuliert zu haben. Für einen Großteil der Investitionen traf dies auch zu und ich erzielte die gewünschten Renditen.

Werte erkennen

geschränkt. Ein Entgegenkommen der Politik zeigt sich darin, dass die Mietpreisbremse im Rahmen von Erst- und Neuvermietungen nach Modernisierungen und Sanierungen nicht in Kraft tritt. Somit können umfassende Sanierungen durchgeführt werden, ohne dass die Rendite einer Investition in Gefahr gerät.

Doch auch der Begriff „Sanierung" ist noch nicht juristisch festgelegt. In welchem Umfang Arbeiten in der Mietwohnung durchgeführt werden müssen, um eine Mieterhöhung zu realisieren, ist daher nicht abzusehen. Sollte dies vom Gesetzgeber festgelegt werden, so stellt sich die Politik mit dieser Regelung der wirtschaftlichen Realität: Modernisierungen und Sanierungen können eben nur dann durchgeführt werden, wenn sie den Wert einer Immobilie heben und durch Mietsteigerung entsprechende Renditen erwirtschaften (mehr zu den Bedingungen erfolgreicher Werthebung siehe Kapitel 2 „Werte heben"). Dies legt der Koalitionsvertrag explizit fest:

> *„Erstvermietungen in Neubauten sowie Anschlussvermietungen nach umfassenden Modernisierungen sind davon [Mietpreisbremse] ausgeschlossen. Die mögliche Wiedervermietungsmiete muss mindestens der bisherige Miethöhe entsprechen können."*

Damit bleibt der Wohnwirtschaft die Möglichkeit erhalten, durch das gezielte und strategische Heben von Werten Renditen zu erwirtschaften.

Die Prämissen einer Investitionsstrategie ändern sich mit dieser politischen Entscheidung allerdings grundlegend. Denn Mieterhöhungen im Rahmen von Mieterfluktuation ist nun nicht mehr im ursprünglichen Maße möglich. Die Fluktuation ist eine der schnellsten und einfachsten Methoden, um die Miete einer Immobilie an die Marktmiete anzupassen und das Potenzial einer Immobilie vollkommen auszuschöpfen. Diese Möglichkeit ist durch die politische Veränderung stark eingeschränkt. Welche Möglichkeiten es zum Heben von Werten gibt, wird nun im folgenden Kapitel aufgezeigt.

2 Werte heben

Der Wert der Immobilie ist inzwischen erkannt. Mithilfe der Dynamischen Methode ist es gelungen, durch das Verschränken zweier Zyklen den nachhaltigen Investitionswert zu ermitteln: Wir wissen, welches Potenzial die Immobilie in ihrem Mikrozyklus besitzt und welchen Einfluss der Makrozyklus auf dieses Investitionspotenzial ausübt, ob er es intensiviert oder hemmt.

Den Wert einer Immobilie zu erkennen reicht jedoch nicht aus, um eine gelingende Investition zu tätigen. Nur wenn sich der Wert während des Investitionszyklus heben und realisieren lässt, kann eine Immobilie die gewünschte Rendite erwirtschaften. Daher widmen wir uns an dieser Stelle dem zweiten Schritt der Dynamischen Methode: Dem Heben von Werten.

Auch bei diesem Schritt verfolgt die Dynamische Methode ihren eingangs beschriebenen Paradigmenwechsel: Die Prozesse der Werthebung orientieren sich am Mieter. Nur wenn die Immobilien seinen Bedürfnissen entsprechen, wird er Wohnungen mieten und Cashflows generieren. Die Ergebnisse der Analyse des Mikro- und des Makrozyklus sind die Basis für eine optimale, nachhaltige und wirtschaftliche Wertentwicklung der Immobilie. Das Werthebungspotenzial einer Immobilie kann aus diesem Grund nur an den Zyklen abgelesen werden. Sie bestimmen die Wertschöpfungstiefe und die Entwicklung der Investition.

Eine statische, vom Investitionszyklus losgelöste Werthebung birgt Risiken. Als Teilbereich des Investitionszyklus darf die Werthebung nicht als abgetrennter Bereich verstanden werden. Die Analysen, die Sie in den vorherigen Kapiteln kennengelernt haben, fließen direkt in die Werthebung ein. Jeder einzelne Vorgang muss im Investitionszyklus gleich einem Zahnrad in die vor- und nachgelagerten Prozesse greifen, damit eine nachhaltige Wertschöpfungskette entsteht und eine optimale Investitionsrendite möglich wird.

Die Werthebung spielt im Investitionszyklus jedoch eine exponierte Rolle, da im Rahmen dieser Prozesse die eigentlichen Renditen entstehen. Neben der Steigerung des Werts durch Aufschwünge im Makrozyklus ist das aktive Heben von Werten die einzige Möglichkeit, eine positive Wertentwicklung der Immobilie zu erreichen.

Dabei vollzieht sich die aktive Werthebung auf zwei Ebenen: Zum einen wird der Wert der Immobilie durch bauliche Maßnahmen gesteigert, zum anderen wird der

Werte heben

Ertrag der Immobilie durch die Erhöhung von Mieten und die Beseitigung von Leerstand gehoben. Beide Maßnahmen wirken sich nicht nur direkt auf den Wert der Immobilie aus, sondern bedingen sich zudem auch gegenseitig. Denn nur, wenn das Potenzial einer Mieterhöhung besteht, sollten bauliche Maßnahmen realisiert werden und nur wenn die baulichen Maßnahmen die Wohnung auf ein entsprechendes Ausstattungsniveau heben, kann die Miete erhöht werden.

Die aktive Werthebung wird daher in der Fachwelt nicht umsonst als „Königsdisziplin"[1] der Immobilienökonomie bezeichnet. Sie besitzt einen hohen Komplexitätsgrad und ist für die Investitionsrendite von entscheidender Bedeutung. Daher muss beim Projekt Werthebung äußerst strategisch und koordiniert vorgegangen werden, weil eine Vielzahl von Interessen gewahrt werden müssen: So müssen die Bedürfnisse von Mieter und Eigentümer, Architekten, Bauingenieuren, Handwerkern und der öffentlichen Hand berücksichtigt und aufeinander abgestimmt werden. Darüber hinaus ist zusätzlich zu den eigentlichen Bau- und Sanierungsarbeiten auch eine vorgelagerte Planungsphase sowie eine anschließende Verwertungsphase zu berücksichtigen.

Insbesondere die Planungs- und Konzeptionsphase ist für den späteren Erfolg der Investition von entscheidender Bedeutung, da Fehler, die hier entstehen, nur unter hohem finanziellem Aufwand korrigiert werden können.

Um solche Fehler zu vermeiden, ist es umso wichtiger, im Rahmen der Kalkulation alle Werthebungsmaßnahmen auf den Makro- und den Mikrozyklus abzustimmen. Denn nur, wenn die baulichen Maßnahmen und Mieterhöhungen in Einklang mit dem Zyklus erfolgen, kann der Wert der Immobilie gehoben und eine optimale Rendite erwirtschaftet werden. Dabei muss allerdings nicht nur die gesamte Immobilie am Zyklus gemessen werden, sondern es muss für jeder einzelne Wohneinheit eine individuell auf die zyklischen Gegebenheiten ausgerichtete Strategie entworfen werden.

Eine statische „One-Size-fits-all-Werthebung" ist an dieser Stelle nicht nur unangebracht, sondern für den Investitionsertrag geradewegs gefährlich. Jede Wohnung besitzt ein spezifisches Profil, das sich aus den Mieteinnahmen, der Ausstattung und dem Steigerungspotenzial zusammensetzt. Jedes Projekt, das das Ziel verfolgt, Werte zu heben, muss daher individuell auf die einzelne Immobilie und die einzelne Wohneinheit zugeschnitten werden.[2]

---

[1] Thomas Kinateder: Projektentwicklung. In: Nico B. Rottke und Matthias Thomas (Hg.): Immobilienwirtschaftslehre. Band I: Management. Köln 2011, S. 503–532.

[2] Vgl. ebd., S. 506.

In der Praxis ist diese Erkenntnis aber noch nicht vollends angelangt. In Businessplänen sind immer wieder Renovierungskosten aufgeführt, die sich lediglich nach der Fläche der Wohnung richten, zum Teil werden sogar Pauschalbeiträge pro Wohneinheit veranschlagt. Solche statischen Methoden bergen allerdings immense Risiken für die erfolgreiche Investition, da sich Sanierungen nicht in jeder Wohnung gleichermaßen rentieren. Alle Reparatur- und Instandhaltungsarbeiten müssen daher an der dynamischen Realität des Markts gemessen werden. Der Markt muss die Investitionskosten vorgeben, die im Rahmen von Sanierungsarbeiten aufgewendet werden können. Nur so kann der Kosteneinsatz auf die zusätzlich zu erzielenden Mieteinnahmen abgestimmt und eine nachhaltige Wertsteigerung erreicht werden.

Ein falsch ermittelter Kosteneinsatz führt in jedem Fall zu einer geringeren Rendite: Entweder, weil das Steigerungspotenzial durch einen zu geringen Investitionseinsatz nicht voll ausgeschöpft wird oder weil die Aufwendungen über das Potenzial, das in der Immobilie steckt, hinausreichen und damit die Rendite aufzehren. Nur wenn die Kosten exakt dem Steigerungspotenzial entsprechen, kann die optimale Rendite erwirtschaftet werden.

Die Investitionskosten, die für die Werthebung aufgebracht werden, müssen also auf das Steigerungspotenzial der Immobilie abgestimmt sein. In der nächsten Abbildung zeigt der Schnittpunkt aus Plankosten der Investition und der Kapitalverzinsungsgerade die optimale Verteilung der Investitionskosten. Der Abbildung liegt das folgende Beispiel zugrunde: Ein Mieter zahlt eine aktuellen Miete von fünf Euro pro Quadratmeter und Monat, die Marktmiete liegt dagegen bei acht Euro pro Quadratmeter und Monat. Die Wohnfläche beträgt 83,33 Quadratmeter. Damit zahlt der Mieter eine jährliche Miete von 5.000 Euro (12 Monate x 83,33 Quadratmeter x 5 Euro/Quadratmeter und Monat). Das Objekt wurde mit dem Vervielfältiger 20 erworben.

Werte heben

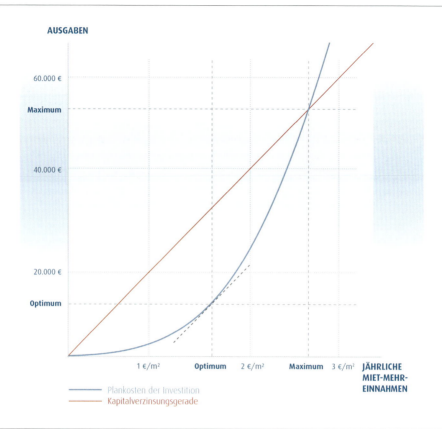

Abb. 55: Investitionskosten und Steigerungspotenzial

Um das Potenzial dieses Beispiels zu realisieren und die Miete auf die Marktmiete anzupassen, müssen Investitionen getätigt werden. Die blaue Kurve in unserem Beispiel beschreibt die Plankosten der Investition, während die rote Gerade die Kapitalverzinsung abbildet: Alle Investitionen, die sich im Bereich unterhalb der Kapitalverzinsungsgeraden bewegen, sind effizient, d. h., solche Investitionen führen zu Mietmehreinnahmen, die eine höhere Rendite erwirtschaften als die Initialrendite. Dagegen sind alle Punkte oberhalb der Kapitalverzinsungsgeraden ineffizient; d. h. Investitionen führen zwar zu Mietmehreinnahmen, sie erwirtschaften aber eine niedrigere Rendite als die Initialrendite. Der langsam ansteigende Verlauf der Plankosten begründet sich damit, dass die ersten Mietmehreinnahmen durch geringe Investitionen erzielt werden können (etwa das Streichen einer Wohnung).

Je stärker die Mietmehreinnahmen gehoben werden sollen, desto mehr zusätzliche Investitionen sind nötig. Der Schnittpunkt aus Plankosten der Investition und der Kapitalverzinsungsgerade zeigt das Maximum der Investitionskosten an: An diesem

Punkt steigen die Plankosten über die Kapitalverzinsungsgerade, womit sich die gesamte Investition in einem ineffizienten Bereich bewegt: Werden Investitionen in dieser Höhe durchgeführt, werden zwar höhere Mietmehreinnahmen realisiert. Die Rendite sinkt allerdings und ist ab diesem Punkt unterhalb der Initialrendite. Die höhere Rendite, die man mit den ersten einfachen Maßnahmen wie das Streichen der Wohnung „gewonnen" hat, „verliert" man wieder, wenn man zusätzliche Maßnahmen vornimmt, die in einem schlechteren Kosten-Nutzen-Verhältnis stehen (z. B. Badsanierung). Das Optimum der Investitionskosten zeigt derjenige Punkt, der am weitesten von der Kapitalisierungszinsgeraden entfernt ist. Er ist in der Grafik durch die schräge gestrichelte Linie gekennzeichnet. Am Optimum arbeitet das eingesetzte Kapital für die Investition am effizientesten.

Nur wenn die zusätzlichen Mietmehreinnahmen durch Investitionskosten entstanden sind, die unterhalb der Kapitalverzinsungsgeraden liegen, lohnen sich entsprechende Ausgaben. Daher müssen die Investitionskosten detailliert unter Berücksichtigung des Mikrozyklus kalkuliert und auf den Makrozyklus abgestimmt werden.

Aus der Sichtweise der Dynamischen Methode müssen bei Werthebungsprojekten folgende Fragen gestellt werden:

- Welche Maßnahmen stehen zur Werthebung zur Verfügung?
- Welche Wertschöpfungstiefen sind für die Sanierungsarbeiten vorhanden?

2.1 Möglichkeiten der Werthebung

Es ist bei der Durchführung werthebender Maßnahmen immer zu beachten, dass grundsätzlich fünf Möglichkeiten zur Verfügung stehen, um den Wert der Immobilie zu erhöhen:

1. Beseitigen von Leerstand
2. Mieterhöhung bei Fluktuation
3. Mieterhöhung von Bestandsmieten
4. Kleinere bauliche Eingriffe (Value-Added-Maßnahmen)
5. Größere bauliche Eingriffe (Verdichtungsmaßnahmen)

Bei den ersten beiden Punkten ist die am Mietspiegel orientierte Miete eine Roadmap für das, was zu tun ist. Der Makrozyklus wird, um in dieser Metaphorik zu bleiben, zum Kompass, welcher der Orientierung dient. Wie aber ist die optimale Vorgehensweise bei Werthebungsprojekten?

Werte heben

Die schnellste und wirksamste Lösung zur Erhöhung der Jahresnettomiete ist die Beseitigung von Leerstand. Für den Investor ist Leerstand ein schwerwiegendes Problem, da er Kapital vernichtet. Es fallen für leere Wohnungen Neben-, Betriebs- und Bewirtschaftungskosten an, während die Einheiten selbst keine Einnahmen generieren. Dies kann im Extremfall die gesamte Investition bedrohen: Vergrößert sich der Leerstand, so können die anfallenden Nebenkosten die Mieteinnahmen der verbleibenden vermieteten Wohnungen übersteigen und den gesamten Ertrag der Immobilie ins Negative verschieben. Im Worst Case steht die Immobilie komplett leer und der Investor muss für die gesamten Nebenkosten aufkommen, ohne irgendwelche Erträge zu generieren. Eine solche Investition ist unter allen Umständen zu vermeiden, verstößt sie doch gegen die goldene Regel des Hebens von Immobilienwerten:

Cash on Cash

Ein Cash-on-Cash-Management arbeitet so, dass alle laufenden Ausgaben aus den laufenden Einnahmen gedeckt werden können. Ausfallquoten sollten daher bei Immobilienportfolios auf einem niedrigen Niveau von ein bis zwei Prozent liegen. Für das Gelingen eines Cash-on-Cash-Managements liegt die wichtigste Aufgabe eines Property- und Asset-Managers zunächst darin, den Wert der Immobilie zu halten und zu stabilisieren und nicht durch Ausgaben, die der Makrozyklus nicht rechtfertigt, zu mindern.

Ist der Leerstand der Immobilie beseitigt, kann als zweiter Schritt der Werthebung eine Mieterhöhung im Falle von Mieterwechsel durchgeführt werden.[3] Hier ist wichtig zu wissen, in welchem Rahmen die Mieten angehoben werden können. Die Details dazu kennen Sie bereits aus dem vorherigen Kapitel. Wir haben die gesetzlichen Rahmenbedingungen beleuchtet und die Vergleichspunkte im direkten Umfeld ermittelt. Die Erhöhung der Bestandsmieten erweist sich als ein durch Gesetze klar bestimmter Prozess, da der Investor hier an rechtliche Rahmenbedingungen gebunden ist, die das Bürgerliche Gesetzbuch in den §§ 557 bis 561 regelt. So ist eine Steigerung der Bestandsmieten auf das Niveau des ortsüblichen Mietspiegels innerhalb von drei Jahren lediglich um 20 Prozent möglich. In einer Gesetzesänderung zum 01.03.2013 ist festgelegt worden, dass Gemeinden diese Kappungsgrenze sogar auf 15 Prozent heruntersetzen können, um einem zu großen Mietwachstum entgegenzuwirken. Berlin hat dies bereits beschlossen. Auch sind solche Mieterhöhungen, die sich an der ortsüblichen Marktmiete orientieren, nur zulässig, wenn keine Index- oder Staffelmiete vorliegt.

---

[3] Dabei laufen die einzelnen Schritte nicht zwingend nacheinander ab, sondern überschneiden sich zeitlich meist.

2 Möglichkeiten der Werthebung

Im Rahmen der Investition sollten daher die Mietverträge auf ebensolche Klauseln geprüft werden. Anschließend kann die „neue Miethöhe" bei Neuvermietungen festgelegt werden. Sowohl bei diesem Schritt der Werthebung als auch beim Heben von Bestandsmieten kann es nötig sein, schon einige bauliche Maßnahmen zu treffen. Es ist durchaus möglich, dass der Zustand der Wohnung, die ein Mieter verlassen hat, eine Sanierung erforderlich macht. Nur wenn eine entsprechende Ausstattung vorhanden ist, wird die Wohnung nachgefragt und es können hohe Einnahmen generiert werden. Daher werden in dieser Phase schon oft kleine werthebende Maßnahmen wie Grundrissoptimierungen und das Auflösen von Durchgangszimmern oder Fluren durchgeführt. Dabei zielen diese kleinen Arbeiten vor allem auf eine Optimierung der Nutzungsstruktur der Immobilie. Je besser die Wohnung auf die Bedürfnisse des Mieters abgestimmt ist, umso geringer ist die Wahrscheinlichkeit eines Auszugs und damit eines Mietausfalls.

Auch das Generieren zusätzlicher Flächen fällt unter diese Maßnahmen. So ist beispielsweise der Anbau von Balkonen eine Möglichkeit, zusätzlichen Wert zu schaffen. Ein Balkon mit den Maßen 2 Meter x 5 Meter kostet pro Stockwerk ca. 4.000 Euro bis 6.000 Euro. Nach der DIN 277, welche die Bemessung von Wohnflächen regelt, können Balkonflächen, die ein Dach haben oder zumindest mit einer Markise ausgestattet sind, mit bis zu 50 Prozent der Wohnfläche angerechnet werden. Bei einem Balkon mit zehn Quadratmetern könnten damit im besten Fall fünf Quadratmeter zur Wohnfläche addiert werden.

Bei einer Zielmiete von 8,10 Euro, die für unser Beispielobjekt in Berlin-Adlershof möglich ist, würden bei Baukosten von 12.000 Euro im Jahr 486 Euro an zusätzlichen Mieteinnahmen generiert werden, was aber dazu führen würde, dass die angestrebte Rendite von sechs Prozent der Investitionskosten unterschritten werden würde. Eine Investition von 6.000 Euro würde sich dagegen knapp lohnen. Solche klassischen Value-Added-Maßnahmen können den Wert der Immobilie heben und können darüber hinaus das Fluktuationsrisiko verringern. Eine zusätzliche Modernisierung der Fassade oder eine Verdichtung der Bausubstanz könnten zu zusätzlichen Wertsteigerungen führen. Nachverdichtungen, wie der Ausbau von Dächern, sind allerdings komplexe und aufwendige Arbeiten, die sich nicht in jedem Fall rentieren. Sie belaufen sich auf 1.800 Euro bis 2.200 Euro pro Quadratmeter und bringen daher nur in wirklichen Toplagen mit hohen Mieten und einem hohen Steigerungspotenzial Gewinn.

Aber wann sind welche Maßnahmen anzuwenden und wer setzt die jeweiligen Schritte um? Diese beiden Fragen sollen im Folgenden beantwortet werden.

2.2 Eine erste Annäherung: Die Investmentklasse

Um den Wert einer Immobilie optimal zu heben, muss noch einmal ein Blick zurück in das vorangegangene Kapitel geworfen werden. Die Analysen des Mikro- und Makromarkts stellen die Rahmenbedingungen für die Berechnung von Wertschöpfungstiefen: Die Klassifizierung der Immobilie in Investments stellt den Ausgangspunkt dar, um die Wertschöpfungstiefe der Sanierungsarbeiten zu ermitteln. Aus dem Mikrozyklus lassen sich die Investitionskosten bestimmen, die einen entscheidenden Indikator für die Bestimmung der Investmentklassen darstellen und darüber hinaus der Immobilie ein bestimmtes Chance-Risiko-Profil zuschreiben. Um die Chancen aber auch tatsächlich zu realisieren, muss der Wert der Immobilie entsprechend seinem Potenzial gehoben werden. Das Steigern des Immobilienwerts ist oft mit einem hohen Kostenaufwand verbunden. Es ist daher umso wichtiger, die Höhe der Ausgaben ins richtige Verhältnis zum Entwicklungspotenzial der Immobilie und der gewünschten Zielrendite zu setzen.

Da sowohl das Potenzial der Immobilie als auch die Zielrendite vom Makrozyklus bestimmt werden, wird auch im Zusammenhang mit einer Werthebung der Zyklus eine besondere Rolle einnehmen: Er gibt vor, welche Renovierungsarbeiten einen Effekt auf den Wert der Immobilie ausüben und bei welchen Objekten keine positive Wirkung erzielt werden kann. Eine nicht renovierte Wohnung aus den 1970ern mit einem alten Fliesenspiegel und Teppichboden in den Zimmern, so werden viele Investoren denken, muss in jedem Fall renoviert werden — unabhängig von der Stärke des Makrozyklus.

Liegen die Mieten in dieser Wohnung allerdings schon auf dem Niveau der Marktmiete, da durch eine exklusive Lage eine hohe Nachfrage herrscht, ist kein Steigerungspotenzial vorhanden. Die Miete kann nicht mehr erhöht werden — womit sollen die Ausgaben für die Sanierung also kompensiert werden? Von den Renditen. Eine Ausgabe ohne einen wertsteigernden Effekt wird vom Gewinn des Investors gezahlt und schmälert somit die Rendite. Dagegen wäre es durchaus sinnvoll, dieselbe Wohnung komplett zu renovieren, wenn ihre Mietkosten aufgrund der schlechten Ausstattung weit unter der ortsüblichen Marktmiete liegen. Die Steigerung der Miete wird die Sanierungskosten rechtfertigen. Die Wertsteigerungsmaßnahmen müssen also stets so getätigt werden, dass sie hinsichtlich des Potenzials der Immobilie (Mikrozyklus) und der Prognose der zukünftigen Marktmieten (Makrozyklus) sinnvoll sind.

Bevor die Werthebung der Immobilie aber in Gang gesetzt werden kann, muss sich der Investor den Investitionszyklus verdeutlichen. An welcher Stelle des Investitionszyklus befindet sich die Immobilie am Beginn des Werthebungsprozesses und

2 Eine erste Annäherung: Die Investmentklasse

wo soll sie am Ende stehen? Diese Frage wurde im ersten Kapitel beim Thema Investmentklassifikation in Ansätzen bereits beantwortet. Es ist ermittelt worden, welcher Kategorie eine Immobilie am Beginn der Investition zugeordnet werden kann und in welche Investmentklasse sie gehoben werden soll.

Dabei wird davon ausgegangen, dass eine Immobilie in ihrem Lebenszyklus die einzelnen Investmentklassen durchläuft. Jede Immobilie startet nach ihrer Fertigstellung oder einer Kernsanierung als ein Super-Core-, Core- oder Core-Plus-Objekt, je nachdem, in welcher Lage sich das Objekt befindet. Als Super Core werden nur die Objekte in wirklichen herausragenden Lagen in außerordentlich starken Makrozyklen klassifiziert. Auch um als Core-Objekt eingeordnet zu werden, ist eine gute Lage nötig. Objekte, die in mittleren oder einfachen Lagen errichtet werden, beginnen ihren Lebenszyklus lediglich in der Core-Plus-Klasse.

Von dieser initialen Investmentklasse ausgehend, durchläuft die Immobilie in einem prototypischen Marktzyklus die Value-Added, Opportunistic- und Development-Klasse: Eine sich zunehmend verschlechternde Bausubstanz, Wohnungen mit erheblichem Reparaturstau und makrozyklische Verwerfungen sind die Hauptgründe einer steten Herabstufung des Objekts. Die Prozesse, die im Rahmen einer Werthebung durchgeführt werden, entwickeln die Immobilie nun in entgegengesetzter Richtung. Die Beseitigung des Reparaturstaus durch Sanierungen sowie ein aktives Mietermanagement heben die Immobilie in der Investmentklassifizierung empor.

Wie weit die Immobilie dabei in ihrem Wert gehoben wird und welche Investmentklasse sie am Ende des Investitionszyklus erreicht, hängt stark von der Investitionsstrategie ab, die wiederum vom Zyklus bestimmt wird. Dabei ist grundsätzlich davon auszugehen, dass ein langer Weg der Werthebung durch die Investmentklassen eine große Wertschöpfungstiefe bedeutet. Um eine Development-Immobilie in ein Super-Core-Objekt zu wandeln, sind wesentlich größere Ausgaben in die Sanierung nötig als bei einer Werthebung von einem Value-Added- in ein Core-Plus-Objekt.

Allerdings erfüllt auch die Bruttorendite eine wichtige Funktion im Rahmen des Investitionszyklus: Sie gibt Auskunft über die für Wertsteigerungsmaßnahmen verfügbare Wertschöpfungstiefe. Die Bruttorendite gibt das Verhältnis an, in dem die Sanierungskosten zur Wertsteigerung stehen dürfen. Bei einer Bruttorendite von zehn Prozent darf eine nachhaltige Erhöhung der Mieteinnahmen pro Jahr um 1.000 Euro daher nicht mehr als 10.000 Euro kosten.

Werte heben

2.3 Wertschöpfungstiefen

Die Gelder, die für eine Sanierung der Wohnung zur Verfügung stehen, werden immer direkt am Markt ermittelt, indem das Wertsteigerungspotenzial der einzelnen Wohneinheiten betrachtet wird. Ausgangspunkt dieser Betrachtung ist die Differenz zwischen der aktuellen Ist-Miete und der in Kapitel I ermittelten Zielmiete. Diese Differenz wird schließlich auf das Jahr hochgerechnet, um den Effekt einer Mietsteigerung auf den Jahresreinertrag zu ermitteln. Die Erhöhung des Jahresreinertrags bildet den Return on Investment (RoI), den die Wertsteigerung liefert.

Es gilt:

RoI = Kapitaleinsatz × Kapitalisierungszinssatz

Der maximale Kapitaleinsatz ist durch eine einfache Umformung dieser Gleichung zu erhalten. Der Kapitaleinsatz berechnet sich aus der Division des Return on Investment, also der Erhöhung des Jahresreinertrags, und des Kapitalisierungszinssatzes. In unserem Fall ist der Kapitalisierungszinssatz gleich der Bruttorendite der Investition.

$$\text{Kapitaleinsatz}_{max} = \frac{\text{RoI}}{\text{Kapitalisierungszinssatz}}$$

Auf diese Weise lässt sich der maximal sinnvolle Kapitaleinsatz ermitteln. Verdeutlichen wir dies an einem Beispiel: In unserem Mietshaus in Berlin Adlershof beläuft sich die Ist-Miete von Mieter 11 auf fünf Euro. Die Zielmiete, die im Matching von Mikro- und Makrozyklus ermittelt worden ist, liegt hingegen bei 8,10 Euro — der prognostizierten Marktmiete. Die Differenz von 3,10 Euro summiert sich bei einer Wohnfläche von 63 Quadratmetern auf eine Steigerung der jährlichen Nettokaltmieten um 2.343,60 Euro. Die Bruttorendite, die für dieses Objekt ermittelt worden ist, beläuft sich auf sechs Prozent. Um diese nicht zu gefährden, darf die Steigerung des Jahresmietertrags nicht mehr als sechs Prozent der Renovierungskosten verschlingen. Ein größerer Wert würde die Rendite des Objekts negativ beeinträchtigen.

Die Formel, mit der die maximalen Sanierungskosten ermittelt werden, gestaltet sich also wie folgt:

$$K_{max} = \frac{2.343{,}60\ \text{€}}{6\ \%} = 39.060{,}00\ \text{€}$$

Wertschöpfungstiefen 2

Damit steht für die Sanierung der Wohnung des Mieters 11 eine Summe von 39.060 Euro zur Verfügung. Je günstiger die nötige Sanierung ist, desto höher wird die Rendite der Investition. Die auf diese Weise ermittelte Wertschöpfungstiefe für das gesamte Beispielobjekt in Berlin-Adlershof zeigt Tabelle 18.

Wohnung	Größe in m²	Bruttokaltmiete €/mtl.	Bruttokaltmiete €/jährl.	Bruttokaltmiete €/m²/mtl	Ziel Miete €/m²/mtl	Differenz BKM-ZM €/m²/mtl	Steigerung Jahresmiete €/jährl.	Bruttorendite %	Wertschöpfungstiefe €
WE 1	35,00	228,19 €	2.738,28 €	6,52 €	8,10 €	1,58 €	663,72 €	6 %	11.062,00 €
WE 2	35,00	225,00 €	2.700,00 €	6,43 €	8,10 €	1,67 €	702,00 €	6 %	11.700,00 €
WE 3	93,50	455,00 €	5.460,00 €	4,87 €	8,10 €	3,23 €	3.628,20 €	6 %	60.470,00 €
WE 4	86,75	450,00 €	5.400,00 €	5,19 €	8,10 €	2,91 €	3.032,10 €	6 %	50.535,00 €
WE 5	40,00	203,06 €	2.436,72 €	5,08 €	8,10 €	3,02 €	1.451,28 €	6 %	24.188,00 €
WE 6	75,00	381,75 €	4.581,00 €	5,09 €	8,10 €	3,01 €	2.709,00 €	6 %	45.150,00 €
WE 7	73,55	0,00 €	0,00 €	0,00 €	8,10 €	8,10 €	9.088,20 €	6 %	151.470,00 €
WE 8	63,00	0,00 €	0,00 €	0,00 €	8,10 €	8,10 €	8.432,10 €	6 %	140.535,00 €
WE 9	68,18	0,00 €	0,00 €	0,00 €	8,10 €	8,10 €	3.888,00 €	6 %	64.800,00 €
WE 10	73,55	0,00 €	0,00 €	0,00 €	8,10 €	8,10 €	7.290,00 €	6 %	121.500,00 €
WE 11	63,00	315,00 €	3.780,00 €	5,00 €	8,10 €	3,10 €	2.343,60 €	6 %	39.060,00 €
WE 12	70,18	310,00 €	3.720,00 €	4,42 €	8,10 €	3,68 €	3.101,50 €	6 %	51.691,60 €
WE 13	67,00	368,50 €	4.422,00 €	5,50 €	8,10 €	2,60 €	2.090,40 €	6 %	34.840,00 €
WE 14	59,00	0,00 €	0,00 €	0,00 €	8,10 €	8,10 €	5.832,00 €	6 %	97.200,00 €
WE 15	60,00	462,33 €	5.547,96 €	7,71 €	8,10 €	0,39 €	284,04 €	6 %	4.734,00 €
WE 16	48,20	250,64 €	3.007,68 €	5,20 €	8,10 €	2,90 €	1.677,36 €	6 %	27.956,00 €
WE 17	31,00	226,93 €	2.723,16 €	7,32 €	8,10 €	0,78 €	290,04 €	6 %	4.834,00 €
WE 18	50,30	246,97 €	2.963,68 €	4,91 €	8,10 €	3,19 €	1.925,48 €	6 %	32.091,40 €
WE 19	30,00	183,00 €	2.196,00 €	6,10 €	8,10 €	2,00 €	720,00 €	6 %	12.000,00 €
WE 20	52,30	303,50 €	3.642,00 €	5,80 €	8,10 €	2,30 €	1.441,56 €	6 %	24.026,00 €
WE 21	30,00	198,90 €	2.386,80 €	6,63 €	8,10 €	1,47 €	529,20 €	6 %	8.820,00 €
WE 22	98,00	560,00 €	6.720,00 €	5,71 €	8,10 €	2,39 €	2.805,60 €	6 %	46.760,00 €
WE 23	65,95	389,11 €	4.669,26 €	5,90 €	8,10 €	2,20 €	1.741,08 €	6 %	29.018,00 €
Gesamt	1368,46	5.757,88 €	69.094,54 €	4,49 €			63.700,86 €		1.094.441,00 €

Tab. 18: Ermittlung der Wertschöpfungstiefe

Damit ist die Wertschöpfungstiefe der Investition ermittelt: Bis zu 1.090.441 Euro können für die Sanierung des Objekts verwendet werden, wenn eine Bruttorendite von sechs Prozent erzielt werden soll.

Werte heben

Es wird deutlich, dass nicht der Asset- oder der Property-Manager bestimmen darf, mit welchen Beträgen eine Sanierung durchgeführt wird — nur der Markt diktiert die Wertschöpfungstiefe. Würde der Zyklus eine Zielmiete ermitteln, die sich lediglich 5,50 Euro beläuft, könnte die Wohnung von Mieter 11 mit 6.300 Euro saniert werden. Während mit gut 39.000 Euro eine vollständige Kernsanierung möglich ist, bieten 6.300 Euro nur die Möglichkeit, typische Bestandhaltungsmaßnahmen durchzuführen.

Eine vollständige Kernsanierung beinhaltet umfassende Arbeiten in der Wohnung: Vom Einbau neuer Fenster über eine Totalrenovierung des Badezimmers bis zum Verlegen neuer Böden, dem Einbau von Elektrik und einer neuen Küche. So beläuft sich die Renovierung einer Einheit — je nach Größe — auf ca. 15.000 Euro bis 25.000 Euro. Solche Maßnahmen sind jedoch nur bei Wohneinheiten sinnvoll, die ein entsprechendes Steigerungspotenzial besitzen. In Wohnungen, deren Mieteinnahmen weit unter der Zielmiete liegen, wird eine tiefe Wertschöpfungskette benötigt, um eine Anpassung der Miete zu ermöglichen und zu begründen. Wo dies nicht möglich ist, sollten mit dem Ziel der Renditeoptimierung nur Bestanderhaltungsmaßnahmen durchgeführt werden.

2.4 Beteiligte der Werthebung

An der Werthebung sind verschiedene Gruppen beteiligt, die allesamt dazu beitragen, dass die Investition nach den Vorgaben des Investors entwickelt und somit die gewünschte Rendite erzielt wird. Die verschiedenen Interessen müssen dabei koordiniert werden, damit der Wert der Immobilie optimal gehoben werden kann. An dieser Stelle sollen die einzelnen Interessengruppen vorgestellt und ihre Funktion im Rahmen von Werthebungsprozessen erläutert werden.

Im Zentrum der Werthebung steht der Mieter. Er ist derjenige, der den Wert der Immobilie hebt und das Steigerungspotenzial realisiert, indem er die Mieterhöhung trägt. Es spielt im Rahmen der Werthebung zunächst einmal keine Rolle, ob es sich um einen Bestandsmieter oder um einen Neumieter handelt. Die Wohneinheit muss durch die oben beschriebenen Prozesse so gestaltet werden, dass der Mieter einen optimalen Nutzen aus ihr ziehen kann. Nur dann kann die Fluktuation minimiert und ein nachhaltiger Cashflow gewährleistet werden.

Da es aus rechtlicher Sicht zu jeder Mieterhöhung der Zustimmung des Mieters bedarf, ist es umso wichtiger, Modernisierungs- und Sanierungsarbeiten im Sinne des Mieters durchzuführen. Nur wenn die individuellen Interessen des Mieters mit den

2 Beteiligte der Werthebung

Interessen des Investors harmonisiert werden, kann eine konfliktfreie und nachhaltige Werthebung erfolgen. Bei der Durchführung aller in Kapitel 2 dargestellten Prozesse muss also der Mieter im Zentrum stehen. Dies ist bei der strategischen Ausrichtung des Werthebungsprozesses zu beachten.

Die strategische Ausrichtung zu verwirklichen wird einem Asset-Manager anvertraut. Er betreut die Immobilie als Investitionsobjekt, überwacht die Rendite und implementiert den Investitionsplan. Er begleitet den Investitionszyklus also aus einer Sicht, die dem Investor sehr nahe steht. Daher ist er auch erster Ansprechpartner des Investors und besitzt eine Kontrollfunktion. Der Asset-Manager gibt dem Investor in dieser Rolle eine Rückmeldung über die Umsetzung der Investitionsstrategie, für die der Property-Manager verantwortlich ist. Er ist die zweite wichtige Instanz des Gebäudemanagements.

Der Property-Manager bekleidet eine Schnittstellenfunktion zwischen dem strategischen und dem operativen Gebäudemanagement. Er implementiert am einzelnen Objekt die strategischen Vorgaben des Asset-Managers ins operative Geschäft. Damit nimmt der Property-Manager eine Schlüsselfunktion ein. Er setzt eine anlageorientierte strategische Perspektive auf der operativen Ebene durch und ist daher für das Gelingen einer Investition entscheidend. Dabei wirft der Property-Manager vor allem einen Blick auf die „Wirtschaftlichkeit, mit Priorität im Performance- und Cashflow-Management"[4].

Diese Funktion füllt das Property-Management nicht nur in der Nutzungsphase aus, sondern insbesondere in der Werthebungsphase. Dort ist es die Aufgabe des Property-Managers, das festgelegte Budget zur Sanierung einzusetzen und in dessen Rahmen Aufträge an Dienstleister zu verteilen. Auch die Überwachung von Sanierungen und Modernisierungen gehört zu seinem Tätigkeitsfeld. Der Property-Manager muss auf Probleme im Ablauf der Werthebung reagieren und entsprechende Lösungen entwickeln.

Darüber hinaus ist er für die Verwertung der Immobilie, sprich für die Reduzierung von Leerstand und Mieterfluktuation verantwortlich. Er muss für eine bestmögliche Mieterstruktur sorgen und auf diese Weise die Cashflows der Immobilie nach den strategischen Vorgaben optimieren. Um dies leisten zu können, ist es sinnvoll, über die zuvor erwähnten Aufgabenbereiche Zielvorgaben zu vereinbaren, die sich nach dem Zustand des Objekts richten. Der Property-Manager ist hierarchisch unterhalb des Asset-Managements angesiedelt und erfüllt ihm gegenüber eine Re-

---

[4] Hanspeter Gondring und Thomas Wagner: Real Estate Asset Management. Handbuch für Studium und Praxis. München 2010, S. 14.

3 Werte realisieren

ABC — always be closing. Die Forderung, eine Investition zum Abschluss zu bringen, gilt nicht nur als höchstes Gebot im Vertrieb, sondern auch Immobilieninvestoren weisen ihre Fond- und Asset-Manager an, den Investitionszyklus auf das Closing hin zu denken — und das mit Recht! Denn im Zuge einer ganzheitlichen Immobilieninvestition, die den dynamischen und nachhaltigen Paradigmen der Dynamischen Methode folgt, muss die Realisierung des Werts am Ende des Investitionszyklus bereits von Beginn an in das Investment einkalkuliert werden.

Das Closing, der Abschluss einer Investition, ist von großer Bedeutung, da hier bis zu 70 Prozent der Rendite entstehen können. Wird der Ausstieg aus dem Investitionszyklus falsch kalkuliert, kann ein großer Teil der Rendite vernichtet und das gesamte Investment gefährdet werden. Auf eine positive Marktprognose zu vertrauen und zu glauben, dass sich schon irgendein Käufer finden wird, ist daher nicht nur naiv — es setzt die gesamte Investition einem immensen Risiko aus.

Zwar verspricht die Investitionsprognose für den gesamtdeutschen Markt weiter hohe Renditen[1], dass solche Prognosen in regionalen Teilmärkten aber schnell umschlagen können, hat die Vergangenheit zur Genüge bewiesen. Daher muss, auch wenn das Closing bei langfristigen Investments noch weit in der Zukunft liegt, schon vor dem Kauf der Immobilie Klarheit darüber herrschen, an welche Marktteilnehmer die Immobilie wieder veräußert werden kann.

Da Immobilien hohe Anschaffungskosten verursachen, ist es von immenser Bedeutung, das eigene Investitionsobjekt am Ende des Investitionszyklus bei einem Partner unterzubringen, der eine Nachfrage für die Immobilie entwickelt. Unterschiedliche Vorstellungen über den Kaufpreis sind nach wie vor das größte Hindernis für den Abschluss einer Transaktion.[2] Ein Scheitern der Verhandlungen kann jedoch minimiert werden, wenn dem Partner eine Immobilie angeboten wird, die exakt in sein Portfolio passt.

Ein potenzieller Käufer wird eher bereit sein, für eine solche Immobilie einen hohen Preis zu zahlen als für ein Objekt, das er durch Managementmaßnahmen in die richtige Investmentklasse entwickeln muss.

---

[1] So etwa im Trendbarometer Immobilien-Investmentmarkt Deutschland 2013 von Ernest & Young.

[2] Das Trendbarometer Immobilien-Investmentmarkt Deutschland 2013 von Ernest & Young gibt als häufigsten Grund für ein Scheitern von Immobilientransaktionen in 2013 genau dies an.

Werte realisieren

Um diesen Partner finden zu können, muss die Funktionsweise des Kapital- und Investmentmarkts verstanden werden. Darauf aufbauend können die Akteure charakterisiert und ihre Vorgehensweise beim Ankauf von Immobilien beleuchtet werden. Es soll daher in diesem Kapitel zunächst ein grundlegendes Verständnis für den Kapitalmarkt im Allgemeinen und den deutschen Immobilieninvestmentmarkt im speziellen geschaffen werden. Daran anschließend werden die Akteure des Immobilienmarkts vorgestellt. Sie werden erfahren, welche Investmentklassen von welchen Investorentypen gekauft werden und welche Kriterien Immobilien erfüllen müssen, damit man mit ihnen einen möglichst hohen Kaufpreis erzielen kann.

3.1 Die Immobilie im Kapitalmarkt

Um das Realisieren von Werten gestalten zu können und somit eine optimale Exit-Strategie für das Investment zu entwerfen, ist zunächst ein Grundverständnis des Kapital- und Immobilieninvestmentmarkts erforderlich, da diese Märkte den Ort darstellen, an dem ein Großteil der Transaktionen erfolgt.

Wie alle ökonomischen Märkte ist auch der Kapitalmarkt grundsätzlich durch das „Aufeinandertreffen von Angebot und Nachfrage"[3] bestimmt. Der Kapitalmarkt ist dabei insbesondere als ein „Oberbegriff für alle Märkte, auf denen im Wege der Außenfinanzierung monetäre Dispositionsmöglichkeiten […] koordiniert werden"[4], zu verstehen. Monetäre Dispositionsmöglichkeiten sind — vereinfacht gesprochen — Wirtschaftsgüter, die am Ende ihrer Laufzeit einen Anspruch auf Sichtguthaben oder Bargeld gewähren. Da Immobilien dies im klassischen Sinne nicht leisten, wird bei ihnen nicht von Kapital, sondern von Realkapital gesprochen.[5]

Der Kapitalmarkt vereint unterschiedliche Teilmärkte, wie den Geld- oder den Kreditmarkt. An den einzelnen Submärkten agieren verschiedene Teilnehmer, die „nach unterschiedlichen Kriterien charakterisiert werden [können]."[6] Grundsätzlich werden Kapitalgeber und Kapitalnehmer unterschieden. Die Kapitalgeber, die Investoren, werden in private Investoren, institutionelle Investoren und Kapitalanlage- bzw. Investmentgesellschaften aufgeteilt. Sie bieten Kapital an und fragen

---

[3] Gondring und Wagner: Real Estate Asset Management. Handbuch für Studium und Praxis, S. 115.

[4] Zitiert ebd., S. 115 aus Bernd Rudolph: Kapitalmarkt: Grundlagen. In: Jörg Cramer und Friedrich Thießen (Hg.): Enzyklopädisches Lexikon des Geld-, Bank- und Börsenwesens. Frankfurt 1999, S. 1107.

[5] Vgl. hierzu Gondring und Wagner: Real Estate Asset Management. Handbuch für Studium und Praxis, S. 115.

[6] Vgl. hierzu ebd., S. 117. Die folgende Einteilung der Kapitalmarktteilnehmer stammt ebenfalls aus diesem Werk.

Finanztitel — also Anleihen, Aktien, Devisen oder ähnliches — an. Kapitalnehmer, die solche Finanztitel emittieren, sind vor allem Wirtschaftsunternehmen, Geschäftsbanken, Gebietskörperschaften und die öffentlichen Unternehmen. Darüber hinaus sind als Nachfrager von Kapital auch private Haushalte aktiv am Marktgeschehen beteiligt.

Eine Zwischenfunktion zwischen den Kapitalgebern und den Kapitalnehmern üben die sogenannten Finanzintermediäre aus. Sie schalten sich zwischen die einzelnen Wirtschaftssubjekte, um „durch Fristen-, Losgrößen- und Risikotransformationsleistungen" etwaige Interessenskonflikte bei Kapitaltransaktionen zu lösen. Die Losgrößentransformation ermöglicht es, hohe Investitionskosten in kleine Teilbeträge aufzuteilen. Dies leisten etwa Publikumsimmobilienfonds, die es auch Privatanlegern mit geringem Kapital ermöglichen, sich an Immobilien mit hohen Investitionskosten zu beteiligen.

Die Fristentransformation erlaubt es, ein breites Spektrum an Anlageprodukten anzubieten, die sich in kurzfristige Investitionen (bis zu drei Jahren), mittelfristige Investitionen (zwischen drei und sieben Jahren) und langfristige Investitionen (ab sieben Jahren) aufteilen.

Die Risikotransformation zielt schließlich darauf, eine Entscheidung zwischen den beiden Primärmotiven für die Teilnahme am Kapitalmarkt zu ermöglichen: Wertsteigerung und Vermögenssicherung. Sie ermöglicht es dem Investor, die Entscheidung zu treffen, ob er „einen möglichst hohen Gewinn aus der Immobilieninvestition […] erwirtschaften"[7] möchte oder ob er zugunsten eines geringeren Risikos Einbußen bei der Rendite in Kauf nehmen will. Zu den Finanzintermediären gehören Börsen, „Kreditinstitute, Investmentgesellschaften und Versicherungsunternehmen"[8].

Der Immobilienmarkt ist als Teil des Kapitalmarkts ein Submarkt, der seine Besonderheiten durch die speziellen Eigenschaften des Wirtschaftsguts Immobilie erhält. Seine Teilnehmer und ihre Investitionsansprüche werden im folgendem beispielhaft am deutschen Immobilieninvestmentmarkt vorgestellt.

---

[7] Aus: Nico B. Rottke: Immobilieninvestitionen. In: Nico B. Rottke und Matthias Thomas (Hg.): Immobilienwirtschaftslehre. Band I: Management. Köln 2011, S. 841.

[8] Vgl. hierzu Gondring und Wagner: Real Estate Asset Management. Handbuch für Studium und Praxis, S. 119.

Werte realisieren

3.2 Der Immobilieninvestmentmarkt in Deutschland[9]

3.2.1 Der Immobilieninvestmentmarkt

Der Immobilienmarkt ist ein bedeutender Teil der Gesamtökonomie. Welchen Einfluss er besitzen kann, hat die seit 2007 andauernde Finanzkrise offenbart: Ein Auslöser der finanziellen Unsicherheit, die bis heute die Märkte beherrscht, ist das Platzen der Immobilienblase in den USA. Über einen massiven Ausfall von Hypothekenzahlungen, drastisch fallende Immobilienpreise und Refinanzierungsversuchen infizierte die Immobilienkrise in verschiedenen Transformationsschritten alle ökonomischen Teilmärkte sowie diverse Nationalökonomien.[10]

Eine solche Wirkung kann der Immobilienmarkt ausüben, da Immobilien einen bedeutenden Teil des Nettoanlagevermögens ausmachen. In Deutschland sind 86 Prozent des Nettoanlagevermögens in Immobilien gebunden. Den größten Teil davon stellen mit über 50 Prozent die Wohnimmobilien, wie 57 zeigt.[11]

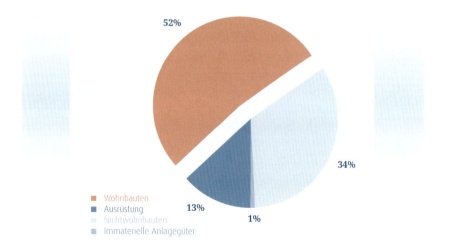

Abb. 57: Nettoanlagevermögen Deutschland[12]

---

[9] Sämtliche Prognosen sowie Trends, die in diesem Kapitel angegeben werden, entstammen dem Trendbarometer Immobilien-Investmentmarkt Deutschland 2013 von Ernest & Young.

[10] Markus Cieleback: Analyse der Risiken auf den Wohnimmobilienmärkten. In: Karsten Junius und Daniel Piazolo (Hg.): Praxisbuch Immobilienrisiken. Köln 2009, S. 122.

[11] Ebd., S. 122.

[12] Aus Statistisches Bundesamt der Bundesrepublik Deutschland. https://www.destatis.de/DE/ZahlenFakten/GesamtwirtschaftUmwelt/VGR/Vermoegensrechnung/Tabellen/Nettoanlagevermoegen.html.

3 Der Immobilieninvestmentmarkt in Deutschland

Der Handel mit Immobilien stellt daher eine entscheidende volkswirtschaftliche Größe dar, deren Reichweite sich auf viele weitere Wirtschaftszweige erstreckt. Ein Beispiel für diese Verflechtungen ist die Abhängigkeit der Baubranche vom Markt für Immobilieninvestitionen: Sowohl beim Heben von Werten als auch in der Projektentwicklung ist das Baugewerbe von Aufträgen durch Investoren abhängig, die nur bei entsprechenden Renditeaussichten erteilt werden. Auch auf die Zinssätze hat der Immobilienmarkt eine indirekte Wirkung wie die amerikanische Subprime-Krise gezeigt hat. Die Immobilie stellt in Deutschland ein Wirtschaftsgut mit nicht zu unterschätzendem Einfluss dar.

Dies untermauert auch die rege Aktivität am Immobilieninvestitionsmarkt. Der Transaktionsmarkt für Immobilien wurde von der Krise im Jahr 2008 nachhaltig beeinträchtigt: Zwischen den Jahren 2007 und 2009 ist ein Rückgang des Transaktionsvolumens um knapp 80 Prozent von 65,3 Milliarden auf 13,4 Milliarden Euro auszumachen. Nach diesem massiven Einschnitt erholt sich der deutsche Immobilieninvestmentmarkt allerdings immer weiter: Im Jahr 2012 betrug das Transaktionsvolumen bereits wieder 36 Milliarden Euro, von denen alleine elf Milliarden auf Wohnportfolios entfallen. Ein ähnlich hohes Niveau wird für das Jahr 2013 erwartet.[13]

Zudem begünstigen die Entwicklungen auf dem Kapitalmarkt die Rahmenbedingungen für Immobilieninvestitionen: Die Unsicherheit am Finanzmarkt, das niedrige Zinsniveau sowie eine verstärkte Inflationssorge sind Gründe dafür, dass die Anleger immer stärker in Immobilien investieren. Seine schnelle Erholung festigt den Ruf des deutschen Markts als sicherer Hafen mit einer hohen Preisstabilität, den der deutsche Immobilieninvestmentmarkt sowohl im Inland als auch im Ausland genießt.

Vor allem für Investments in Wohnimmobilien gilt der deutsche Immobilienmarkt nach wie vor als äußerst attraktiv. Es besteht eine hohe Nachfrage nach Produkten aus dem Core-Segment sowie generell nach Immobilien in 1a- und 1b-Lagen. Bei diesen Objekten ist in den kommenden Jahren von einem weiteren Preisanstieg auszugehen, während für Immobilien in der Peripherie keine weiteren Wertzuwächse erwartet werden. Hier muss allerdings der regionale Teilmarkt im einzelnen einer detaillierten Analyse unterzogen werden. Die allgemeine Prognose bietet lediglich eine überblicksartige Luftaufnahme der Investoreninteressen ab und kann nicht alle Teilmärkte im Detail erfassen.

Zur differenzierten Entwicklung regionaler Teilmärkte kommt noch hinzu, dass die Interessen der einzelnen Investoren äußerst heterogen sind. Es ist daher für eine

---

[13] Die Zahlen für 2013 lagen bei Redaktionsschluss noch nicht vor.

Werte realisieren

Investition unerlässlich, die Investorentypen und ihre Anforderungsprofile zu kennen. Nur auf diese Weise kann der Wert einer Immobilie optimal realisiert werden. Aus diesem Grund werden im Folgenden die Akteure am Immobilienmarkt und ihre spezifischen Ansprüche an Immobilieninvestitionen vorgestellt.

3.2.2 Akteure

Um den Wert einer Immobilie im Verkauf bestmöglich realisieren zu können, muss sich der Eigentümer verdeutlichen, wie das Objekt im Markt platziert werden soll. Der Moment des Exits aus dem Investitionszyklus ist zugleich der Beginn eines neuen Investmentzyklus unter einem neuen Investor. Daher muss das Investitionsobjekt am Ende eines Investitionszyklus ein Rendite-Risiko-Profil aufweisen, das der neue Investor für den Einstieg in „seinen" Investitionszyklus benötigt. So ist der „Ausgangspunkt einer Entscheidung über die Investition auf Wohnimmobilienmärkten […] die Festlegung, in welchem Segment ein Engagement erfolgen soll."[14] Diese Segmente werden „auf Basis von Risiko-Rendite-Profilen"[15] definiert, sind also nichts anderes als die beschriebenen Investmentklassen. Verdeutlichen wir uns noch einmal die Rendite-Risiko-Profile der einzelnen Investmentklassen.

Abb. 58: Zusammenfassung: Investmentklassen

---

[14] Cieleback: Risiken auf den Wohnimmobilienmärkten, S. 123.
[15] Ebd., S. 125.

Der Immobilieninvestmentmarkt in Deutschland 3

Die Investmentklassen geben Auskunft über die Nettozielrendite der Immobilieninvestition sowie über die Laufzeit des Investments. Ob ein Investor eine Immobilie erwirbt, hängt also davon ab, welche Laufzeit und Rendite ein künftiger Investitionszyklus besitzt. Die Bedeutung der Rendite ist oben bereits erörtert worden, warum aber ist die Laufzeit für die Akteure am Kapitalmarkt entscheidend? Der Grund hierfür ist der Bedarf an Liquidität. Während Pensionskassen etwa stabile Erträge in einem absehbaren Zeitraum auszahlen müssen, können Anteile an Equity Fonds kurzfristig veräußert werden. Daher müssen Equity Fonds in der Lage sein, Liquidität zu erzeugen. Dies ist, ohne Einbußen bei der Rendite in Kauf zu nehmen, allerdings nur mit kurzfristigen Investitionen möglich. Pensionskassen können ihr Kapital dagegen langfristig anlegen.

Betrachten wir also die Akteure am Immobilieninvestitionsmarkt und verdeutlichen uns ihre Investitionsstrategie, um das Anforderungsprofil an Immobilien zu erarbeiten. Es gibt eine Vielzahl von Investorentypen, die am Markt für Wohnimmobilien tätig sind. Eine Auswahl der wichtigsten Investoren gibt die folgende Auszählung:

- Institutionelle Investoren (Versicherungen, Pensionskassen)
- Offene Immobilienpublikumsfonds
- Geschlossene Immobilienspezialfonds
- Immobilien-AGs
- Direktinvestments/Private Placements

Neben diesen Akteuren gibt es zudem noch weitere Investoren wie Projektentwicklungsgesellschaften, REITs, Wohnungsunternehmen, Immobiliendachfonds, ausländische Immobilieninvestoren, Banken, Kapitalanlagegesellschaften, Rentenfonds, Leasinggesellschaften, Gemischte Fonds, Stiftungen und die öffentliche Hand. Sie lassen sich allerdings sowohl in ihren Anlagestrategien als auch in ihrer Form meist einem der „großen" Investorentypen zuordnen. Auf dem deutschen Wohnimmobilieninvestmentmarkt traten im Jahr 2012 vor allem Immobilien-AGs als Käufer auf. Auch institutionelle Investoren aller Art tätigten einen bedeutenden Teil an Transaktionen. In den folgenden Jahren wird sich dies gemäß Prognosen in Richtung Privatinvestoren, Family Offices, Versicherungen, Pensionsfonds und internationale Fonds verschieben. Wie sich der Immobilienbestand im Jahr 2011 auf die einzelnen institutionellen Investorentypen verteilte, zeigt Abbildung 59.

Werte realisieren

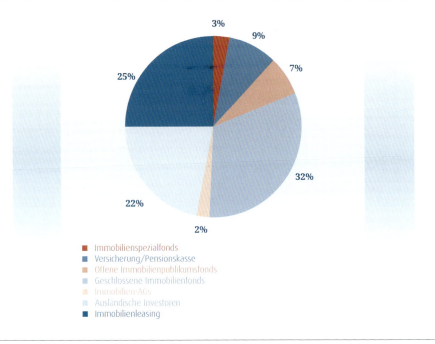

- Immobilienspezialfonds
- Versicherung/Pensionskasse
- Offene Immobilienpublikumsfonds
- Geschlossene Immobilienfonds
- Immobilien-AGs
- Ausländische Investoren
- Immobilienleasing

Abb. 59: Immobilienbestand nach Investoren[16]

Diese Verteilung wird sich aller Voraussicht nach aber weiter verschieben. Das Engagement ausländischer Investoren nimmt stark zu und auch die erste Gruppe von Investoren, die im Folgenden analysiert werden soll, wird ihre Aktivität am deutschen Immobilienmarkt stärker ausbauen. Beginnen wir die Analyse der einzelnen Akteure also mit den institutionellen Investoren — den Pensionskassen und Versicherungen.

Die institutionellen Investoren

Die wichtigsten Vertreter der institutionellen Investoren sind die Pensionskassen, Versicherungen sowie ähnliche Versorgungswerke. Ihnen ist gemeinsam, dass sie alle eine Anlagestrategie verfolgen, die aus der angebotenen Produktpalette resultiert. Als prototypischer Vertreter dieser Gattung soll an dieser Stelle die Versicherung vorgestellt werden.

Versicherungsunternehmen stellen „die Vertragspartei eines Versicherungsvertrags dar, welche den Versicherungsschutz" gewährleisten. Da das primäre Anlageziel von Versicherungen „die Sicherung bzw. die Werterhaltung des eingelegten Kapi-

---

[16] Aus Rottke: Immobilieninvestitionen, S. 838.

tals" ist, verfolgen diese Unternehmen eine Anlagestrategie, die den Fokus auf „Sicherheit, Rentabilität und Liquidität" legt.[17] Immobilieninvestitionen spielen dabei eine wichtige Rolle und können nach Vorgaben des Versicherungsaufsichtsgesetzes (VAG) in Form direkter und indirekter Immobilienbeteiligungen erfolgen.

Dabei hängt die Art der Beteiligung immer auch von der Größe des Investors ab. „Während größere Pensionskassen aufgrund des großen Investitionsvolumens hauptsächlich Immobilien in eigenen Portfolios halten, wenden sich viele mittlere bzw. kleine Pensionskassen indirekten Immobilieninvestments in Form von Immobilienfonds oder Immobilienaktien zu."[18]

Neben der Größe des Investitionsvolumens ist dies vor allem auch auf die mangelnde Erfahrung im Bereich der Immobilieninvestition zurückzuführen.[19] Indirekte Investitionen erlauben es, das Asset- und Portfoliomanagement auszulagern und unterliegen zudem einer strengen Regulierung durch die BaFin. Versicherungsunternehmen, die kaum Erfahrung im Bereich der Immobilieninvestition besitzen, bemühen daher oft indirekte Anlagen. Auf diese Weise können sie von den Vorteilen der Immobilie als Investitionsgut profitieren, ohne dass zusätzliche Risiken durch mangelndes Know-how im Immobilienmanagement entstehen.

Obwohl Immobilien die Anlagekriterien der Versicherungen erfüllen, bewegt sich der Immobilienanteil an der Kapitalanlage deutscher Erstversicherer mit ein bis drei Prozent auf einem geringen Niveau.[20]. Der Gesamtverband deutscher Versicherer hat allerdings die Vorteile von Immobilieninvestitionen erkannt und sieht in der Wertstabilität und den kalkulierbaren und gleichbleibenden Erträgen eine Möglichkeit zur Diversifikation der Kapitalanlage, ohne die Erträge zu gefährden.[21] Daher planen große Versicherer wie die Allianz auch ein verstärktes Engagement in Immobilieninvestitionen. Der Investitionsplan der Allianz Real Estate gibt daher an: „In den kommenden Jahren will die Allianz ihr Immobilienvolumen von rund 22 Milliarden auf ca. 30 Milliarden steigern."[22]

---

[17] Ebd., S. 851.

[18] Linda Lampl: Pensionskassen und Versorgungswerke. In: Hans Mayrzedt u. a. (Hg.): Internationales Immobilien Management. Handbuch für Praxis, Aus- und Weiterbildung. München 2007, S. 248 f.

[19] Vgl. ebd., S. 249.

[20] Angabe der BaFin, Stand 4. Quartal 2012. Eingesehen unter: http://www.bafin.de/SharedDocs/Downloads/DE/Statistik/2012/dl_kapitalanlagen_4q_12_va.pdf?__blob=publicationFile&v=1.

[21] Pressekolloquium des Gesamtverbandes deutscher Versicherer. Eingesehen unter: http://www.gdv.de/wp-content/uploads/2012/04/16_Pressekolloquium_AK_Kapitalanlagen.pdf.

[22] Anlagestrategie der Allianz: http://www.allianz-realestate.com/de/strategie (eingesehen am 26.04.2014).

Werte realisieren

erfüllen zu können."[29] Die Beiträge müssen also mindestens so angelegt werden, dass sie einen Inflationsausgleich von ca. zwei Prozent erfahren. Daher verfolgen Pensionskassen ebenfalls eine extrem konservative und langfristige Anlagestrategie, die der Investmentklasse im Core-Segment entsprechen. Nur in diesem Segment ist die starke Fokussierung auf Werterhalt bei niedrigen Renditen gegeben.

In besonderen Fällen weisen die institutionellen Investoren aber auch eine Affinität zu High-Risk-Investitionen aus, da ein geringer Anteil der Kapitalanlage von 0,5 bis zu einem Prozent als Risiko-Exposure verwendet wird. Dieser Anteil, der bei großen Versicherern eine hohe Summe ausmachen kann, wird allerdings zumeist in riskanten Immobilien-Hedgefonds angelegt. Direktinvestitionen in riskante Investmentklassen sind dagegen eher unüblich.

Immobilien-AGs und REITs

Die Immobilienaktiengesellschaften und Real Estate Investment Trusts — eine besondere Form der Immobilien-AG — sind Aktiengesellschaften, „deren primäre Einkommensquelle sich aus der Entwicklung, Verwaltung und/oder dem Handel mit Immobilien ergibt."[30] Diese Unternehmen erfüllen als Intermediär eine Verbindungsfunktion zwischen dem Kapitalmarkt und dem Immobilienmarkt. Ihre Anlagestrategie ist gesetzlich nicht weiter reglementiert — einzig der Unternehmenszweck unterscheidet die Immobilien-AG von anderen Aktiengesellschaften. Allerdings können die bei anderen Formen der Immobilieninvestition äußerst interessanten Steuervorteile bei einer Beteiligung an Immobilien-AGs nicht genutzt werden.[31]

In Deutschland spielen Immobilien-AGs lediglich eine untergeordnete Rolle. Ihr Kapital beläuft sich auf ca. 15 Milliarden Euro bei einer Marktkapitalisierung von 0,5 Prozent.[32] Bewertet werden die Immobilien-AGs „in Deutschland mit einem Abschlag zu ihrem Nettoinventarwert"[33], der sich aus einem Sicherheitszuschlag für die Besteuerung vermuteter stiller Reserven ermittelt. Das Bankhaus Ellwanger & Geiger bildet die Wertentwicklung der Immobilien-AGs im sogenannten Deutschen

---

[29] Rodney Bysh: Anlagestrategien und Anlagevehikel institutioneller Investoren. In: Hans Mayrzedt u. a. (Hg.): Internationales Immobilien Management. Handbuch für Praxis, Aus- und Weiterbildung. München 2007, S. 202.

[30] Rottke: Immobilieninvestitionen, S. 852.

[31] Gondring und Wagner: Real Estate Asset Management. Handbuch für Studium und Praxis, S. 133.

[32] Ebd.

[33] Rottke: Immobilieninvestitionen, S. 852.

3 Der Immobilieninvestmentmarkt in Deutschland

Immobilienaktienindex ab, der eine hohe Korrelation zum DAX aufweist.[34] Es ist daher naheliegend, dass sich Immobilienaktien „eher wie Aktien als wie Immobilien verhalten."[35]

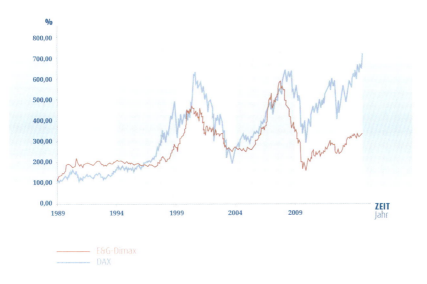

Abb. 60: DIMAX versus DAX[36]

Aktionäre, die sich an Immobilienaktiengesellschaften beteiligen, investieren indirekt in Immobilien und profitieren von der erhöhten Transparenz und der „vergleichsweise hohen Liquidität"[37], die bei Immobilien-AGs vorherrscht.

Eine besondere Form der Immobilien-AG ist der Real Estate Investment Trust (REIT), der sich durch steuerliche Vorteile, aber auch striktere Restriktionen auszeichnet.

Das Konzept des REITs entstammt den USA und wurde in Deutschland rückwirkend zum Jahr 2007 eingeführt. Der Gesetzgeber hat den Real Estate Investment Trust so konzipiert, dass er die „Vorteile von offenen Immobilienfonds und Immobilien-

---

[34] Ebd., S. 853.
[35] Ebd.
[36] Quelle: Bankaus Ellwanger & Geiger: http://www.privatbank.de/downloads/dimax_vs_dax/Dimax_vs_Dax.XLS(eingesehen am 07.01.2014).
[37] Rottke: Immobilieninvestitionen, S. 852.

Werte realisieren

AGs vereint"[38]. Grundsätzlich stehen REITs den Immobilien-AGs nahe, gewinnen aber die steuerliche Transparenz der offenen Immobilienfonds hinzu. So sind REITs auf Unternehmensseite von Körperschafts- und Gewerbesteuer befreit. Lediglich die Gewinne der Anleger sind einer Besteuerung unterworfen.

Um diese steuerlichen Vorteile allerdings nutzen zu können, muss der Real Estate Investment Trust strikte gesetzliche Vorgaben erfüllen. So sollen laut REIT-Gesetz mindestens 75 Prozent der Vermögensmasse in Immobilien investiert sein. Auch sind mindestens 75 Prozent der Bruttoerträgen mit Immobilien zu erwirtschaften.

Neben diesen Anlagevorschriften ist auch der Aktionärsbesitz gesetzlich geregelt: Das Investment eines Aktionärs darf nicht mehr als zehn Prozent des Gesamtvermögens ausmachen. Darüber hinaus müssen mindestens 15 Prozent der Aktien für Kleinanleger, die nicht mehr als drei Prozent besitzen, reserviert sein. Auch die Gewinnausschüttung eines REITs, die mindestens 90 Prozent betragen sollte, ist gesetzlich fixiert. Damit die Anleger in REITs eine gewisse Sicherheit erhalten, müssen die Immobilien durch einen Eigenkapitalanteil von mindestens 45 Prozent gedeckt sein.[39] Zwar darf der REIT auch Anlagen in immobilienfremden Bereichen tätigen, eine hohe Pflichtquote an Immobilienvermögen gibt allerdings das Ziel vor „dem Aktionär durch den REIT ein möglichst reines Immobilieninvestment zu sichern." [40] Als „Hybrid zwischen [den] Investmentklassen Aktie und Immobilie verhalten" sich Real Estate Investment Trusts eher wie Immobilien als wie Aktien.[41]

Bei ihrer Anlagestrategie genießen Immobilienaktiengesellschaften wie erwähnt eine hohe Freiheit, da sie kaum gesetzlichen Vorschriften unterliegen.[42] Auch REITs können im Rahmen der gesetzlichen Vorgaben in unterschiedliche Investmentklassen investieren. So gibt es Unternehmen, die sich auf die Wertentwicklung und Bestandshaltung konzentrieren oder sogenannte Developer, die sich auf Projektentwicklertätigkeiten spezialisieren.[43]

---

[38] Gondring und Wagner: Real Estate Asset Management. Handbuch für Studium und Praxis, S. 139.

[39] Vgl. ebd., S. 138 f.

[40] Barbara A. Knoflach und Amina Meineker: Investmentstrategien Offener Immobilienfonds. In: Hans Mayrzedt u. a. (Hg.): Internationales Immobilien Management. Handbuch für Praxis, Aus- und Weiterbildung. München 2007, S. 263.

[41] Dieser Meinung sind Knoflach und Meineker: Investmentstrategien, S. 263, während Gondring und Wagner: Real Estate Asset Management. Handbuch für Studium und Praxis, S. 139 davon ausgehen, dass REITs „bei der Wertentwicklung eher mit einer Immobilien-AG gleichzusetzen" sind.

[42] Vgl. ebd., S. 357.

[43] Ebd., S. 133.

„Immobilien-AGs ist es möglich, ein breiteres Spektrum von Investitionsformen und -konstellationen umzusetzen."[44] Sie investieren daher zu erheblichen Teilen in mittelfristige Projektentwicklungen in den Investmentklassen Core Plus und Value Added. Auf diese Weise ist es einigen Unternehmen gelungen, ihre Rentabilität deutlich zu verbessern, auch wenn diese Investitionen mit einem höheren Risiko behaftet sind. Der Faktor Werthebung ist in der Anlagestrategie von Immobilien-AGs stark ausgeprägt. Da sie oftmals über das Know-how und ausreichend Erfahrung im Bereich des aktiven Immobilienmanagements verfügen, kaufen sie unterentwickelte Objekte und platzieren diese neu im Markt.

Offene Immobilienfonds

Offene Immobilienfonds werden von „einer speziellen Kapitalanlagegesellschaft (KAG) initiiert und verwaltet"[45]. Das Grundprinzip dieser KAGs sieht vor, dass sich Anleger nicht an der Gesellschaft, sondern an ihrem Grundstücksvermögen beteiligen. Daher werden die Grundstücke, die von der Kapitalanlagegesellschaft erworben und verwaltet werden, z. T. auch an unabhängige Depotbanken übertragen.

Offene Immobilienfonds unterliegen strikten Richtlinien und Gesetzen. Diese Richtlinien werden von der Bundesanstalt für Finanzdienstleistungsaufsicht (BaFin) überwacht. Sie sind im Kapitalanlagegesetzbuch (bis Juli 2013 durch das Investmentgesetz) sowie im Kreditwesengesetz festgelegt. „In den zugrundeliegenden Gesetzen werden zahlreiche Kriterien definiert, die offene Immobilienpublikumsfonds einzuhalten haben." [46] So müssen mindestens fünf Prozent des Fondsvolumens als Liquiditätsreserve gehalten werden und mindestens 51 Prozent des Fondsvolumens in Immobilien investiert sein. Zur Minimierung des Risikos „darf ein einzelnes Objekt maximal 15 Prozent des Gesamtvolumens"[47] ausmachen. Auch die Fremdverschuldung ist gesetzlich fixiert und darf nicht mehr als „50 Prozent der Summe der Marktwerte aller vom Fonds gehaltenen Immobilien übersteigen."[48]

Dieser Typ der Immobilienfonds wird als „offen" bezeichnet, da „weder die Anzahl der Anleger noch die Höhe des Fondvolumens […] begrenzt ist."[49] Lediglich die Fristen zur Rückgabe der Fondanteile sind in der neuen Richtlinie über die Ver-

---

[44] Ebd., S. 356.
[45] Ebd., S. 129.
[46] Rottke: Immobilieninvestitionen, S. 848. Vgl. für die nachfolgenden Kriterien ebenda.
[47] Ebd., S. 849.
[48] Ebd.
[49] Ebd.

Werte realisieren

waltung alternativer Investmentfonds (AIFM) seit Juli 2013 festgelegt. Dies ist als Reaktion auf die erheblichen Probleme offener Immobilienpublikumsfonds in der Finanzkrise zu sehen und wurde vom Bundestag am 16.05. 2013 bestätigt. Denn während die Entwicklung des offenen Immobilienfonds bis zum Jahr 2008 durchaus als „Erfolgsgeschichte angesehen werden"[50] konnte — Ende des Jahres 2006 waren ca. 95 Milliarden Euro in offenen Immobilienfonds angelegt — stellte die tägliche Rückgabemöglichkeit der Anleger die Fonds-Manager in der Krise vor große Herausforderungen.

Als die Immobilienpreise in Folge der Subprime-Krise zu sinken begannen, versuchten große Teile der Anleger ihre Anteilen gleichzeitig zu veräußern. Daraufhin gerieten die offenen Immobilienfonds in immense Liquiditätsprobleme. Um die entsprechende Liquidität zu erzeugen, musste der Immobilienbestand zum Teil unter Druck und somit auch unter Wert veräußert werden. Einige offene Fonds wurden, um eine Illiquidität zu verhindern, sogar geschlossen. Dieser Zustand hält derzeit bei einigen Fonds, etwa beim SEB ImmoPortfolio Target Return Fund noch an.[51] Ursprünglich wurde in der AIFM-Richtlinie sogar angedacht, alle offenen Immobilienfonds zu schließen, allerdings ist von dieser Forderung Abstand genommen worden.

Anleger aller Art können über offene Immobilienfonds indirekt in Immobilien investieren und somit die Hürden umgehen, die eine direkte Immobilieninvestition mit sich bringt. Sie können auf ein externes Asset- und Property-Management zurückgreifen und müssen darüber hinaus nicht die hohen Investitionskosten, die eine Direktinvestition erfordert, aufbringen. Durch die offenen Immobilienpublikumsfonds können also „breite Bevölkerungsschichten mit moderaten Anlagebeträgen an der Wertentwicklung eines diversifizierten und von Spezialisten verwalteten Immobilienportfolios partizipieren." [52]

Die Anlagestrategie von offenen Immobilienfonds ist auf eine starke Diversifizierung auf zwei Ebenen ausgelegt.[53] Auf der ersten Ebene verteilt ein offener Immobilienfonds das Risiko auf verschiedene Produkte am Kapitalmarkt, indem er

---

[50] Gondring und Wagner: Real Estate Asset Management. Handbuch für Studium und Praxis, S. 132.

[51] Information des Bundesverbandes der Immobilienverwalter BVI: http://www.bvi.de/fileadmin/user_upload/Statistik/2013_03_OIF_Status_und_FV.pdf.

[52] Gondring und Wagner: Real Estate Asset Management. Handbuch für Studium und Praxis, S. 130.

[53] Das wissenschaftliche Fundament zur Diversifizierung von Portfolien geht auf Harry Markowitz zurück, der für seinen Aufsatz „Portfolio Selection" aus dem Jahr 1952 den Wirtschaftsnobelpreis erhielt.

3 Der Immobilieninvestmentmarkt in Deutschland

neben Immobilien noch in Aktien, Renten, Bargeld oder ähnliches investiert. Auf einer zweiten Ebene erfolgt die Diversifikation innerhalb jeder dieser Kategorien.[54]

Eine Diversifikation innerhalb des Anlageguts Immobilie wird erzeugt, indem Objekte verschiedener Investmentklassen in unterschiedlichen regionalen Teilmärkten erworben werden. „Aus der Konzeption der offenen Immobilienfonds sowie seiner gesetzlichen Regulierung ergibt sich" somit eine „tendenziell riskoavers[e]"[55] Anlagestrategie, die nur punktuell durch Investmentklassen mit einem hohen Risikoprofil angereichert wird.

Demnach treten die offenen Immobilienfonds mit den institutionellen Investoren in den Wettbewerb um Immobilien aus dem Core-Segment. Allerdings ist das prototypische Investitionsobjekt offener Immobilienfonds — im Vergleich zu den Pensionskassen oder Versicherungen — im Rendite-Risiko-Profil leicht höher anzusiedeln. Liegt der Fokus zwar im Core-Bereich, so erwerben offene Immobilienfonds zum Teil auch Value-Added-Objekte, um die Rendite zu erhöhen. Die einzelnen Immobilienfonds unterscheiden sich allerdings zum Teil deutlich in ihrem Anteil an riskanten Investitionen.

Hohe Renditen können von offenen Immobilienfonds nur dann erzielt werden, wenn eine Trade-Komponente integriert ist. Erst Investitionen, deren Fokus sich auf Objekte der Value-Added-Klasse richtet, können gute Renditen erwirtschaften. Dazu kommt, dass offene Immobilienfonds hohe Softkostenblöcke besitzen: Ausgabeaufschläge, Verwaltungsgebühren und Kostenpauschale summieren sich etwa bei dem grundbesitz europa rc fonds der DWS auf 7,06 Prozent. Damit muss der Fonds mindestens 7,06 Prozent erwirtschaften, um die Kosten zu decken und seinen Anlegern eine positive Rendite ausschütten zu können. Um eine Rendite von sieben Prozent zu erwirtschaften, muss allerdings zumindest in Value-Added-Immobilien investiert werden.

So ist davon auszugehen, dass offene Immobilienfonds auch als Exit-Kanal für Immobilien im mittleren Risikobereich fungieren können. Allerdings investieren offene Immobilienfonds hauptsächlich in Büroimmobilien, Handelsflächen und Shoppingcenter. Wohnimmobilien machen nur einen geringen Teil von ca. fünf Prozent des Fondsvolumens aus.[56] Dabei konzentrieren sich die offenen Immobilienfonds

---

[54] Knoflach und Meineker: Investmentstrategien Offener Immobilienfonds, S. 261.
[55] Lampl: Pensionskassen und Versorgungswerke, S. 265.
[56] Gondring und Wagner: Real Estate Asset Management. Handbuch für Studium und Praxis, S. 356.

Werte realisieren

Private Placements

Eine weitere Investorengruppe, die auf dem Markt für Immobilieninvestitionen tätig ist, sind die Privatanleger, die Investitionen in Form von Private Placements tätigen.[65] „Vor allem für mittlere und große Privatvermögen"[66] ist Immobilienbesitz eine beliebte Form der Kapitalanlage, die zur Absicherung im Alter dient. Gründe hierfür sind die schon oft angesprochene stabile Wertentwicklung und die kontinuierlichen Renditen.[67] Von den institutionellen Anlegern unterscheidet sich ein Großteil privater Anleger allerdings durch tendenziell geringere Investitionsvolumina.

Die Private Placements lassen sich schwer fassen, da sie sich bezogen auf alle Facetten einer Investition weit ausdifferenzieren: Von der Nutzung über die Haltedauer bis hin zur Anlagestrategie decken Private Placements alle Segmente der Immobilieninvestition in der deutschen Wohnimmobilie ab. Auch in ihrer Professionalität unterscheiden sich die verschiedenen Kategorien von Privatanlegern. Während vermögende Privatpersonen zum Teil über Vermögensverwalter und Family Offices eine hohe Professionalität an den Tag legen, investieren Kleinanleger häufig aus emotionalen Gründen. Dabei ist zu beobachten, dass zumeist Anleger mit einer hohen Professionalität riskantere Anlagestrategien verfolgen. Eine besondere Form der Immobilieninvestition ist unter den Privatanlegern die Eigennutzung: „43 Prozent der Wohnungen werden von den Eigentümern selbst genutzt."[68]

Um das Private Placement als Exit-Kanal zu verwenden, sollte der potenzielle Käufer genau analysiert werden. Die Kriterien einer solchen Analyse sind, neben der Bonität, dabei vor allem das individuelle Bedürfnisprofil des Privatanlegers. Nur so kann der Wert der Immobilie optimal realisiert werden.

Weitere Investorentypen

Neben den zuvor besprochenen Investorentypen gibt es noch eine Vielzahl von kleineren Anlageformen, die in Immobilien investieren und daher als Exit-Kanal eines Investitionszyklus fungieren können. Diese sollen im Folgenden kurz erwähnt werden.

---

[65] Zu den hier gegebenen Informationen zum Privatanleger siehe: Gondring und Wagner: Real Estate Asset Management. Handbuch für Studium und Praxis, S. 353 f.
[66] Ebd.
[67] Vgl. Ebd.
[68] Vgl. ebd., S. 354.

Eine solche weitere Gruppe von Investoren, die besonders auf den Werterhalt abzielt und daher „moderat konservative"[69] Anlagen tätigt, ist die Stiftung. Stiftungen tätigen meist langfristige Anlagen, da sie nur einen äußerst geringen Bedarf an Liquidität besitzen. Alle Zahlungen einer Stiftung erfolgen nicht aus dem Vermögen, sondern lediglich aus den Erträgen, daher sollten Stiftungen in Immobilien aus dem Core-Segment investieren. Um die Erträge zu erhöhen, kann ein Teil der Investitionen allerdings auch im Value-Added-Bereich erfolgen. Dies geschieht vor allem bei kleineren Stiftungen, allerdings meist indirekt. Lediglich größere Stiftungen sind in der Lage, das nötige Know-how zu stellen, um die komplexe Werthebung, die eine Value-Added-Investition benötigt, selbst zu realisieren.[70]

Auch Immobilienleasinggesellschaften treten am Markt als Investoren auf. Sie übertragen die Nutzungsrechte an den von ihnen verwalteten Immobilien in der Regel langfristig und mit einer Option auf Verlängerung oder Kauf. Die Möglichkeiten eines Leasings nutzen insbesondere Non Property Companies. Diese Unternehmen, die eigene Immobilien vor allem für den Geschäftsbetrieb halten, bedienen sich oft einer „Sale-and-lease-back"[71]-Strategie, um Liquidität zu erzeugen.

Für den Exit eines Wohnimmobilieninvestments sind auch Wohnungsunternehmen geeignete Abnehmer. Ihr Ziel ist es, Einnahmen aus der Vermietung von Wohnraum zu erzielen. Auch Immobiliendachfonds, die nur indirekt in Immobilienanlagen investieren oder Projektentwicklergesellschaften, die risikoreiche Investitionen im Segment Opportunity und Development tätigen, können als Exit-Kanäle von Interesse sein. Sie sind aufgrund ihres spekulativen Charakters aber äußerst risikoreich. Ein ähnliches Konzept verfolgen Opportunity Funds, die im Rendite-Risiko-Profil sogar noch über den Projektentwicklergesellschaften liegen.

3.3 Fazit

Um den Wert einer Immobilie schließlich im Verkauf zu realisieren, ist ein optimal aufbereiteter Exit-Prozess notwendig. Das Verwerten der Immobilie am Ende ihres Investitionszyklus kann — insbesondere bei Value Added, Development oder Opportunity Assets — den Großteil der Rendite generieren. Nachdem im Rahmen der Werthebungsprozesse festgelegt worden ist, in welcher Investmentklasse sich das

---

[69] Ebd., S. 356.
[70] Ebd., S. 355.
[71] Rottke: Immobilieninvestitionen, S. 855.

Werte realisieren

Objekt am Ende des Investitionszyklus befindet, ist es beim Realisieren von Werten entscheidend, den passenden Käufer für das Objekt zu finden. Dabei muss die Exit-Strategie stets an die aktuellen Marktverhältnisse angepasst werden.

Im Realisieren des Werts können jedoch nicht nur hohe Renditen erzielt werden. Je nach Investitionsstrategie können auch andere Ziele im Vordergrund stehen. So veräußern etwa Non Property Companies ihre Geschäftsimmobilien an Leasingunternehmen, um die Liquidität zu erhöhen. Aber auch das Ziel einer steuerlichen Ersparnis kann eine wichtige Rolle beim Verkauf einer Immobilie spielen. Die maßgeblichen persönlichen oder geschäftlichen Ziele sollten allerdings stets auf eine „Maximierung der Wertschöpfung"[72] ausgerichtet werden.

Bei einem Verkauf ist es, wie gezeigt worden ist, unerlässlich, den richtigen Partner zu finden. Dies ist am einfachsten, wenn die zu verkaufende Immobilie den Anlagestrategien der potenziellen Käufer am Markt entspricht. Je nachdem, welche Produkte die potenziellen Käufer selbst anbieten, kaufen sie Immobilien mit entsprechenden Rendite-Risiko-Profilen. Die Akteure am Kapitalmarkt versprechen Renditen, vereinbaren Policen mit ihren Anlegern und sehen sich daher dem Druck ausgesetzt, in festgelegten Zeiträumen bestimmte Renditen zu generieren. Damit lassen sich die Bedürfnisprofile der Investoren allerdings gut prognostizieren und in den Investmentklassen abbilden. Wie sich die Bedürfnisprofile der Investoren den einzelnen Investmentklassen zuordnen lassen, zeigt Abbildung 61.

---

[72] Gondring und Wagner: Real Estate Asset Management. Handbuch für Studium und Praxis, S. 411.

Fazit 3

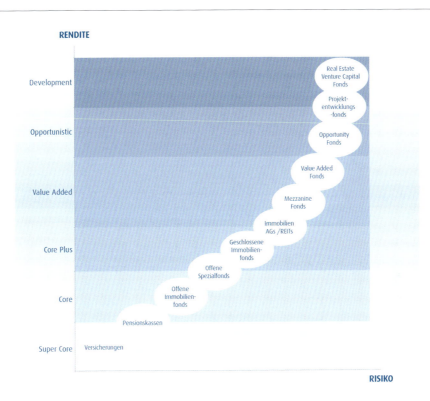

Abb. 61: Investoren nach Investmentklassen[73]

Das Objekt sollte am Ende des Zyklus den strategischen Vorgaben der Investoren — sprich dem richtigen Rendite-Risiko-Profil — entsprechen und mit diesem Profil im Markt platziert werden, um eine möglichst hohe Wertschöpfung zu erzielen. Die momentane Situation des deutschen Immobilieninvestmentmarkts legt es dabei nahe, einen möglichst langen Investitionszyklus zu verfolgen und die Immobilie im Core-Segment im Markt zu integrieren — sofern die makrozyklischen Gegebenheiten es erlauben. Auf diese Weise werden nicht nur maximale Renditen generiert, sondern der Kaufpreis profitiert zudem von der enormen Nachfrage, die aktuell im Core-Segment herrscht.

---

[73] Nico B. Rottke: Immobilieninvestitionen, S. 842.

4 Dreiklang

In den ersten drei Kapiteln ist die Anwendung der Dynamischen Methode im Investitionszyklus beschrieben worden. Dabei wurden die drei großen Phasen einer jeden Investition einzeln betrachtet: Der Einstieg ins Investment, das Heben des Investitionswerts und der Exit.

Kapitel 1 „Werte erkennen" hat mit der Dynamischen Methode eine neue Sichtweise auf das Erkennen von Chancen und Risiken eines Investments vorgestellt. Um dies zu erreichen, musste zunächst der defizitäre und limitierte Status quo der Immobilienbewertung offen gelegt werden. Insbesondere bei der Bewertung von Investmentobjekten versagen die bislang verwendeten Methoden. In einer umfangreichen Analyse ist gezeigt worden, welche Limitationen die Verfahren besitzen, und wie sie die makrozyklische Dynamik des Immobilienmarkts verkennen.

Als Neuentwurf einer mieterzentrierten, ganzheitlichen und dynamischen Bewertung von Immobilien ist schließlich die Dynamische Methode vorgestellt worden. Sie erkennt den Wert eines potenziellen Investitionswerts in drei Schritten. Die Analyse des Mikro- und des Makrozyklus und deren anschließende Harmonisierung im Matching stellen die wesentlichen Analysephasen einer nachhaltigen, dynamischen und ganzheitlichen Immobilienbewertung dar.

Kapitel 2 hat im Anschluss gezeigt, wie das Potenzial des Investitionsobjekts umgesetzt und der Wert einer Immobilie im Einklang mit der Marktrealität gehoben werden kann. Es wurde gezeigt, wie Wertschöpfungstiefen ermittelt und am Zyklus ausgerichtet werden können. Ebenso sind die Möglichkeiten der Werthebung sowie die Beteiligten an diesem Prozess vorgestellt worden.

Kapitel 3 hat schließlich behandelt, welche Strategien im Realisieren von Werten, also im Exit aus dem Investitionszyklus, angewendet werden können. Dabei wurde insbesondere ein Blick auf den Immobilieninvestitionsmarkt als Teilbereich des Kapitalmarkts geworfen. Die Akteure, die sich in diesem Markt bewegen, stellen unterschiedliche Ansprüche an Investitionen in Immobilien. Sie kaufen nur Objekte mit festgelegten Chancen-Risiko-Profilen, die von der unternehmensinternen Anlagestrategie bestimmt werden.

Die drei Kapitel, die jeweils einen Schritt der Dynamischen Methode beschrieben haben, werden in diesem Kapitel zusammengeführt. Die Synthese wird dabei auf einer anderen Ebene gefunden: Im Dreiklang sollen die gesammelten Erkenntnisse im Rahmen der externen Rechnungslegung kombiniert werden.

Dreiklang

Die externe Rechnungslegung ist „das Aufstellen und Veröffentlichen des handelsrechtlichen Jahresabschlusses"[1] bzw. des Konzernabschlusses. Der Jahres- und der Konzernabschluss unterscheiden sich hinsichtlich ihrer Bestandteile:

Der Jahresabschluss bildet den Abschluss des Geschäftsjahres eines kaufmännischen Unternehmens und besteht nach § 242 Abs. 3 Handelsgesetzbuch (HGB) aus der Bilanz (Balance Sheet) und der Gewinn-und-Verlust-Rechnung (Income Statement). Bei Kapitalgesellschaften ist darüber hinaus gemäß § 264 Abs. 1 HGB noch ein Anhang hinzuzufügen, der unter anderem das methodische Vorgehen bei der Erstellung des Jahresabschlusses reflektiert.

Der Konzernabschluss setzt sich aus den Einzelabschlüssen der Konzernunternehmen zusammen und besteht gemäß § 297 Abs. 1 HGB aus der Konzernbilanz, der Konzern-Gewinn-und-Verlustrechnung, dem Konzernanhang, der Kapitalflussrechnung (Cash Flow Statement) und dem Eigenkapitalspiegel (Equity Statement). Er kann um eine Segmentberichterstattung erweitert werden.

Im Folgenden wird der Begriff des Jahresabschlusses sowohl für den Einzelabschluss als auch für den Konzernabschluss verwendet.

Die einzelnen Bestandteile des Jahresabschlusses erlauben es, sowohl die wirtschaftliche Lage eines Unternehmens als auch die wesentlichen Kennzahlen seiner Investitionen zu erkennen. Sie verdeutlichen die Art und Weise, mit der ein Investor eine Immobilie betrachtet. Darüber hinaus stellen die bilanziellen Mittel vielfältige Möglichkeiten zur Optimierung von Renditen.

Eine Analyse der externen Rechnungslegung verfolgt also zwei Funktionen. Erstens dient Sie dazu, den aktuellen und zukünftigen Erfolg eines Unternehmens zu bestimmen. Zweitens bietet die Rechnungslegung mit dem sogenannten Financial Engineering Chancen auf eine Verbesserung der Rendite.

Um das leisten zu können, werden an dieser Stelle in einem ersten Schritt die Struktur der Bilanz, der GuV und der Kapitalflussrechnung beschrieben. All diese Bestandteile des Jahresabschlusses vermitteln entscheidende Informationen über die wirtschaftlichen Erfolge eines Unternehmens und seiner Investitionen.

Nachdem die Struktur der Bilanz, der GuV und der Kapitalflussrechnung aufgezeigt ist, werden wir über die Analysewerkzeuge sprechen, die bei einer Bilanzanalyse zur Verfügung stehen. Sie dienen dazu, die vorhandenen Daten zu gliedern und auf sinnvolle Weise zu erfassen. Dabei wird vor allem die besondere Bedeutung

---

[1] Carsten Berkau: BWL-Crashkurs Bilanzen. Konstanz 2009, S. 19.

sogenannter Key-Performance-Indikatoren erläutert. Anhand dieser Kennzahlen lassen sich die Anlagestrategien und die Chancen-Risiko-Profile einer Investition ermitteln. Diese Strategien sollen schließlich anhand einiger Beispielszenarien vorgestellt werden. Die Beispiele werden die entscheidenden Stellschrauben präsentieren, die ein gutes in ein optimales, nachhaltiges und dynamisches Investment verwandeln können.

Bevor im Folgenden auf die Bilanz, die GuV und die Kapitalflussrechnung eingegangen wird, möchten wir Ihnen noch einen Hinweis geben: Im Rahmen dieses Buchs wird das Thema externe Rechnungslegung nicht vollständig erläutert — das ist nicht sein Anspruch. Es geht vielmehr darum, den Leser für die Chancen zu sensibilisieren, die eine detaillierte Betrachtung des handelsrechtlichen Jahresabschlusses bietet. Das folgende Kapitel wird Ihnen aber alle Rahmenbedingungen der externen Rechnungslegung so ausführlich erläutern, wie es für unser Thema erforderlich ist.

4.1 Der Jahresabschluss in der Immobilienwirtschaft

Jedes Unternehmen ist laut Gesetz zur externen Rechnungslegung verpflichtet. „Aufgaben des Jahresabschlusses sind die Informations-, Kontroll-, Dokumentations-, Gewinnfeststellungs- und Ausschüttungsbemessungsfunktion."[2] Vor allem die Informationsfunktion hat eine hohe Bedeutung, befriedigt sie doch die Bedürfnisse interner wie externer Adressaten nach Information.

Sowohl der Staat als auch Gläubiger und potenzieller Anteilseigner haben ein Interesse an den Kennzahlen der externen Rechnungslegung. Es ist von der Größe des Unternehmens abhängig, welche Teile des Jahresabschlusses und in welchem Umfang diese veröffentlicht werden müssen. Als grobe Richtlinie gilt Folgendes: „Je größer ein Unternehmen ist, umso strenger sind die Bilanzierungsvorschriften und desto größer ist der Umfang der Offenlegungspflicht."[3]

Eine wesentliche Kennziffer ist der Unternehmensgewinn, der unter Berücksichtigung steuerlicher Sondervorschriften die „Bemessungsgrundlage für die hierauf zu entrichtenden Steuern"[4] darstellt. Die Rechnungslegung kann dabei unterschiedlichen Rechnungslegungsnormen folgen. Das deutsche Handelsgesetzbuch (HGB) sowie die International Financial Reporting Standards (IFRS) sind in Deutschland

---

[2] Gondring: Immobilienwirtschaft: Handbuch für Studium und Praxis, S. 891.
[3] Ebd.
[4] Michaela Hellerforth: BWL für die Immobilienwirtschaft. München 2007, S. 19.

Dreiklang

am weitesten verbreitet. International agierende Unternehmen stellen ihre Jahresabschlüsse nach den IFRS auf, um eine internationale Vergleichbarkeit gewähren zu können.

Dieses Buch wird sich bei seinen Beispielen an der Rechnungslegung nach HGB orientieren. Neben den gesetzlichen Bedingungen, die der Jahresabschluss erfüllen muss, sind auch die gewohnheitsrechtlichen Grundsätze ordnungsgemäßer Buchführung (GoB) zu befolgen. Die GoB sind zum Teil nicht schriftlich fixierte Grundsätze, die der Praxis der Rechtsprechung sowie Vorschlägen von wirtschaftlichen Verbänden entstammen. Die wichtigsten Grundsätze ordnungsgemäßer Buchführung sind:

- der Grundsatz der Klarheit und Übersichtlichkeit,
- der Grundsatz der Bilanzidentität,
- das Anschaffungsprinzip,
- der Grundsatz der Unternehmensfortführung,
- der Grundsatz der Einzelbewertung sowie
- der Grundsatz der Vorsicht.

Diese Regeln besitzen einen entscheidenden Einfluss auf das buchhalterische Handeln eines Unternehmens. Um dies zu verdeutlichen, wird im Folgenden das Anschaffungsprinzip anhand eines Beispiels vorgestellt:

Ein Immobilienfonds erwirbt ein Grundstück mit dem Anschaffungspreis von 50.000 Euro. Nach einer Bewertung durch einen Sachverständigen im darauffolgenden Jahr hat sich der Wert des Grundstücks allerdings stark erhöht. Sein Verkehrswert wird nun mit 80.000 Euro ermittelt. Trotz des durch einen Sachverständigen bezeugten Wertzuwachses darf das Grundstück in der Bilanz nach HGB nur mit 50.000 Euro angegeben werden. Die Richtlinie verlangt, dass „Vermögensgegenstände […] höchstens mit den Anschaffungs- oder Herstellungskosten"[5] zu bewerten sind. Erst bei einem Verkauf kann der Wertgewinn buchhalterisch realisiert werden. Dies gilt allerdings nur für eine Bilanz nach den Grundsätzen des HGB. Eine Bilanz nach IFRS ist dem Anschaffungsprinzip bei Anlageimmobilien gemäß IAS 40 nicht verpflichtet, da ein Wahlrecht zur Fair-Value-Bilanzierung besteht.

Das Anschaffungsprinzip verdeutlicht beispielhaft die Fokussierung der deutschen Rechtsprechung auf den Gläubigerschutz[6]. Die vorsichtige Bilanzierung hat in der HGB-Bilanz oberste Priorität. Betrachten wir nun im Einzelnen die Bestandteile des Jahresabschlusses.

---

[5] § 253 Abs. 1 Handelsgesetzbuch (HGB).
[6] Vgl. Karlheinz Küting und Claus-Peter Weber: Die Bilanzanalyse. Beurteilung von Abschlüssen nach HGB und IFRS. 10., überarbeitete Auflage. Stuttgart 2012, S. 18.

4.1.1 Die Gewinn-und-Verlust-Rechnung

Jeder Kaufmann ist in Deutschland zur externen Rechnungslegung verpflichtet.[7] Daher müssen auch alle Kaufleute, die am Immobilieninvestmentmarkt agieren, ihr Handeln buchhalterisch dokumentieren. Die wesentlichen Dokumente, die dafür anzufertigen sind, stellen die Bilanz und die Gewinn-und-Verlust-Rechnung dar. Nach dem „Prinzip der doppelten Buchführung"[8] illustrieren sie die wirtschaftliche Lage eines Unternehmens aus zwei Perspektiven. In einem ersten Schritt soll nun die Gewinn-und-Verlust-Rechnung (GuV) betrachtet werden.

Im Gegensatz zur Bilanz, die einen punktuellen Wert ermittelt, zeigt die Gewinn-und-Verlust-Rechnung (GuV) den „erwirtschafteten Erfolg einer Periode […], die […] üblicherweise ein Jahr"[9] umfasst. Die GuV stellt auf diese Weise nicht das Inventar eines Unternehmens dar, sondern zeigt, welche Aufwendungen und Erträge innerhalb eines Geschäftsjahres entstanden sind. Der Saldo dieser beiden „Stromgrößen"[10] — der Erträge und der Aufwendungen — gibt das Ergebnis der Periode an, das sich direkt auf das Eigenkapital des Unternehmens niederschlägt, soweit der Jahresüberschuss nicht ausgeschüttet wird. Übertreffen die Erträge die Aufwendungen, so erhöht der Jahresüberschuss das Eigenkapital. Übersteigen die Aufwendungen allerdings die Erträge, verringert sich das Eigenkapital um den entsprechenden Jahresfehlbetrag. Die formale Struktur der Gewinn-und-Verlust-Rechnung wird durch § 275 Abs. 1 HGB bestimmt:

> *„Die Gewinn- und Verlust-Rechnung ist in Staffelform nach dem Gesamtkostenverfahren oder dem Umsatzkostenverfahren aufzustellen."*

Die Staffelform bietet den Vorteil einer übersichtlichen Gliederung, die unterschiedliche Zwischenergebnisse präsentiert. Auf diese Weise „kann effektiv beurteilt werden, wie sich der Unternehmenserfolg zusammensetzt."[11] Innerhalb der Staffelform besitzen die Unternehmen die Wahl zwischen dem Umsatzkostenverfahren und dem Gesamtkostenverfahren. Dabei stellt das Gesamtkostenverfahren allen Erträgen einer Periode alle Aufwendungen nach Aufwandsarten (unter anderem Material, Personal, Abschreibungen) gegenüber. Im Unterschied zum Gesamtkostenverfahren werden beim Umsatzkostenverfahren die Aufwendungen nach Funktionsbereichen (unter anderem Herstellung, Verwaltung, Vertrieb) unterteilt

---

[7] Vgl. Jörg Wöltje (Hg.): Bilanzen. Lesen, Verstehen, Gestalten. Freiburg 2011, S. 13.
[8] Jörg Baetge, Hans-Jürgen Kirsch und Stefan Thiele: Bilanzen. 10., vollständig aktualisierte Auflage, Düsseldorf 2009, S. 92.
[9] Ebd., S. 3.
[10] Vgl. Wöltje: Bilanzen. Lesen, Verstehen, Gestalten, S. 92.
[11] Vgl. Ebd., S. 93.

Dreiklang

und den Umsatzerlösen gegenübergestellt. Wir beschränken uns an dieser Stelle auf das umfangreichere und in Deutschland verbreitete Gesamtkostenverfahren. Seine Positionen sind im HGB wie folgt definiert:

			GESAMTKOSTENVERFAHREN
Gesamtleistung	1.		Umsatzerlöse
	2.	+/−	Erhöhung oder Verminderung des Bestands an fertigen und unfertigen Erzeugnissen
	3.	+	andere aktivierte Eigenleistungen
	4.	+	sonstige betriebliche Erträge
		=	**Gesamtleistung***
Betriebsaufwendungen	5.	−	Materialaufwand: a) Aufwendungen für Roh-, Hilfs- und Betriebsstoffe und bezogene Waren b) Aufwendungen für bezogene Leistungen
		=	**Rohergebnis***
	6.	−	Personalaufwand: a) Löhne und Gehälter b) soziale Abgaben und Aufwendungen für Altersversorgung und für Unterstützung, davon für Altersversorgung
	7.	−	Abschreibungen: a) auf immaterielle Vermögensgegenstände des Anlagevermögens und Sachanlagen b) auf Vermögensgegenstände des Umlaufvermögens, soweit diese die in der Kapitalgesellschaft üblichen Abschreibungen überschreiten
	8.	−	sonstige betriebliche Aufwendungen
Betriebsergebnis	(1.−8.)	=	**Betriebsergebnis***
Erträge und Aufwendungen des Finanzbereichs	9.	+	Erträge aus Beteiligungen, davon aus verbundenen Unternehmen
	10.	+	Erträge aus anderen Wertpapieren und Ausleihungen des Finanzanlagevermögens, davon aus verbundenen Unternehmen
	11.	+	sonstige Zinsen und ähnliche Erträge, davon aus verbundenen Unternehmen
	12.	−	Abschreibungen auf Finanzanlagen und auf Wertpapiere des Umlaufvermögens
	13.	−	Zinsen und ähnliche Aufwendungen, davon an verbundene Unternehmen
	(9.−13.)	=	**Finanzergebnis***
Ergebnis der gewöhnlichen Geschäftstätigkeit	14. (1.−13.)	=	**Ergebnis der gewöhnlichen Geschäftstätigkeit**
Außerordentliche Erträge und Aufwendungen	15.		außerordentliche Erträge
	16.	−	außerordentliche Aufwendungen
	17. (15.−16.)	=	**außerordentliches Ergebnis**
Steueraufwendungen	18.	−	Steuern vom Einkommen und vom Ertrag
	19.	−	sonstige Steuern
Jahresergebnis	20.	=	**Jahresüberschuss/Jahresfehlbetrag**

* Einflüsse und Chancen für die Personalarbeit.

Tab. 19: Schema Gesamtkostenverfahren[12]

---

[12] Vgl. Ebd., S. 95.

4 Der Jahresabschluss in der Immobilienwirtschaft

Wir vollziehen an dieser Stelle keine detaillierte Analyse der einzelnen Kostenpositionen und deren Integration in die Gewinn-und-Verlust-Rechnung. Stattdessen werden die speziellen Aufwendungen und Erträge betrachtet, die für die Akteure am Immobilienmarkt relevant sind.

Unter Umsatzerlöse auf Position 1 versteht das HGB „die Erlöse aus dem Verkauf und der Vermietung oder Verpachtung von für die gewöhnliche Geschäftätigkeit der Kapitalgesellschaft typischen Erzeugnisse und Waren sowie von für die gewöhnliche Geschäftätigkeit der Kapitalgesellschaft typischen Dienstleistungen"[13]. Bei Immobilienfonds, Immobilien-AGs und den anderen Akteuren am Immobilienmarkt fallen unter diesen Punkt maßgeblich:

- Erträge aus Immobilienanlagen
    - Erträge aus Direktanlagen
        - Nettomieteinnahmen
        - Erlöse aus Immobilienverkäufen
- Erträge aus Liquiditätsanlagen

Die Akteure am Immobilieninvestmentmarkt erwirtschaften ihre Erträge zu einem großen Teil aus der Direktanlage in Immobilien, sprich aus der Realisierung von Immobilieninvestitionen aller Art. Vor allem Mieteinnahmen und Verkaufserlöse stellen wichtige Einnahmequellen dar. Darüber hinaus sind auch indirekte Beteiligungen an Immobiliengesellschaften möglich. Speziell bei offenen Fonds nehmen zudem auch Liquiditätsanlagen eine wichtige Rolle ein. Werden neue Fondsanteile verkauft, kann das gewonnene Kapital meist nicht direkt in neue Immobilien investiert werden und muss daher in Liquiditätsanlagen verwahrt werden.

Darüber hinaus hat jeder Fonds bestimmte gesetzliche Rahmenbedingungen an die Liquidität zu erfüllen, um eine Rückgabe der Anteile zu gewährleisten. Aus diesen Gründen ist ein Teil des Fondsvermögens in Liquiditätsanlagen zu verwahren, zu denen etwa Festgeld- und Wertpapieranlagen zählen.

Nach den Umsatzerlösen werden schließlich Bestandsänderungen ausgewiesen, die sich vor allem bei denjenigen Akteuren, die Projektentwicklung betreiben, auf die Gewinn-und-Verlust-Rechnung auswirken. Hierunter fallen noch nicht fertiggestellte Bauprojekte sowie in vorherigen Perioden begonnene und nun fertiggestellte Projekte.

---

[13] § 277 Abs. 1 HGB.

Dreiklang

Die Gesamtleistung des Unternehmens muss anschließend um die Betriebsaufwendungen gemindert werden, damit das Betriebsergebnis festgestellt werden kann. An dieser Stelle werden auch Marktwertänderungen, durch zyklische Schwankungen im Wert der Immobilie verursacht, in die GuV eingebracht — allerdings nur, wenn sie im Verkauf realisiert worden sind oder, sofern die Immobilie noch nicht verkauft wurde, unter Beachtung des handelsrechtlichen Niederstwertprinzips, das die Richtlinien zur bilanziellen Folgebewertung von Immobilien festlegt. Positive Wertänderungen bei den Objekten, die sich im Bestand des Unternehmens befinden, können nur nach IFRS geltend gemacht werden.

Neben den Marktwertänderungen werden auch die Material- und Personalkosten sowie die Abschreibungen ermittelt. Materialkosten fallen bei Immobilienunternehmen in maßgeblicher Höhe im Rahmen der Wertentwicklung von Bestandsobjekten sowie natürlich im Rahmen der Projektentwicklung an. Bei den Personalkosten ist zu beachten, dass sämtliche Kosten, die durch das Personal verursacht werden, anzugeben sind. Daher müssen auch Sozialabgaben an dieser Stelle berücksichtigt werden. Zu diesen Kostenblöcken müssen noch Abschreibungen sowie sonstige Kosten addiert werden. Vor allem die sonstigen Kosten umfassen bei Immobilienunternehmen wichtige Positionen wie Instandhaltungs-, Prüfungs- und Gutachterkosten. Aber auch zusätzliche beratende Dienstleistungen und die Bewirtschaftungskosten, die nicht auf den Mieter umgelegt werden können, sind unter dieser Position aufzuführen.

Sind die Erlöse mit diesen Aufwendungen saldiert, ist das Betriebsergebnis ermittelt. Um das Finanzergebnis zu generieren, müssen die Erträge aus Beteiligungen, anderen Wertpapieren, Währungsgeschäften oder Zinserträgen sowie die entsprechenden Aufwendungen ausgewiesen werden. Zuletzt weist die GuV schließlich außerordentliche Erträge und Aufwendungen sowie Steueraufwendungen aus. Sind auch diese Beträge berücksichtigt, ergibt sich ein Jahresergebnis in Form eines Jahresfehlbetrags oder Jahresüberschusses. Soweit keine Ausschüttung erfolgt, wird das Jahresergebnis in die Bilanz übertragen.

4.1.2 Die Bilanz

Neben der Gewinn-und-Verlust-Rechnung ist die Bilanz der wichtigste Bestandteil des handelsrechtlichen Jahresabschlusses jedes Unternehmens. Als Dokument des externen Rechnungswesens ist die Bilanz darauf ausgerichtet, die „im Rahmen betrieblicher Tätigkeiten auftretenden Geld- und Leistungsströme mengen- und wertmäßig zu erfassen und zu überwachen."[14] Darauf aufbauend stellt die

---

[14] Hellerforth: BWL für die Immobilienwirtschaft, S. 17.

4 Der Jahresabschluss in der Immobilienwirtschaft

Bilanz einen Indikator für die zukünftige wirtschaftliche Entwicklung eines Unternehmens dar. Die Bilanz soll an dieser Stelle, wie es zuvor mit der Gewinn-und-Verlust-Rechnung geschehen ist, speziell auf ihre „immobilienwirtschaftliche[n] Fragestellungen"[15] hin untersucht werden.

Die für die Bilanz notwendigen Rechengrößen sind das Vermögen und das Kapital, die sich auf zwei Seiten eines Kontos wiederfinden: Das Vermögen wird in der Bilanz unter den Aktiva aufgeführt und bezeichnet „die Gesamtheit der in der Bilanz angesetzten und bewerteten Gegenstände."[16] Das Kapital — auf Seiten der Passiva vermerkt — stellt einen „Erinnerungsposten"[17] dar, der die „Höhe der […] in der Vergangenheit zur Verfügung gestellten finanziellen und sachlichen Mittel"[18] abbildet. Das Kapital unterteilt sich in der Bilanz wiederum in Eigenkapital, das unternehmensintern, und Fremdkapital, das für einen begrenzten Zeitraum unternehmensextern zur Verfügung gestellt wird. Die grundlegende Gliederung einer Bilanz nach dem deutschen Handelsgesetzbuch zeigt Abbildung 62.

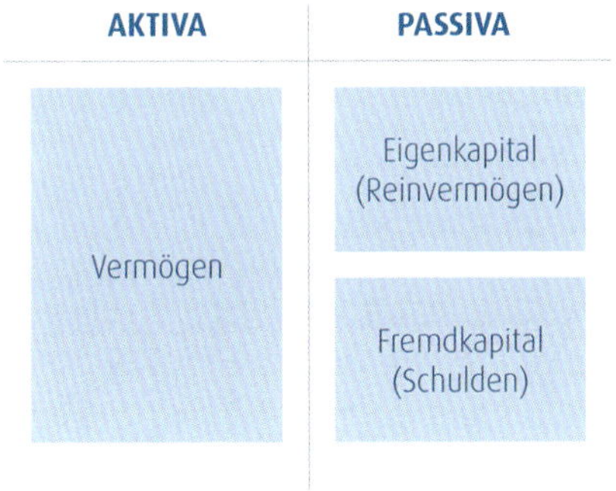

AKTIVA	PASSIVA
	Eigenkapital (Reinvermögen)
Vermögen	
	Fremdkapital (Schulden)

Abb. 62: Aufbau der Bilanz[19]

Die Bilanz ist nach § 266 Abs. 1 HGB „in Kontoform aufzustellen" und muss all diejenigen Posten ausweisen, die Tabelle 20 angibt. Lediglich kleinere Unternehmen dürfen eine verkürzte Bilanz aufstellen.[20]

---

[15] Ebd.
[16] Baetge, Kirsch und Thiele: Bilanzen, S. 3.
[17] Ebd. zitiert Erich Preiser: Der Kapitalbegriff und die neuere Theorie. In: Johannes Fettel und Hanns Linhardt (Hg.): Die Unternehmung im Markt. Festschrift zum 75. Geburtstag von Wilhelm Rieger. Stuttgart und Köln 1953, S. 21.
[18] Ebd., S. 3.
[19] Ebd.
[20] Für weiterführende Informationen über die Möglichkeiten, verkürzte Bilanzen aufzustellen siehe Wöltje: Bilanzen. Lesen, Verstehen, Gestalten, S. 14 f.

Dreiklang

Aktiva	Passiva
A. ANLAGEVERMÖGEN:	**A. EIGENKAPITAL:**
I. Immaterielle Vermögensgegenstände:	**I. Gezeichnetes Kapital;**
I.1. Selbst geschaffene gewerbliche Schutzrechte und ähnliche Rechte und Werte;	**II. Kapitalrücklage;**
I.2. entgeltlich erworbene Konzessionen, gewerbliche Schutzrechte und ähnliche Rechte und Werte sowie Lizenzen an solchen Rechten und Werten;	**III. Gewinnrücklagen:**
	III.1. gesetzliche Rücklagen;
	III.2. Rücklage für Anteile an einem herrschenden oder mehrheitlich beteiligten Unternehmen;
I.3. Geschäfts- oder Firmenwert (GoFW);	III.3. satzungsmäßige Rücklagen;
I.4. geleistete Anzahlungen;	III.4. andere Gewinnrücklagen;
II. Sachanlagen:	**IV. Gewinnvortrag/Verlustvortrag;**
II.1. Grundstücke, grundstücksgleiche Rechte und Bauten einschließlich der Bauten auf fremden Grundstücken;	**V. Jahresüberschuss/Jahresfehlbetrag.**
	B. RÜCKSTELLUNGEN:
II.2. technische Anlagen und Maschinen;	V.1. Rückstellungen für Pensionen und ähnliche Verpflichtungen;
II.3. andere Anlagen, Betriebs- und Geschäftsausstattung;	V.2. Steuerrückstellungen;
II.4. geleistete Anzahlungen und Anlagen im Bau;	V.3. sonstige Rückstellungen.
III. Finanzanlagen:	
III.1. Anteile an verbundenen Unternehmen;	
III.2. Ausleihungen an verbundene Unternehmen;	
III.3. Beteiligungen	
III.4. Ausleihungen an Unternehmen, mit denen ein Beteiligungsverhältnis besteht;	
III.5. Wertpapiere des Anlagevermögens;	
III.6. sonstige Ausleihungen.	

Der Jahresabschluss in der Immobilienwirtschaft 4

Aktiva	Passiva
B. UMLAUFVERMÖGEN:	**C. VERBINDLICHKEITEN:**
I. Vorräte/Vorratsvermögen	I.1. Anleihen, davon konvertibel;
I.1. Rohstoffe, Hilfsstoffe und Betriebsstoffe;	I.2. Verbindlichkeiten gegenüber Kreditinstituten;
I.2. unfertige Erzeugnisse, unfertige Leistungen;	I.3. erhaltene Anzahlungen auf Bestellungen;
I.3. fertige Erzeugnisse und Waren;	I.4. Verbindlichkeiten aus Lieferungen und Leistungen (LuL), (V.a.L.L.), (VLL);
I.4. geleistete Anzahlungen;	I.5. Verbindlichkeiten aus der Annahme gezogener Wechsel und der Ausstellung eigener Wechsel;
II. Forderungen und sonstige Vermögensgegenstände:	I.6. Verbindlichkeiten gegenüber verbundenen Unternehmen;
II.1. Forderungen aus Lieferungen und Leistungen (LuL), (F.a.L.L.), (FLL);	I.7. Verbindlichkeiten gegenüber Unternehmen, mit denen ein Beteiligungsverhältnis besteht;
II.2. Forderungen gegen verbundene Unternehmen;	I.8. sonstige Verbindlichkeiten, davon aus Steuern, davon im Rahmen der sozialen Sicherheit.
II.3. Forderungen gegen Unternehmen, mit denen ein Beteiligungsverhältnis besteht;	
II.4 sonstige Vermögensgegenstände;	**F. RECHNUNGSABGRENZUNGSPOSTEN**
III. Wertpapiere:	**G. PASSIVE LATENTE STEUERN**
III.1. Anteile an verbundenen Unternehmen;	
III.2. sonstige Wertpapiere;	
IV. Kassenbestand, Bundesbankguthaben, Guthaben bei Kreditinstituten und Schecks.	
C. RECHNUNGSABGRENZUNGSPOSTEN	
D. AKTIVE LATENTE STEUERN	
E. AKTIVER UNTERSCHIEDSBETRAG AUS DER VERMÖGENSVERRECHNUNG	

Tab. 20: Gliederung der Bilanz nach § 266 HGB

Aktiva und Passiva der Bilanz „sind ein Ausdruck für dieselbe Wertgesamtheit"[21], beide Seiten der Bilanz müssen wertmäßig übereinstimmen. Dies zeigt schon die Etymologie des Terminus Bilanz an, der sich aus dem Italienischen „Bilancia" für Balkenwaage ableitet. Während die Aktiva die „Verwendung der Mittel"[22] anzeigt, geben die Passiva deren Herkunft an. Den Erträgen und Aufwendungen, die in der

---

[21] Ebd., S. 17.
[22] Ebd.

Dreiklang

GuV angezeigt werden, steht in der Bilanz immer eine Zu- oder Abnahme entsprechender Aktiva oder Passiva gegenüber.[23]

Die Erstellung einer Bilanz verfolgt unterschiedliche Funktionen. „Ein zentraler Zweck der gesamten Bilanzierung ist die Gewinnermittlung"[24]. Darüber hinaus besitzt die Bilanz allerdings auch eine Informationsfunktion. Sowohl unternehmensinterne Stellen wie der Vorstand oder auch die Mitarbeiter als auch unternehmensexterne Institutionen — in besonderem Maße das Finanzamt — besitzen ein Interesse an den in einer Bilanz veröffentlichten Informationen.

Aus buchhalterischer Sicht besitzt die Bilanz darüber hinaus noch eine Dokumentarfunktion, da sie „eine Bestandsaufnahme aller Vermögensgegenstände und Schulden eines Unternehmens nach Art, Menge und Wert zu einem bestimmten Zeitpunkt (Inventur)" durchführt und das ermittelte Inventar eines Unternehmens auflistet.

Welche Posten in einer Bilanz angesetzt werden, bestimmt das Prinzip der „Bilanzierung dem Grunde nach"[25]. Dieser Grundsatz gibt an, ob ein Vermögensgegenstand in der Bilanz erscheinen muss (Ansatzpflicht), erscheinen darf (Ansatzwahlrecht) oder nicht erscheinen darf (Ansatzverbot). Mit einigen wenigen Ausnahmen gilt für alle Vermögensgegenstände, die sich durch eine wirtschaftliche Zugehörigkeit zum Unternehmen, eine selbstständige Verwertbarkeit und eine selbstständige Bewertbarkeit auszeichnen, die Ansatzpflicht. Die Posten, bei denen ein Ansatzwahlrecht oder ein Verbot vorliegt, sind in §§ 248–250 HGB festgelegt. Die gesamte Bilanz nach HGB steht unter dem wichtigen Gebot der vorsichtigen Bilanzierung, das besagt, dass alle vorhersehbaren Risiken in die Bilanz einkalkuliert werden müssen. Noch nicht realisierte Gewinne dürfen demnach genausowenig ausgewiesen wie bevorstehende Verluste verschwiegen werden dürfen.[26]

Eine detaillierte Auflistung aller Positionen, die eine Bilanz umfasst, soll an dieser Stelle nicht erfolgen. Dies ist für die Immobilienwirtschaft aber auch nicht nötig. Stattdessen wird der Fokus in Kapitel 4.2 „Bilanzanalyse" auf die wichtigsten Kennziffern, die sogenannten Key-Performance-Indikatoren einer Bilanz, gerichtet. Dabei steht neben der Interpretation dieser Kennziffern die Möglichkeit einer Prognose der zukünftigen wirtschaftlichen Entwicklung im Vordergrund.

---

[23] Ebd., S. 92.
[24] Küting und Weber: Die Bilanzanalyse, S. 19.
[25] Hellerforth: BWL für die Immobilienwirtschaft, S. 32.
[26] Vgl. Wöltje: Bilanzen. Lesen, Verstehen, Gestalten, S. 23.

4   Der Jahresabschluss in der Immobilienwirtschaft

Bevor dies geschieht, soll zunächst ein Blick auf den Anhang geworfen werden. Neben der GuV und der Bilanz ist der Anhang „der dritte wesentliche Bestandteil des Jahresabschlusses"[27]. Er erläutert das methodische Vorgehen bei der Erstellung von Bilanz und GuV und reichert diese mit zusätzlichen Informationen an. Vor allem der Übersichtlichkeit der Bilanz und GuV kommt der Anhang zugute, da er ebendiese beiden Bestandteile des Jahresabschlusses entlastet. Im Anhang müssen etwa Angaben zur Verwendung von Fremdkapital sowie auch Umrechnungsfaktoren bei Währungsgeschäften oder Hinweise auf die angewendeten Bilanzierungs- und Bewertungsmethoden gemacht werden. Neben den Pflichtangaben, die unter anderem § 284 Abs. 2 HGB und § 285 HGB regelt, können freiwillige Angaben gemacht werden. Gesetzlich vorgeschrieben ist die Integration eines Anhangs in den Jahresabschluss aber nur bei Kapitalgesellschaften.[28]

Bei Konzernabschlüssen ist neben der GuV und der Bilanz auch das Erstellen einer Kapitalflussrechnung vorgeschrieben. Da die Kapitalflussrechnung auch für den Investor von Interesse ist, wird im Folgenden ein kurzer Blick auf diesen Bestandteil des Konzernabschlusses geworfen.

4.1.3   Kapitalflussrechnung

Bei Konzernabschlüssen ist das Einbringen einer Kapitalflussrechnung Pflicht. Die Kapitalflussrechnung zeichnet die Verwendung der liquiden Mittel eines Unternehmens nach. „Die zentralen Begriffe der Kapitalflussrechnung sind Einzahlung und Auszahlung."[29] Die Zahlungsströme — die Cashflows —, welche die Kapitalflussrechnung aufführt, gliedern sich dabei in drei Bereiche:[30]

- Cashflows aus der laufenden Geschäftstätigkeit,
- Cashflows aus der Investitionstätigkeit und
- Cashflows aus der Finanzierungstätigkeit.

Wichtig bei der Erstellung einer Kapitalflussrechnung ist, dass lediglich „zahlungswirksame Vorgänge [...] berücksichtigt werden"[31]. So sind Abschreibungen nicht in die Ermittlung von Cashflows einzubeziehen. Zwar gibt es kein nach HGB vorgeschriebenes Muster zur Erstellung einer Kapitalflussrechnung, „[d]er deutsche

---

[27] Vgl. Wöltje: Bilanzen. Lesen, Verstehen, Gestalten, S. 110.
[28] Vgl. hierzu § 264 Abs. 1 HGB.
[29] Vgl. Wöltje: Bilanzen. Lesen, Verstehen, Gestalten, S. 112.
[30] Vgl. Ebd., S. 113.
[31] Ebd.

Dreiklang

4.2 Bilanzanalyse

Nachdem im vorigen Abschnitt der Aufbau des handelsrechtlichen Jahresabschlusses erläutert worden ist, soll an dieser Stelle auf die Analyse seiner Teilbestandteile eingegangen werden. Gegenstand der Analyse ist dabei primär die Bilanz. Mit ihr lassen sich „entscheidungsrelevante Kenntnisse über die gegenwärtige wirtschaftliche Lage und die künftige wirtschaftliche Entwicklung eines Unternehmens"[34] gewinnen. Die Bilanzanalyse ist dabei der Vorgang, der eine „Verdichtung" der bilanziellen Informationen ermöglicht, um „erkenntniszielorientierte Unternehmensinformationen […] zu verstehen"[35]. Auf diese Weise soll es ermöglicht werden, die wichtigen Key-Performance-Indikatoren der wirtschaftlichen Situation eines Immobilienunternehmens zu lesen und seine Entwicklung zu prognostizieren.

Ziel der Bilanzanalyse ist es also, „zu zeigen, welche wirtschaftlichen Entwicklungen und Ergebnisse eintreten bzw. wie Sachverhalte zu beurteilen sind, wenn sich bestimmte Einflussfaktoren einstellen."[36] Um eine „Informationsüberbelastung"[37] zu vermeiden, geht die Bilanzanalyse dabei meist nur auf die wesentlichen „erkenntniszielorientierten"[38] Kennzahlen einer Bilanz ein. Wir werden ebendiese Kennzahlen im weiteren Verlauf als Key-Performance-Indikatoren bezeichnen.

Es existiert eine Vielzahl von unterschiedlichen Theorien zur Bilanzanalyse, die sich darin unterscheiden, „wie die einzelnen Posten zu bewerten und wie der Erfolg einer Periode zu bestimmen ist."[39] Gegenstand der Theorien sind Argumentationen, wie der gesetzliche Rahmen, den das dritte Buch des Handelsgesetzbuchs in den §§ 238–342e festlegt, ausgelegt werden sollte. In der Literatur hat sich ein schematisiertes Verfahren zur Analyse von Bilanzen durchgesetzt, das das Vorgehen in sechs Schritte unterteilt.

---

[34] Jörg Baetge, Hans-Jürgen Kirsch und Stefan Thiele: Bilanzanalysen. 2., vollständig überarbeitete und erweiterte Auflage. Düsseldorf 2004, S. 1.
[35] Küting und Weber: Die Bilanzanalyse. Beurteilung von Abschlüssen nach HGB und IFRS, S. 1.
[36] Ebd., S. 2 f.
[37] Ebd., S. 3.
[38] Ebd., S. 15.
[39] Baetge, Kirsch und Thiele: Bilanzen, S. 5.

4 Bilanzanalyse

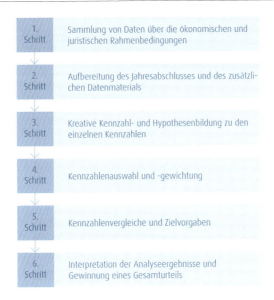

Abb. 63: Schritte der Bilanzanalyse[40]

Diese sechs Schritte verdeutlichen bereits die Relevanz der Kennzahlen bzw. Key-Performance-Indikatoren, die zum Teil nicht explizit im Jahresabschluss enthalten sind und erst in der Analyse ermittelt werden müssen. Nur mit einer Aufbereitung der Kennzahlen kann eine vergleichbare und transparente Analyse der Bilanz und damit der wirtschaftlichen Position des Unternehmens erfolgen. Um eine Datenbasis zu erlangen, welche die tatsächliche wirtschaftliche Lage abbildet, ist eine detaillierte Betrachtung der Bilanz erforderlich. Die entscheidenden Kennzahlen, die dabei für Immobilieninvestitionen relevant sind, sollen im Folgenden vorgestellt werden.

4.2.1 Key-Performance-Indikatoren

Die Key-Performance-Indikatoren einer Bilanz geben Aufschluss über den Erfolg der Investitionen auf verschiedenen Ebenen. Sie vertreten allesamt eine unterschiedliche Perspektive, die das Investment in einem nuancierten Blickwinkel zeigt. Die einfachste Art und Weise, eine Immobilieninvestition zu betrachten, zeigt das folgende Beispiel:

---

[40] Vgl. Baetge, Kirsch und Thiele: Bilanzanalysen, S. 25.

Dreiklang

Sie erwerben eine Immobilie für 100.000 Euro. Im Rahmen der Werthebung werden noch einmal 150.000 Euro investiert und nach einem Jahr wird die Immobilie für 500.000 Euro verkauft. Den Aufwendungen in Höhe von 250.000 Euro (Kaufpreis plus Investition in Werthebungsmaßnahmen) steht ein Ertrag von 500.000 Euro gegenüber. Das Investment erzielt also einen Überschuss von 250.000 Euro und eine Rendite von 100 Prozent.

In einer solchen vereinfachten Reinform wird allerdings kein Investment durchgeführt. In der Praxis fallen Steuern an, Investitionsprozesse sind von unterschiedlicher Dauer und auch Fremdfinanzierungen wirken sich direkt auf den Gesamtertrag der Investition aus. Dabei sind es vor allem die relativen Kennzahlen, die über die Qualität einer Investition Auskunft geben. „Der wesentliche Vorteil von Verhältniszahlen besteht in der Möglichkeit, die Bedeutung einzelner Größen in Relation zu anderen Sachverhalten aufzuzeigen."[41]

Die absoluten Zahlen eines Unternehmens sowie einer Investition sind nur von bedingter Aussagekraft über die tatsächliche Ertrags- und Gewinnlage. Erst wenn die entscheidenden Größen in ein Verhältnis gesetzt werden, kann die Dynamik der Investition aufbereitet werden. Diesen Verhältnissen wollen wir uns im Folgenden widmen.

Die Besonderheit einer Analyse der Key-Performance-Indikatoren ist dabei allerdings nicht nur, dass sie Informationen über wirtschaftliche Sachverhalte liefern. Sie dienen darüber hinaus auch dazu, die entscheidenden Stellschrauben der Finanzbuchhaltung und Renditeoptimierung einer Investition zu verdeutlichen. Sie erläutern das Financial Engineering, das sich hinter einer jeden Immobilieninvestition verbirgt und beleuchten die unterschiedlichen Strategien, die im Rahmen eines Investitionszyklus gewählt werden können.

Die Analyse der Rechnungslegung gibt also genau an, welche Rendite man erhält, wenn man eine Immobilie zu einem bestimmten Zeitpunkt zu einem bestimmten Preis erwirbt, ihren Wert hebt und ihn im Exit realisiert. Es sollen drei Betrachtungsweisen erläutert werden, die jeweils unterschiedliche Key-Performance-Indikatoren verwenden:

- der Return on Investment — die Anlagerendite,
- die Internal Rate of Return (IRR) — die interne Verzinsung und schließlich
- der Cash on Cash Return.

---

[41] Küting und Weber: Die Bilanzanalyse. Beurteilung von Abschlüssen nach HGB und IFRS, S. 53.

Return on Investment — die Kapitalrendite (RoI)

Die erste Möglichkeit, eine Investition in der Bilanzanalyse zu untersuchen, bietet das Kennzahlsystem um die Anlagerendite oder den Return on Investment (RoI). Diese auch Kapitalrendite genannte Größe gibt die Rendite einer Investition als das Verhältnis von Jahreserfolg und eingesetztem Kapital an. Der Return on Investment ist allerdings lediglich die Spitzenkennzahl eines Systems aus Key-Performance-Indikatoren und kann nicht für sich alleine betrachtet werden. Der RoI kann in einzelne Kennzahlen gegliedert werden. Eine detaillierte Betrachtung der Kennzahlen um den RoI bietet die Möglichkeit, die strategische Ausrichtung einer Investition zwischen „Geld verdienen" und „Verdienstquelle sichern"[42] anzugeben. Mathematisch kann der RoI mit dem Produkt aus Eigenkapitalrendite und der Eigenkapitalquote gleichgesetzt werden. Jede dieser Kennzahlen gibt Auskunft über eine strategische Ausrichtung: Während die Eigenkapitalrendite ein Anzeiger für „Geld verdienen" ist, kann eine hohe Eigenkapitalquote mit einer Sicherheitsstrategie gleichgesetzt werden. Betrachten wir im Folgenden die beiden Kennziffern im Detail.

Die Eigenkapitalrendite wird auch als Eigenkapitalrentabilität oder Return on Equity (RoE) bezeichnet und ist ein wichtiger Indikator, um zu bestimmen, ob ein Unternehmen primär das Investitionsziel „Geld verdienen" verfolgt. Die Eigenkapitalrendite ermittelt sich „als Quotient aus (Jahres-)Erfolg und durchschnittlichem Eigenkapital". Sie gibt die „Verzinsung des im Laufe des Jahres im Durchschnitt zur Verfügung gestellten Eigenkapitals"[43] und damit die Ertragskraft eines Unternehmens an.

$$\text{Eigenkapitalrendite} = \frac{\text{Jahreserfolg}}{\text{Eigenkapital}}$$

Die Eigenkapitalrendite ist allerdings stark von der Kapitalstruktur des Unternehmens, dem Verhältnis von Eigenkapital und Fremdkapital, abhängig. Die Eigenkapitalquote stellt den Verbindungspunkt zwischen Kapitalstruktur und Rentabilität eines Unternehmens dar. Rechnerisch ermittelt sich die Eigenkapitalquote als Quotient aus Eigenkapital und Gesamtkapital.

$$\text{Eigenkapitalquote} = \frac{\text{Eigenkapital}}{\text{Gesamtkapital}}$$

Die Eigenkapitalquote ist ein wesentlicher Indikator für die Stabilität eines Unternehmens. Auch bei Investitionen wird eine hohe Eigenkapitalquote gefordert, um die Sicherheit bei riskanten Investitionsvorhaben zu erhöhen. Je risikoreicher eine

---

[42] Vgl. Baetge, Kirsch und Thiele: Bilanzanalysen, S. 2.
[43] Baetge, Kirsch und Thiele: Bilanzen, S. 8.

Dreiklang

Investition eingestuft wird, umso höher wird der Eigenkapitalanteil ausfallen, den die finanzierende Bank verlangt. Das Eigenkapital besitzt die Funktion eines Verlustausgleichspuffers, da sich die Investitionsverluste mit dem Eigenkapital decken lassen.

Bei Immobilieninvestitionen ist die Kapitalstruktur stark durch die Investmentklasse beeinflusst. Im Normalfall ist es wesentlich leichter, für Investitionen mit einem geringen Rendite-Risiko-Profil Fremdkapital zu erhalten als für Hochrisikoinvestments. Bei Investitionen in Objekte der Development-Klasse muss daher ein größerer Prozentsatz an Eigenkapital erbracht werden, als etwa bei Core-Investitionen. Dies begründet sich in der Vorgehensweise der Bank, die sich wiederum Fremdkapital bei ihrer Zentralbank beschaffen kann. Allerdings muss die Bank, die das Fremdkapital stellt, in einem Arbitragegeschäft höhere Zinsen verlangen, als sie selbst von der Zentralbank auferlegt bekommt.

Darüber hinaus gibt die Eigenkapitalquote auch Auskunft über die Unabhängigkeit eines Unternehmens. Je geringer der Anteil an Fremdkapital ist, desto weniger bestehen die Geldgeber auf ein Mitspracherecht bei Investitionsentscheidungen. Bei der Berechnung der Eigenkapitalquote ist allerdings darauf zu achten, welche Positionen dem Eigenkapital zugerechnet werden. Als Gegenpart zur Eigenkapitalquote kann aus dem Quotienten von Fremdkapital und Gesamtkapital die Fremdkapitalquote berechnet werden.

Allerdings ist eine hohe Eigenkapitalquote nicht ausschließlich positiv zu bewerten, da sie eine wichtige Rolle bei der Optimierung von Renditen besitzt. Es gilt hier, dass eine Erhöhung der Eigenkapitalquote fast immer zulasten der Eigenkapitalrendite geschieht. Eine Erhöhung der Eigenkapitalquote bedeutet, dass die Gewinne des Unternehmens nicht direkt ausgezahlt werden, sondern genutzt werden, um Rücklagen zu bilden. Eigenkapitalquote und Eigenkapitalrendite stehen daher in einem direkten Zusammenhang. Dieses Phänomen wird als Leverage-Effekt bezeichnet. Der Leverage-Effekt beschreibt die Hebelwirkung des Verschuldungsgrads eines Unternehmens oder einer Investition auf die Eigenkapitalrentabilität. Verdeutlichen wir dies noch einmal am Beispiel vom Beginn des Kapitels:

4 Bilanzanalyse

▶ **BEISPIEL: Leverage-Effekt**

Eine Immobilie mit einem Kaufpreis von 100.000 Euro und Werthebungskosten von 150.000 Euro wird nach einem Jahr für 500.000 Euro verkauft. Die Eigenkapitalrendite beträgt, wenn das gesamte Investment mit Eigenkapital finanziert wird, 100 Prozent. Wie entwickelt sich aber die Rendite, wenn der Kaufpreis mit einem Fremdkapitalanteil von 60 Prozent finanziert wird? Das Kapital der Investition würde sich demnach aus 190.000 Euro (40 Prozent des Kaufpreises = 40.000 zuzüglich der Werthebungskosten in Höhe von 150.000 Euro) an Eigenkapital und 60.000 Euro an Fremdkapital zusammensetzen. Bei einem Eigenkapital von 190.000 Euro und einem Jahresgewinn von 250.000 Euro erzielt die Investition nun eine Eigenkapitalrendite von 132 Prozent. Der Leverage-Effekt hat eine Steigerung der Rendite um 32 Prozent bewirkt.

Allerdings muss die Investition einige Prämissen erfüllen, um mit einer Erhöhung des Verschuldungsgrads über den Leverage-Effekt eine Optimierung der Renditen erreichen zu können. Zunächst einmal tritt der Leverage-Effekt nur ein, wenn die Gesamtkapitalrendite größer ist als die Finanzierungskosten. Ist dies nicht der Fall, läuft das Unternehmen Gefahr, „dass das Eigenkapital des Unternehmens durch Zins- und Tilgungsleistungen nach und nach aufgezehrt wird und u. U. eine spätere Überschuldung des Unternehmens zu dessen Insolvenz führt."[44] Die Eigenkapitalquote sollte daher immer vor dem Hintergrund der unternehmerischen Investitionsstrategie beurteilt werden. Eine Finanzierung mit Eigenkapital hat den Vorteil, die Sicherheit eines Unternehmens zu verstärken. Darüber hinaus bringt eine Fokussierung auf eine hohe Eigenkapitalquote weitere Nachteile mit sich. So ist eine hundertprozentige Eigenfinanzierung in einigen Fällen auch steuerlich ungünstig. Eine Kapitalgesellschaft kann unter gewissen Voraussetzungen Zinsen auf Fremdkapital bei der Körperschafts- und Gewerbesteuerermittlung absetzen, was geringere Steuerabgaben ermöglicht als bei einer kompletten Eigenfinanzierung. Die Eigenkapitalquote ist also differenziert zu betrachten, eine für jede Situation richtige Eigenkapitalquote existiert nicht.

Eine alleinige Betrachtung des Return on Investment ist nicht in der Lage zu zeigen, welche Strategie im Rahmen einer Investition verwendet wird und in welchem Verhältnis „das Verdienstziel und das Sicherheitsziel zueinander stehen."[45] Zwei Unternehmen, die komplett unterschiedliche Schwerpunkte in ihrer strategischen Ausrichtung haben, können dennoch denselben Return on Investment aufweisen: Unternehmen A besitzt eine Eigenkapitalquote von fünf Prozent und eine Eigenkapitalrendite von 80 Prozent und Unternehmen B besitzt eine Eigenkapitalquote von 80 Prozent und eine Eigenkapitalrendite von fünf Prozent. Dies verdeutlicht die folgende Tabelle:

---

[44] Ebd., S. 9.
[45] Ebd., S. 6.

	Kalkulation	A	B
EK + FK	= Gesamtkapital	100,00 €	100,00 €
EK		5,00 €	80,00 €
FK	= Gesamtkapital - EK	95,00 €	20,00 €
EK - Quote	= EK / Gesamtkapital	5 %	80 %
Gewinn		4,00 €	4,00 €
EK-Rendite	= Gewinn / EK	80 %	5 %
ROI	**= Gewinn / Gesamtkapital**	**4 %**	**4 %**

Tab. 22: Berechnung des RoI

Auch wenn die Unternehmen unterschiedliche Strategien verfolgen, so besitzen beide einen RoI von vier Prozent. Da der RoI das Produkt aus Eigenkapitalrendite und Eigenkapitalquote beschreibt, bleibt der RoI in diesem Fall bei beiden Unternehmen derselbe. Der Return on Investment muss daher stets vor dem Hintergrund seiner beiden Einzelkennzahlen Eigenkapitalrendite und Eigenkapitalquote betrachtet werden. Eine detaillierte Betrachtung des RoI-Systems kann einen tiefgreifenden Einblick in die strategische Ausrichtung einer Investition gewähren und die Wirtschaftlichkeit eines Unternehmens detailliert beleuchten.

Der interne Zinsfuß — Internal Rate of Return (IRR)

Neben der Analyse des Kennzahlsystems der Investitionsrendite kann der Jahresabschluss auch auf andere Key-Performance-Indikatoren hin betrachtet werden. Eine solche Möglichkeit stellt die Analyse des internen Zinsfußes dar. In der anglo-amerikanischen Literatur wird diese Art und Weise den Erfolg einer Investition zu betrachten auch als Internal Rate of Return (IRR) bezeichnet. Der interne Zinsfuß dient in einer „ökonomische[n] Interpretation"[46] dazu, die tatsächliche Rendite einer Investition zu ermitteln. Dabei ermöglicht es die Analyse der Bilanz mit der IRR-Methode, den durchschnittlichen Zinssatz eines Investments mit schwankenden Jahres-Cashflows zu bestimmen.

---

[46] Gondring und Wagner: Real Estate Asset Management. Handbuch für Studium und Praxis. S. 108.

Rechnerisch wird die Investitionsrendite in einem komplexen Verfahren ermittelt, das an dieser Stelle nur in seinen Grundzügen beschrieben werden kann. Um die „Effektivverzinsung […] des gebundenen Kapitals" zu ermitteln, wird derjenige Zinssatz ermittelt, mit dem die in Zukunft erwirtschafteten einzelnen Jahres-Cashflows diskontiert werden müssen, um die Investitionskosten zu decken. Die Methode der internen Zinsfußrechnung verwendet also bilanzielle Kennzahlen für die Prognose über den Erfolg einer Investition. Um mit der IRR-Methode den Zinssatz ermitteln zu können, müssen allerdings die zukünftigen Jahres-Cashflows des Investitionsobjekts antizipiert werden. Dies geschieht auf Grundlage eines Businessplans bzw. einer Investitionsrechnung.

Die IRR-Methode ermittelt also die Verzinsung einer Investition unter Angabe sowohl der Investitionskosten als auch des prognostizierten Jahres-Cashflows. Verdeutlichen wir dies an einem Beispiel: Eine Immobilie wird am Beginn des Investitionszyklus für 1.200.000 Euro erworben. Das Objekt erwirtschaftet in den ersten beiden Jahren 100.000 Euro an Mieteinnahmen, im zweiten Jahr werden Modernisierungsarbeiten in Höhe von 50.000 Euro vorgenommen, die eine Steigerung der Mieten zur Folge haben. Das gleiche wird in den Jahren fünf und acht wiederholt. Am Ende des Investitionszyklus nach zehn Jahren wird die Immobilie für 1.500.000 Euro veräußert. Den genauen Verlauf der Cashflows zeigt die folgende Tabelle:

Dreiklang

Kaufpreis	**−1.200.000,00 €**
Cashflow in Jahr 1	**100.000,00 €**
Einzahlungen in Jahr 2	100.000,00 €
Auszahlungen in Jahr 2	−50.000,00 €
Cashflow in Jahr 2	**50.000,00 €**
Cashflow in Jahr 3	**125.000,00 €**
Cashflow in Jahr 4	**125.000,00 €**
Einzahlungen in Jahr 5	125.000,00 €
Auszahlungen in Jahr 5	−50.000,00 €
Cashflow in Jahr 5	**75.000,00 €**
Cashflow in Jahr 6	**150.000,00 €**
Cashflow in Jahr 7	**150.000,00 €**
Einzahlungen in Jahr 8	150.000,00 €
Auszahlungen in Jahr 8	−50.000,00 €
Cashflow in Jahr 8	**100.000,00 €**
Cashflow in Jahr 9	**200.000,00 €**
Einzahlungen in Jahr 10	200.000,00 €
Auszahlungen in Jahr 10	1.500.000,00 €
Cashflow in Jahr 10	**1.700.000,00 €**

Tab. 23: Beispiel IRR

Im Falle unseres Beispiels liegt der IRR bei 11,3 Prozent, die Immobilie besitzt einen Faktor von 8,9. Diese Angabe zur Effektivverzinsung, also zur tatsächlichen Rendite der Investition, unterstützt im Vorfeld einer Investition vor allem bei der Entscheidung, ob die Immobilie erworben wird. „Mit dem IRR erhält der Asset-Manager eine Kennzahl, die den Erfolg der gesamten Haltedauer des Objekts zusammenfasst."[47]

Dabei ist jedoch auf die Problematik zu achten, die eine IRR-Betrachtung impliziert. Zum einen ist die Wiederanlageprämisse der internen Zinsfußrechnung kritisch zu hinterfragen. Sie besagt, dass alle Erträge einer Investition „zum gleichen Zinssatz

---

[47] Christian Kolb und Stephan Seilheimer: Rating von Einzelhandelsimmobilien im Rahmen eines aktiven Asset Managements. In: Oliver Everling u. a. (Hg.): Rating von Einzelhandelsimmobilien. Qualität, Potenziale und Risiken sicher bewertet, S. 169.

wieder angelegt werden können. Diese Annahme ist bei einer Investition in konkrete Immobilien jedoch nur weniger realistisch."[48] Darüber hinaus kann die Formel zur Bestimmung des IRR mehrere Ergebnisse ausweisen, wenn die einzelnen Cashflows unterschiedliche Vorzeichen besitzen. Mehr als ein negativer Cashflow generiert mehrere Ergebnisse, von denen das richtige schließlich manuell zu bestimmen ist. Nichtsdestotrotz ist die Interne-Zinsfuß-Methode „ein notwendiges Mittel, um eine Aussage über das Verhältnis von Risiko und Rendite zu treffen, da ohne sie die Ermittlung der Rendite einer Investition nicht möglich zu sein scheint."[49]

Cash on Cash (CoC)

Bevor die einzelnen Bilanzkennzahlen in einer beispielhaften Investitionsrechnung vorgestellt werden, soll mit der Cash-on-Cash (CoC)-Betrachtung eine letzte Perspektivierung bilanzieller Informationen präsentiert werden. Ein Investor wird sich vor allem Cash-on-Cash-Analysen widmen, wenn er eine langfristige Haltstrategie verfolgt. Für langfristige Strategien, etwa den Erwerb einer Super-Core-Immobilie, die 25 Jahre gehalten wird, sind Betrachtungen auf Basis der Eigenkapitalrendite oder der IRR ungeeignet. Insbesondere der IRR wird mit zunehmender Dauer des Investments deutlich sinken. Langfristige Investitionen sind vor allem auf stabile und sichere Renditen ausgelegt, die nur einem geringen Risiko unterliegen. Daher sollte bei langfristigen Investitionen immer eine Cash-on-Cash-Analyse erfolgen, welche die jährliche Verzinsung der Cashflows angibt. Der Cash on Cash Return zeigt die jährliche Verzinsung an, nachdem alle Abgaben bedient sind. Hiervon ausgenommen sind die steuerlichen Belastungen. Damit berechnet sich der Cash on Cash Return nach folgender Formel:

$$\text{Cash on Cash Return} = \frac{\text{Cashflow vor Steuern}}{\text{investiertes Kapital}}$$

Vor allem für Investitionen in Immobilien, die ihre Erträge durch Mieteinnahmen und ohne eine Trade-Komponente erwirtschaften, eignet sich eine Analyse des Cash on Cash Returns. Verdeutlichen wir den Cash on Cash Return anhand eines Beispiels. Ein Miethaus wird mit einem Eigenkapital von 150.000 Euro inklusive aller Nebenkosten erworben. Das Objekt erwirtschaftet einen Jahresnettoertrag von 39.500 Euro. Wichtig bei der Ermittlung des Cash on Cash Returns ist, dass der Ertrag in Form eines tatsächlichen Nettoertrags vorliegt und alle anfallenden Kosten

---

[48] Gondring und Wagner: Real Estate Asset Management. Handbuch für Studium und Praxis, S. 108.
[49] Ebd., S. 109.

getilgt sind. In unserem Beispiel fallen zusätzlich jährliche Finanzierungskosten von 21.000 Euro an. Im ersten Jahr ermittelt sich daher folgender CoC Return:

$$\text{Cash on Cash Return} = \frac{39.500,00\, € - 21.000,00\, €}{150.000,00\, €} = 12,3\,\%$$

Die Investition erwirtschaftet also einen Cash on Cash Return von 12,3 Prozent. Eine mit dieser Kennzahl verwandte Größe sind die Funds From Operation (FFO), die vor allem bei REITs und bei AGs eine große Rolle spielen. Sie werden ermittelt, wenn der Netto-Cashflow aus Mieteinnahmen um die Abschreibungen erhöht wird. Auch hier ist darauf zu achten, dass sämtliche Aufwendungen bereinigt worden sind und keine Einkünfte aus Tradings in die Cashflows Einzug erhalten.

Die FFOs geben oft eine transparentere Auskunft über die Performance von REITs oder AGs als die offiziellen Angaben des Jahresabschlusses. Vor allem bei der Analyse von Unternehmen, die Einnahmen aus Investitionen aus langfristigen, sicheren Investments erwirtschaften, kann es sinnvoll sein, Verkaufserlöse zu vernachlässigen, da sie der Strategie langfristiger Investments eigentlich entgegenlaufen. Die Abschreibungen werden den FFOs hinzugefügt. So können Immobilien auch dann abgeschrieben werden, wenn sich ihr Marktwert durch makrozyklische Entwicklungen deutlich steigert. Als nachhaltiger Indikator für die Performance langfristiger Immobilieninvestitionen, die Rendite durch Mieteinnahmen generieren, eignen sich daher der CoC Return sowie die Funds From Operation deutlich besser als die Eigenkapitalrendite oder die IRR.

4.2.2 Beispiel einer Kennzahlenanalyse

Die zuvor beschriebenen theoretischen Analysen der einzelnen Kennzahlen sollen nun an einem Beispiel verdeutlicht werden. Dabei wird nicht nur die Möglichkeit einer bilanziellen Analyse der einzelnen Kennzahlen gezeigt. Vor allem sollen die Möglichkeiten offengelegt werden, die eine Optimierung der Investitionsrendite ermöglichen. Um dies zu leisten, wird ein Beispiel in verschiedenen bilanztheoretischen Variationen durchgespielt, die verdeutlichen, welche Möglichkeiten eine genaue Kenntnis der bilanziellen Rahmenbedingungen bietet.

Zu diesem Zweck dient eine alte Villa mit Seezugang in Potsdam als Beispielobjekt. Das Objekt wurde 1895 erbaut und verfügt über eine Wohnfläche von 500 Quadratmeter. Die ansprechende Architektur der Immobilie befindet sich in einem baufälligen Zustand. Das Objekt steht vollkommen leer. Im Rahmen einer Investmentklassifikation wird die Villa als Development eingestuft. Der positive Makrozyklus, der durch die hervorragende Lage direkt am See begründet ist sowie eine durch die Nähe zur Metropole Berlin gelegene gute makrozyklische Perspektive, versprechen hohe Renditen in diesem Objekt. Der Kaufpreis pro Quadratmeter beträgt 1.400 Euro. Die Kosten der Werthebung werden auf 1.800 Euro pro Quadratmeter beziffert.

Die Investitionsrechnung dieses Objekts wird im Folgenden anhand verschiedener Variationen durchgespielt.

Strategie 1: Kaufen — Heben — Verkaufen

Beginnen wir die Variationen unseres Beispiels mit der simpelsten Investitionsstrategie: Nach dem Erwerb eines Objekts wird es in seinem Wert gehoben und schließlich verkauft. Die gesamte Investition wird dabei mit Eigenkapital durchgeführt.

Das Objekt wird für 1.400 Euro pro Quadratmeter erworben und für 1.800 Euro pro Quadratmeter entwickelt. Zusätzlich fallen noch zehn Prozent Erwerbsnebenkosten (Grunderwerbsteuer, Gutachter, Notar etc.) sowie 15 Prozent Baunebenkosten (Architekten, Statiker, Baugenehmigungen etc.) pro Quadratmeter an. Nach einer erfolgreichen Werthebung, die innerhalb eines Jahres abgeschlossen ist, kann das sanierte Objekt für 6.000 Euro pro Quadratmeter verkauft werden. Die vereinfachte Investitionsrechnung zeigt die folgende Tabelle:

Kostenposition		Kalkulationsbasis	Betrag
Kaufpreis		pro m²	1.400,00 €
Erwerbsnebenkosten	+	10 %	140,00 €
Entwicklungskosten	+	pro m²	1.800,00 €
Baunebenkosten	+	15 %	270,00 €
Investitionskosten	=	pro m²	**3.610,00 €**

Verkaufserlös			6.000,00 €
Investitionskosten	-		3.610,00 €
Reinertrag	=		**2.390,00 €**

Tab. 24: Strategie 1: Kaufen – Heben – Verkaufen

Dreiklang

Bei Investitionskosten in Höhe von 3.610 Euro pro Quadratmeter sowie einem Verkaufspreis von 6.000 Euro pro Quadratmeter erwirtschaftet die Investition einen Reinertrag von 2.390 Euro pro Quadratmeter vor Steuern. Mit diesen Angaben können nun die zuvor beschriebenen bilanziellen Kennzahlen berechnet werden.

IRR	66,20 %
EKQ	100,00 %
RoE	66,20 %
RoI	66,20 %

Tab. 25: Kennzahlen Strategie 1: Kaufen – Heben – Verkaufen

Da die Investition sich nur über einen Zeitraum von einem Jahr erstreckt und mit 100 Prozent Eigenkapital durchgeführt wird, ergeben RoE, IRR und RoI die gleichen Renditen. Mit dieser einfachsten Form der Investition kann eine Rendite von 66,2 Prozent erwirtschaftet werden. Beim Einstieg in die Investition befindet sich das Objekt auf der Immobilienuhr auf 06:00 Uhr. Im Laufe ihres Investitionszyklus wird die Immobilie schließlich auf die 12:00-Uhr-Position gehoben und generiert dort eine maximale Rendite. Allerdings lässt sich die Rendite durch geschickte Bilanzstrategien noch einmal dramatisch steigern.

Strategie 2: Erhöhen der Fremdkapitalquote

Die erste Variation dieses Beispiels soll eine Änderung der Kapitalstruktur untersuchen und die Auswirkungen betrachten, die der Leverage-Effekt auf die Renditen der Investition besitzt. Nehmen wir also an, der Kauf der Immobilie wird mit einer Eigenkapital-Fremdkapital-Verteilung von 40 Prozent zu 60 Prozent vollzogen. Die Erwerbsnebenkosten sowie die Entwicklungskosten werden weiterhin mit Eigenkapital bedient. Durch die Fremdfinanzierung sinken die Investitionskosten pro Quadratmeter und der Reinertrag der Investition erhöht sich. Allerdings kommen bei dieser Strategie die Kosten für die anfallenden Fremdkapitalzinsen in Höhe von zehn Prozent hinzu. Mit Fremdkapital in Höhe von 840 Euro pro Quadratmeter fallen daher in unserem Beispiel 84 Euro pro Quadratmeter Fremdkapitalzinsen an.

Bilanzanalyse

Kostenposition		Kalkulationsbasis	Betrag
Kaufpreis		40 % EK	560,00 €
Erwerbsnebenkosten	+	10 %	140,00 €
Entwicklungskosten	+		1.800,00 €
Baunebenkosten	+	15 %	270,00 €
Investitionskosten	=		**2.770,00 €**
Fremdkapital			840,00 €
Fremdkapitalzinsen		10 %	**84,00 €**
Verkaufserlös			6.000,00 €
Investitionskosten	−	mit EK	2.770,00 €
Reinertrag	=		3.230,00 €
Reinertrag		nach FK-Zinsen	**3.146,00 €**

Tab. 26: Strategie 2: Erhöhen der Fremdkapitalquote

EKQ	76,73 %
RoE	113,57 %

Tab. 27: Kennzahlen Strategie 2: Erhöhen der Fremdkapitalquote

Diese Variation zeigt das Nutzen des Leverage-Effekts. Durch einen reduzierten Eigenkapitalanteil (40 Prozent vom Kaufpreis, 76,73 Prozent von der Gesamtinvestition) erhöht sich die Eigenkapitalrendite des Investors. Auch wenn der Reinertrag um die Fremdkapitalkosten gemindert wird, entsteht eine signifikant höhere Eigenkapitalrendite. Statt 66,2 Prozent beträgt sie unter Anwendung der Strategie 2 über 113 Prozent.

Strategie 3: Optimieren des Deals

Durch komplexe Finanzierungsschritte sowie steuerliche Vergünstigungen besteht die Möglichkeit, die Rendite noch einmal deutlich zu verbessern. Hier liegt nun die hohe Kunst der Finanzrechnung, um Renditen von mehreren Hundert Prozent zu erwirtschaften.

Dreiklang

Dabei sind einige einfache Regeln zu beachten, um den Deal zu optimieren. Die erste Regel für ein Investment mit extrem hohen Renditen lautet: Kauf das schlechteste Haus in der besten Lage (vgl. oben +/+-Szenario). Wenn im Rahmen der Werthebung die Möglichkeit zur Nachverdichtung gegeben ist, sind extreme Steigerungspotenziale zwischen Einkaufs- und Verkaufspreis möglich. Da sich solche Objekte in den Investmentklassen Development oder Opportunity befinden, können Sie im Investitionszyklus auf der mikrozyklischen Immobilienuhr von einer 06:00-Uhr-Position bis auf eine 12:00-Uhr-Position entwickelt werden. Diese Vorgabe ist in unserem Beispielobjekt erfüllt. Allerdings existieren darüber hinaus noch bilanzielle Optimierungspotenziale, welche die Renditen drastisch erhöhen können.

So wird unsere Beispielimmobilie im Rahmen der folgenden Überlegungen von einer Immobilieninvestition in ein strukturiertes Finanzprodukt transformiert. Dafür sind allerdings wiederum einige Voraussetzungen zu schaffen. Zunächst muss der Immobiliendeal als Bauträgermaßnahme erfolgen. Der Investor muss als Bauträger handeln und verantwortet die Wertsteigerung eines Objekts, das er im optimalen Fall schon vor Beginn der Entwicklungsphase an einen Käufer veräußert hat. Die Besonderheit der Arbeit des Bauträgers ist, dass er auf eigenen Namen und damit auf eigenes Risiko Leistungen erbringen muss. Mit diesem erhöhten Risiko bieten sich aber entscheidende Vorteile bei der Steigerung der Renditen.

Unser Beispielobjekt steht darüber hinaus unter Denkmalschutz und ermöglicht somit nicht nur für den Investor, sondern auch für den Käufer finanzielle Vorteile. Nach § 7i Abs. (1) Einkommensteuergesetz können die Sanierungskosten bei einem Objekt, „das nach den jeweiligen landesrechtlichen Vorschriften ein Baudenkmal ist" steuerlich abgesetzt werden. Erwerber, die das Objekt als Kapitalanlage nutzen und vermieten, können in den ersten acht Jahren je neun Prozent und in den darauffolgenden vier Jahren je sieben Prozent als Sonderabschreibung geltend machen und somit die gesamten Sanierungskosten abschreiben. Wird das Objekt selbst genutzt, können nur 90 Prozent der Werthebungskosten über zehn Jahre abgeschrieben werden.

Gehen wir in unserem Beispiel davon aus, das der Enderwerber das Objekt vermieten möchte und somit die vollen Werthebungskosten steuerlich geltend machen kann. Der Investor kauft als Bauträger das Grundstück für 1.400 Euro pro Quadratmeter ein und veräußert es für 6.000 Euro pro Quadratmeter an den Endkunden. Die Differenz von 4.600 Euro pro Quadratmeter kann dieser als Modernisierungskosten abschreiben. In unserem Beispiel wird eine Wohnung in dem Investitionsobjekt mit einer Größe von 50 Quadratmetern erworben.

	Kalkulation	Betrag
Kaufpreis für den Enderwerber	6.000,00 €/m² 50 m²	300.000,00 €
Davon für die Werthebung	4.600,00 €/m² 50 m²	230.000,00 €
Abschreibung jährlich (erste 8 Jahre)	9 % auf Werthebung	20.700,00 €
Abschreibung jährlich (weitere 4 Jahre)	7 % auf Werthebung	16.100,00 €
Abschreibung gesamt		**230.000,00 €**

Tab. 28: Steuervorteile § 7i EstG

Der potenzielle Erwerber kann also in den kommenden zwölf Jahren insgesamt 230.000 Euro steuerlich absetzen und erhält daher mit dem Kauf der Immobilie nicht nur ein Objekt zur Kapitalanlage, sondern darüber hinaus ein Finanzmarktprodukt, das ihm einen bedeutenden steuerlichen Vorteil verschafft. Nehmen wir darüber hinaus an, dass sich mit diesem Betrag beim Enderwerber eine steuerliche Ersparnis in Höhe von ca. 100.000 Euro[50] einstellt. Diese Steuerersparnis kann der Enderwerber wiederum zur Finanzierung des Kaufs bei seiner Bank einbringen. Dazu wird das Geld über die nächsten zwölf Jahre abgezinst. In unserem Beispiel nehmen wir einen Kalkulationszins von vier Prozent an und diskontieren die 100.000 Euro.

---

[50] Dies ist bei einem Grenzsteuersatz von 43,4 Prozent gegeben. Der maximale Grenzsteuersatz von 42 Prozent für die Einkommensteuer in Deutschland wird 2013 bereits bei 52.882 Euro erreicht. Wenn noch Kirchensteuer gezahlt wird, sind 43,4 Prozent deutlich überschritten. Außerdem wurde die realistische Annahme getroffen, dass die Mieteinnahmen den Fremdkapitalzinsen sowie anderen Mietausgaben entsprechen

Jahr	Abschreibung	Steuerliche Ersparnis	Diskontierungsfaktor	Diskontierte steuerliche Ersparnis
1	20.700,00 €	9.000,00 €	0,961538462	8.653,85 €
2	20.700,00 €	9.000,00 €	0,924556213	8.321,01 €
3	20.700,00 €	9.000,00 €	0,888996359	8.000,97 €
4	20.700,00 €	9.000,00 €	0,854804191	7.693,24 €
5	20.700,00 €	9.000,00 €	0,821927107	7.397,34 €
6	20.700,00 €	9.000,00 €	0,790314526	7.112,83 €
7	20.700,00 €	9.000,00 €	0,759917813	6.839,26 €
8	20.700,00 €	9.000,00 €	0,730690205	6.576,21 €
9	16.100,00 €	7.000,00 €	0,702586736	4.918,11 €
10	16.100,00 €	7.000,00 €	0,675564169	4.728,95 €
11	16.100,00 €	7.000,00 €	0,649580932	4.547,07 €
12	16.100,00 €	7.000,00 €	0,624597050	4.372,18 €
Summe	**230.000,00 €**	**100.000,00 €**		**79.161,02 €**

Tab. 29: Diskontierte steuerliche Ersparnis

Nachdem mit der Diskontierung der steuerlichen Ersparnis der Barwert ermittelt worden ist, kann der Enderwerber also 79.161,02 Euro in die Finanzierung des Kaufs einbringen. Bei einem Kaufpreis von 300.000 Euro besitzt er somit – ohne Eigenkapital investiert zu haben – eine Eigenkapitalquote von knapp 25 Prozent.

Neben der steuerlichen Ersparnis, die seitens des Käufers am Ende des Investitionszyklus vorliegt, kann auch der Investor noch durch eine geschickte Finanzierung seine Rendite optimieren.

Bei einer Eigenkapitalquote von 40 Prozent des Kaufpreises steigt der Investor mit 560 Euro pro Quadratmeter in die Investition ein. Da er als Bauträger im Best Case schon vor Beginn der Projektentwicklung einen Käufer – und damit einen Gewinn – vorweisen kann, wird die Bank unter Umständen einer Revalutierung des Darlehens zustimmen. Der kalkulierte Gewinn von 2.390 Euro pro Quadratmeter kann der Bank dabei als Sicherheit dienen. In unserem Beispiel wird eine Revalutierung mit einer Fremdkapitalquote von 80 Prozent angestrebt. Von den ursprünglichen 560 Euro pro Quadratmeter verbleiben auf diese Weise lediglich 112 Euro pro Quadratmeter an Eigenkapital, die sich allerdings noch durch Softkosten in Höhe von 140 Euro pro Quadratmeter und die Kosten für die Revalutierung in Höhe von ca. 100 Euro pro Quadratmeter erhöhen.

	Kalkulation	**Betrag / m²**
Kaufpreis		1.400,00 €
EK-Anteil vor Revalutierung	40 % vom Kaufpreis	560,00 €
Revalutierung zu 20 – 80		
EK-Anteil bei Revalutierung	20 % vom EK-Anteil vor Revalutierung	112,00 €
Softkosten		140,00 €
Revalutierungskosten		100,00 €
Anteil am Kaufpreis		352,00 €

Tab. 30: Revalutierung

Um die verbleibenden Kosten für die Werthebung in Höhe von 1.800 Euro pro Quadratmeter zu decken, wird nun die Rechnungslegung nach der Makler- und Bauträgerverordnung (MaBV) bemüht. Nach § 3 Abs. 2 MaBV darf der Bauträger im Moment, in dem der Rohbau fertiggestellt worden ist, 58 Prozent des Kaufpreises einfordern. Damit kann der Investor also 3.480 Euro pro Quadratmeter einfordern. Er benötigt allerdings um den Rohbau zu finanzieren auch nur 50 Prozent der insgesamt 1.800 Euro für die Werthebung. Daher verfügt der Investor in unserem Beispiel im Moment der Fertigstellung des Rohbaus über 2580 Euro pro Quadratmeter an freier Liquidität, mit der er die Bank komplett auszahlen kann. Am Ende verbleibt dennoch die Summe von 1.292 Euro pro Quadratmeter. Wird mit Vollendung der Werthebung der Restbetrag von 2.520 Euro pro Quadratmeter beglichen, ist ein Profit von 3.812 Euro pro Quadratmeter erwirtschaftet worden. Dafür wurde lediglich ein Eigenkapitaleinsatz von 352 Euro pro Quadratmeter gegenübergestellt. Der Return on Equity dieser Investition beträgt daher über 1.000 Prozent. Die geringe Eigenkapitalquote von 9,2 Prozent verdeutlicht allerdings auch das gestiegene Risiko.

Allerdings sind solche Investitionen nicht uneingeschränkt möglich und benötigen eine entsprechende Infrastruktur auf Seiten des Investors, der darüber hinaus mit seinem Privatvermögen haftet. Bei komplexen Werthebungsverfahren steckt hinter jeder Wand der Ruin: Schwammbefall oder eine zu positiv eingeschätzte Bausubstanz vernichten die Prämissen einer jeden Investitionsrechnung und stürzen den Investor in hohe Schulden. Diese Risiken kennt natürlich auch die Bank und vergibt Revalutierungsmöglichkeiten nur an Investoren mit einem hervorragenden Track Record — also einer hervorragenden Bonität. Auch das Personal des Investors muss für Deals mit einer solchen Komplexität den höchsten Standards entsprechen: Von den Architekten bis hin zum Vertrieb muss eine exzellente personelle Infrastruktur vorhanden sein. Unter diesen Voraussetzungen ist es allerdings möglich, Renditen in einer außerordentlichen Höhe zu erzielen.

Der maßgebliche Indikator dieser Investition ist allerdings das Timing, nur wenn die 6.000 Euro pro Quadratmeter vom Markt ermöglicht werden, kann die Investition in voller Konsequenz zum Erfolg gebracht werden. Auch die Dauer der Investition wirkt sich direkt auf die Rendite aus. Wird der Umbau der Immobilie nicht in einem Jahr geleistet, sondern erst nach zwei Jahren vollendet, halbiert sich auch die Rendite. Der Markt kann darüber hinaus schon vollständig andere Prognosen besitzen, die eventuell nur einen wesentlich geringeren Kaufpreis ermöglichen.

Die Bilanz eines Unternehmens gibt mit ihren drei oben beschriebenen Bestandteilen eine Art Visitenkarte für die Investition ab. Sie muss detailliert analysiert und auf die wesentlichen Kennzahlen durchleuchtet werden — sowohl, um den richtigen Partner für den Deal zu finden, als auch, um die Rendite der Investition unter Anwendung der richtigen Prämissen optimal und nachhaltig ermitteln zu können.

Die Bestandteile des handelsrechtlichen Jahresabschlusses bilden dabei die Strategie ab, die ein Unternehmen im Rahmen seiner Investitionsentscheidungen verfolgt. Sie müssen darüber hinaus allerdings auch auf die externen Rahmenbedingungen Rücksicht nehmen. Ein Beispiel dafür zeigt sich etwa im neuen Mietrecht, das zum 01.05.2013 in Kraft getreten ist.

In der aktualisierten Gesetzesfassung wird den Ländern die Möglichkeit gegeben, die Erhöhung von Bestandsmieten innerhalb von drei Jahren auf 15 Prozent zu drosseln — diese Möglichkeit hat Berlin wahrgenommen. Im Rahmen von Investitionen in der Hauptstadt muss dies natürlich in der Investitionsrechnung berücksichtigt werden. Wenn der Businessplan allerdings von einer Steigerung der Mieten um 20 Prozent ausgeht, ist dies kritisch zu hinterfragen. Auch die geplante Erhöhung der Grunderwerbsteuer in Berlin auf sechs Prozent muss im Rahmen bilanzieller Analysen berücksichtigt werden. Die Erhöhung um einen Prozent scheint auf den ersten Blick vernachlässigbar zu sein. Da sich Immobilieninvestitionen aber insbesondere durch immense Anschaffungskosten auszeichnen, kann eine Erhöhung der Grunderwerbsteuer um einen Prozent schnell hohe zusätzliche Kosten verursachen. Die bilanziellen Bestandteile müssen daher auf einem detaillierten Werterkennungsprozess beruhen und die Rahmenbedingungen des Zyklus erfassen.

4.2.3 Der Trade Deal

Zum Abschluss dieses Kapitels soll ein kurzer Blick auf die Klasse der Trade Deals geworfen werden. Als Trade Deal werden diejenigen Immobilieninvestitionen bezeichnet, bei denen schon von Beginn an der Verkauf des Objekts als Ziel angegeben wird. Solche Deals sind extrem risikobehaftet, ermöglichen allerdings auch ausgesprochen hohe Renditen.

Um diese hohen Renditen zu erzielen, werden im Rahmen von Trade Deals meist ganze Immobilienportfolios gehandelt. Dabei weisen die Immobilien des Portfolios meist einen hohen Sanierungs- und Modernisierungsbedarf sowie vergleichsweise hohe Leerstandsquoten auf. Aus diesem Grund sind im Rahmen von Trade Deals hohe Investitionen in die Bausubstanz nötig. Stimmt das Potenzial der Immobilie allerdings mit dem Marktpotenzial überein, ergeben sich optimale Synergieeffekte, die eine rasante Wertentwicklung ermöglichen. Berliner Portfolios erlauben etwa Mietsteigerungen von bis zu 20 Prozent. So geschieht es nicht selten, dass Einstiegspreise von knapp 700 Euro pro Quadratmeter in Ausstiegen von 1.350 Euro pro Quadratmeter resultieren. Darüber hinaus geht mit der eigentlichen Wertentwicklung auch eine nachhaltige Steigerung der Bruttorendite im Investitionszeitraum einher. Die Gefahren solch komplexer Investitionen sollten allerdings nicht unterschätzt werden. Es sind immense Aufwände in jeglicher Hinsicht notwendig, um einen Trade Deal zu vollziehen. Gelingt aber ein solcher Deal, sind Renditen im Bereich von 70 Prozent und mehr keine Seltenheit.

Um die Risiken und Renditen der Investitionen in Immobilien beurteilen zu können, ist es im Rahmen der Dynamischen Methode möglich, ein Immobilienrating durchzuführen. Wie ein solches Rating konzipiert ist, zeigt das folgende Kapitel.

5 Konzeption eines Immobilienratings

Das Kapitel 4 hat verdeutlicht, wie die Informationen einer Immobilieninvestition in der externen Rechnungslegung verarbeitet werden und welche Kennzahlen im Rahmen einer detaillierten Bilanzanalyse zu betrachten sind.

Damit, so scheint es, sind sämtliche Informationen, die man für eine Immobilieninvestition benötigt, zusammengetragen und analysiert: Der Wert der Immobilie ist erkannt und die Investition ist auf Bilanzebene dargestellt.

Die klassischen Verfahren der Immobilienbewertung – lassen wir ihre methodischen Limitationen einmal außen vor – stellen die Arbeit an dieser Stelle ein. Die DCF-Methode ist methodisch in der Lage, eine Immobilieninvestition im Business Case abzubilden, spätestens dort endet ihr Anwendungsbereich allerdings. Alle Verfahren ermitteln zwar den aktuellen Wert einer Immobilie, sie können allerdings keine Hilfestellung bei einer potenziellen Kaufentscheidung bieten.

Offen bleiben dabei zwei Fragen:

1. Wie lange soll eine Immobilie gehalten werden, bis sie wieder verkauft wird?
2. Ist die Investition im Abschluss vorteilhaft, wenn der komplette Investitionszyklus inklusive Kauf, Bewirtschaftung und Wiederveräußerung betrachtet wird?

Die Dynamische Methode geht daher weiter als die klassischen Verfahren. Nachdem die Immobilie vollständig analysiert ist und sämtliche bilanziellen Kennzahlen zusammengetragen sind, vollendet sie konsequent die Investitionsanalyse, indem sie die optimale Investitionsdauer ermittelt und ein dynamisches Rating erstellt.

5.1 Optimale Investitionsdauer

Wenn alle prognostizierten Zahlungsflüsse und sonstigen Werte, die zur Erstellung der Plan-Gewinn-und-Verlust-Rechnung, der Plan-Bilanz sowie der Plan-Cashflow-Rechnung kalkuliert sind, kann der Business Case erstellt werden.

Doch wenn hier von einem einzigen Business Case gesprochen wird, ist das falsch. Denn die Kalkulation einer optimalen Investitionsdauer bedingt, dass je Haltedauer

Konzeption eines Immobilienratings

zunächst ein eigenständiger Business Case gerechnet werden muss. Nur so ist es möglich, die unterschiedlichen Zahlungsströme für die Dauer der Bewirtschaftung und die nach Zeitpunkt und Höhe prognostizierten Wiederverkaufswerte adäquat zu berücksichtigen. Im zweiten Schritt müssen die Ergebnisse der einzelnen Business Cases miteinander verglichen werden.

Für diesen Vergleich stehen verschiedene statische und dynamische Verfahren der Investitionsrechnung zur Verfügung. Die Dynamische Methode wählt hierbei die Methode des internen Zinsfußes, die bereits im Kapitel 4.2.1 besprochen wurde. Sie berechnet für eine Investition oder Kapitalanlage, bei der unregelmäßige und schwankende Erträge anfallen, eine mittlere, jährliche Rendite.

Die Interne-Zinsfuß-Methode wurde entwickelt, um die Wirtschaftlichkeit bei Investitionsentscheidungen in Unternehmen zu erhöhen. Das Ziel der Berechnungen ist es, diejenige Investitionsentscheidung zu bestimmen, die sich am vorteilhaftesten auswirkt.

Diese jährliche Rendite erhält man, wenn man alle Einnahmen und Ausgaben über den kompletten Investitionszyklus mit einem einheitlichen Zinssatz abdiskontiert und dabei einen Kapitalwert für die Investition von Null erhält. Zur Lösung der Gleichung, die diesen Ansatz in eine mathematische Formel überführt, ist ein sogenanntes Interpolationsverfahren nötig. Das bedeutet, dass zunächst ein beliebiger initialer Zinssatz angenommen und dieser je nach Ergebnis in der nächsten Berechnung angepasst wird. Ist der Kapitalwert größer als Null, erhöht man den Zinssatz in der nächsten Iteration. Ist er kleiner als Null, muss der Zinssatz verkleinert werden. Diese Iterationsschritte werden solange wiederholt, bis der Kapitalwert mit einer ausreichenden Genauigkeit nahe dem Wert Null liegt. Dann hat man für diese Investitionsalternative den internen Zinsfuß bestimmt.

Führt man dieses Verfahren für jeden möglichen Wiederverkaufszeitpunkt durch, erhält man unterschiedliche interne Renditen. Basierend auf diesem Entscheidungskriterium kann also bestimmt werden, wann eine Immobilie wieder verkauft werden sollte, damit das eingesetzte Kapital am renditeeffizientesten arbeitet.

Ist dieser Zeitpunkt bestimmt, ist das Investment vollständig definiert. Im abschließenden Schritt gilt es nun, ein Rating für das Investment zu erstellen: Mit welchem Risiko werden welche Renditen erwirtschaftet?

5.2 Rating

Dieser letzte Schritt der Dynamischen Methode wird in diesem Kapitel vorgestellt. Zuvor soll allerdings ein kurzer Blick auf den Begriff „Rating" geworfen und ein kurzer Überblick über die aktuell eingesetzten Ratingarten gegeben werden.

5.2.1 Aktuelle Rating-Verfahren

Der Begriff des Ratings entstammt heute meist der Finanzwirtschaft, insbesondere dem Bankensektor. Das Rating bezeichnet „[d]ie Bonitätseinstufung eines Kreditnehmers" mit dem Zweck „sowohl den risikoangemessenen Zinssatz für einen Kreditnehmer als auch die Eigenkapitalunterlegung der Banken"[1] zu bestimmen. Ein „Rating stellt also ein Urteil über die Bonität eines Unternehmens [oder eines anderen Kreditnehmers] dar."[2] Das Ratingverfahren ermittelt unterschiedliche Kennzahlen, die in einer bestimmten Gewichtung das Ausfallrisiko eines Kredits angeben.

Das Anwendungsgebiet des Ratings erstreckt sich vom Privatkundengeschäft einer Bank bis hin zum Rating von Unternehmen und zu Bewertungen von Staatsanleihen. In das Bewusstsein der breiten Bevölkerung sind Ratings zuletzt durch die von den großen Ratingagenturen durchgeführten Ratings im Zuge der Finanzkrise gelangt. Aufgrund komplexer statistischer und stochastischer Systeme ermitteln sie die Bonität eines Schuldners und stellen ihm schließlich ein Rating im Rahmen der verwendeten Ratingskala aus. Dabei arbeiten die unterschiedlichen Ratingagenturen mit verschiedenen Klassifikationssystemen, um die Qualität eines Schuldners auf den ersten Blick darstellen zu können.

Für Immobilienratings gibt es in der Praxis zwar verschiedene Ansätze, bislang konnte sich jedoch keine Methode nachhaltig etablieren. Der Hauptgrund für die Unsicherheit in Bezug auf Immobilienratings liegt in der intransparenten Vorgehensweise: „[…] in den Immobilienunternehmen herrscht derzeit noch eine überwiegend abwartende, beobachtende, vielfach auch noch unaufgeklärte Haltung darüber, was Immobilien-Ratings eigentlich ausmacht, wie sie aufgebaut sind, welche Aussagen sie machen."[3] Um ein erfolgreiches Immobilienrating zu leisten, muss daher ein transparentes und methodisch nachvollziehbares Verfahren eingeführt werden, welches das Risiko der Investition klassifiziert und die Immobilie qualifizierbar macht.

---

[1] Peter Reichling, Daniela Bietke und Anja Henne: Praxishandbuch Risikomanagement und Rating. Ein Leitfaden. 2., überarbeitete und erweiterte Auflage. Wiesbaden 2007, S. 44.
[2] Ebd. S. 45.
[3] Arbeitskreis Immobilienrating der Gesellschaft für Immobilienwirtschaftliche Forschung: http://www.gif-ev.de/cms/show/27.

Konzeption eines Immobilienratings

Hingegen ist der prognostizierte zukünftige Zinssatz, der für eine Anschlussfinanzierung bezahlt werden muss, keine Größe, für die ein exakter Erwartungswert bestimmt werden kann. Daher muss diese Variable bei einer Riskoabschätzung systematisch außen vorgelassen werden.

Die Wahrscheinlichkeitswerte, mit deren Hilfe das Risikomaß bestimmt wird, kommen hierbei „aus dem Markt". Diese Wahrscheinlichkeiten bestehen meist nicht nur aus einem einzigen Wert, sondern verteilen sich mit einer wiederkehrenden Charakteristik.

Das dynamische Rating greift darauf zurück, wie diese Daten im für die Investition relevanten Markt verteilt sind. Dabei ist zu beobachten, dass sich fast alle Kostenparameter, die für den Business Case einer Immobilieninvestition relevant sind, in ihrem Auftreten annähernd normal verteilen und mit der Gauß'schen Verteilungskurve darstellen lassen.

Verdeutlichen wir dies an einem Beispiel: Die Wohnmieten pro Quadratmeter in Berlin-Schöneberg sind normal verteilt, d. h., sie verteilen sich gleichmäßig um einen Erwartungswert. Dieser liegt bei einer Quadratmetermiete von 6,22 Euro.

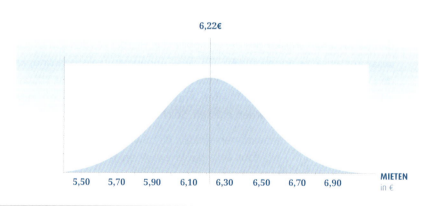

Abb. 64: Normalverteilung der Wohnmieten in Berlin-Schöneberg

Die in Abbildung 64 dargestellte Normalverteilung zeigt, wie häufig Wohnmieten in einer bestimmten Höhe in Berlin-Schöneberg auftreten. Am häufigsten treten sie in Höhe des Erwartungswerts von 6,22 Euro auf. Je weiter die Miete von diesem Wert entfernt ist, umso seltener ist sie auf dem Mietmarkt in Berlin-Schöneberg zu finden.

Dass sich Mieteinnahmen in einem Berliner Teilmarkt mit einer Normalverteilung darstellen lassen, ist kaum verwunderlich, da sich in der Natur das Auftreten unzähliger Phänomene der Glockenform einer Normalverteilungskurve annähert: Von der Körpergröße über den menschlichen Blutdruck[5] bis hin zu den Schuhgrößen 50-jähriger Männer. Und dies gilt eben auch — wie historische Datenreihen und dem Markt in Echtzeit entnommene Daten zeigen — für die Kostenparameter des dynamischen Ratings.

Neben der Miete stellen sich auch alle weiteren Kostenfaktoren in einer Normalverteilung dar. Die Darstellung der Kosten auf dem Weg der Normalverteilung ist der Ausgangspunkt des dynamischen Ratings. Mit ihr kann die Wahrscheinlichkeit, mit der bestimmte Risikoszenarien eintreten, dargestellt werden. Im Jahr 1809 von Carl Friedrich Gauss definiert, dient die Normalverteilung dazu, die Häufigkeit des Auftretens bestimmter Größen darzustellen und zu berechnen. Die Normalverteilung berechnet sich mithilfe lediglich zweier Variablen: Dem Erwartungswert μ, der den Wert angibt, der am häufigsten auftritt, und der Standardabweichung σ, die die Verteilung und Streuung der Werte beschreibt. Während als Erwartungswert derjenige Wert bezeichnet wird, der die höchste Eintrittswahrscheinlichkeit besitzt, gibt die Standardabweichung die „Breite" der Glocke (siehe Abbildung 65) an.

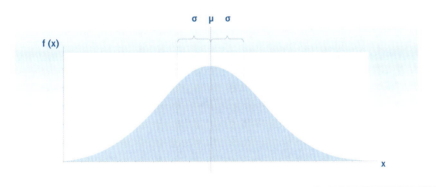

Abb. 65: Die Normalverteilung

---

[5] K. Bachmann, Helmut Reitmeier und N. Graf: Untersuchungen zur Normalverteilung des menschlichen Blutdrucks. Direkte Blutdruckmessungen bei 400 herz- und kreislaufgesunden Personen im Alter von 10–80 Jahren. Stuttgart 1970.

Konzeption eines Immobilienratings

5.2.3 Die Ausgestaltung des dynamischen Ratings

Schließlich erlauben die Renditeerwartung und das Risikomaß die Zuteilung eines Rating-Codes.

Das Klassifikationssystem der Dynamischen Methode ist hierbei eng an die Klassifikationssysteme der Ratingagenturen angelehnt ist. Es gliedert sich in die folgenden Klassifikationen:

AAA	
AAa	Sehr gutes Investment
Aaa	
aaa	
aaB	Gutes Investment
aBB	
BBB	
BBb	Durchschnittliches Investment
Bbb	
bbb	
bbC	Unterdurchschnittliches Investment
bCC	
CCC	
CCc	Schlechtes Investment
Ccc	
ccc	Ramsch Investment

Tab. 31: Investmentratings der Dynamischen Methode

Nun gilt es abschließend noch zu definieren, welcher Ratingcode vergeben wird, wenn ein bestimmtes Risiko X und ein interner Zinsfuß Y ermittelt wurden.

Die folgende Abbildung zeigt das Ergebnis beispielhaft:

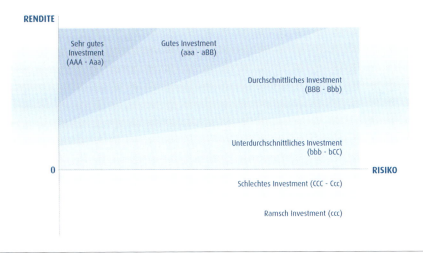

Abb. 66: Investmentrating im Renditen-Risiko-Diagramm

Der Grund für die hier dargestellte Abgrenzung der einzelnen Ratingcodes kann wiederum am besten mittels eines kurzen Beispiels erklärt werden: Wenn die Höhe der Instandhaltungskosten optimistischer eingeschätzt wird als sie bei der Annahme von Marktdaten von Vergleichsobjekten wäre, treten zwei Effekte auf. Es erhöht sich die interne Rendite für die betrachtete Investition. Zugleich fließt dieser Optimismus in das Risikomaß ein, das sich dadurch ebenfalls erhöht. Im Normalfall erhält damit das Investment in beiden Fällen das gleiche Rating — egal, ob die Einschätzung realistisch oder optimistisch ist. Das Ziel, ein Bewertungssystem aufzubauen, das nahezu resistent gegenüber den getroffenen Annahmen ist, ist somit erfüllt. Der Dynamischen Methode gelingt es also, die gesammelten Informationen zum Chancen-Risiko-Profil einer Investition zu evaluieren, zu raten und auf diese Weise vergleichbar zu machen.

Die Einteilung in das Koordinatensystem erfolgt dabei in Abhängigkeit zur Investmentklasse. Jede Investmentklasse hat also ihr eigenes Rendite-Risiko-Diagramm. Dies ist nötig, wenn man z. B. Fälle mit einer Risikomaßzahl von Null vergleicht (was erfüllt ist, wenn kein Kriterium, das in das Risikomaß Eingang findet, optimistischer als der Marktbench eingeschätzt wurde). Wie in vorangegangen Kapiteln dargelegt, erwartet man bei den unterschiedlichen Investmentklassen unterschiedliche Renditen. Bei einer Super-Core-Immobilie spricht man schon bei deutlich geringeren Renditen von einem guten Investment als bei einer Development-Immobilie.

Konzeption eines Immobilienratings

Durch dieses auf Marktdaten basierende dynamische Rating eröffnet die Dynamische Methode einen völlig neuen Bedeutungshorizont von Bewertung. Denn neben der Rendite einer Immobilieninvestition wird auch das immanente Risiko bewertet. Damit ermöglicht die Dynamischen Methode eine ganzheitliche Bewertung aller Facetten der Investition. Die Besonderheit der Dynamischen Ratingmethode ist dabei, dass eine „Schönrechnerei" nicht mehr möglich ist. Werden die Kostenpositionen verändert, so erhöht sich nicht nur die Rendite, sondern gleichzeitig auch das Risiko. Eine Investition wird daher nicht „besser" und in einer höheren Klassifikation gestuft.

6 Die Dynamische Methode als IT-Lösung

In den bisherigen Ausführungen wurde dargestellt, wie es die methodischen Grundsätze der Dynamischen Methode erlauben, eine erfolgreiche Investition zu tätigen. Eine Methodik kann aber ihre volle Wirksamkeit nur entfalten, wenn sie in der Praxis auch effizient genutzt werden kann. Aus diesem Grund wurde mit „Uvaluate" von HUME eine IT-basierte Lösung zur Durchführung der Bewertung erstellt. Mit diesem Programm wird es für interessierte Investoren möglich, die vorangegangenen Überlegungen in die Praxis umzusetzen.

6.1 Die Funktionen

Die Qualität einer IT-Lösung bemisst sich in erster Linie daran, ob sie dem Benutzer in seiner Tätigkeit einen Vorteil bietet. Dies gelingt „Uvaluate", indem die folgenden Funktionen geboten werden:

- **Sofortiges Erkennen von Potenzialen**
  „Uvaluate" beantwortet bereits nach drei Arbeitsschritten des Benutzers die Frage, ob und in welcher Höhe Potenziale für ein Objekt bestehen. Die hohe Geschwindigkeit wird dadurch erreicht, dass im Hintergrund Marktdaten für die entsprechende Immobilie gezogen und automatisch mit den eingegebenen Werten verknüpft werden. Damit kann der Benutzer bereits nach kurzer Zeit entscheiden, ob er eine Investition weiter planen oder lieber seinen Fokus auf andere Angebote richten soll.

- **Ganzheitliche Bewertung der Chancen**
  Die anschließende Berechnung der Rendite (interner Zinsfuß, IRR) einer Investition in „Uvaluate" umfasst ganzheitlich den kompletten Investitionszyklus: vom Kauf über die Bewirtschaftung bis zum Verkauf. Auf der Haben-Seite werden die Einnahmen sowohl während der Bewirtschaftung als auch beim Verkauf berücksichtigt. Bei den Ausgaben finden neben dem Kaufpreis inklusive Nebenkosten auch alle wesentlichen Kosten während der Haltedauer Eingang.

- **Standardisiertes Rating durch Berücksichtigung des immanenten Risikos**
  Für eine Renditeprognose sind neben rein faktischen Daten auch einige Einschätzungen durch den Benutzer nötig. Diese werden soweit als möglich als Vorschlagswerte auf der Basis von verifizierten Marktdaten bereitgestellt, können aber individuell geändert werden. Im weiteren Verlauf bildet der Vergleich zwischen den Einschätzungen des Benutzers und den Vergleichsdaten die Grundlage für eine Risikoabschätzung. Damit wird gewährleistet, dass optimistische Annahmen nicht nur in einer höheren Rendite münden, sondern auch gleichzeitig in einem höheren Risiko.
  Mittels eines Ratingschemas können somit Aussagen über das Chancen-Risiko-Verhältnis getroffen werden und Immobilieninvestitionen über diesen Ratingcode miteinander verglichen werden.

- **Empfehlung für die optimale Haltedauer**
  Da Einnahmen und die damit verbundenen Wertentwicklungen dynamisch variieren, ist es zur Optimierung der Investition nötig, den bestmöglichen Verkaufszeitpunkt zu bestimmen. „Uvaluate" kann bereits vor dem Kauf eine Aussage darüber treffen, wann wieder verkauft werden sollte, damit das eingesetzte Kapital renditeoptimal arbeitet.

- **Vereinfachte Kommunikation bei den Finanzierungs- und Entscheidungsprozessen**
  Häufig wird der Zusammenschluss Käufer und Investor schon alleine an der unterschiedlichen Sichtweise auf eine Investition erschwert. „Uvaluate" von HUME agiert hier als eine Art Übersetzungsmaschine: Der Input, der aus Immobiliendaten (z. B. Mieterliste) besteht, wird für die Output-Dokumente in Finanzdaten (z. B. Plan-Bilanz, Plan-GuV, Plan-Cashflow-Rechnung) „übersetzt". Die Plan-Rechnungslegung ist darüber hinaus in der internen Organisation eines konstitutionellen Anlegers als Entscheidungsgrundlage einsetzbar. Mit ihr wird ein Bild erzeugt, das die voraussichtlichen Auswirkungen, die im Rahmen einer Investition auftreten können, transparent zeigt.
  Die Grundvoraussetzung für die Akzeptanz der mit „Uvaluate" erstellten Dokumente ist das allgemeine Vertrauen in ihre Richtigkeit. Aus diesem Grund wurde ein namhaftes Wirtschaftsprüfungsunternehmen beauftragt, sowohl die zugrundeliegende betriebswirtschaftliche Berechnungslogik als auch ihre Anwendung in der Software zu prüfen und zu zertifizieren.

Mit diesen Funktionen erlaubt es „Uvaluate" seinen Nutzern, den wichtigsten Herausforderungen der Immobilienbranche zu begegnen.

6.2 Die Bedienung

Damit jeder Benutzer diese Funktionen auch anwenden und einen Mehrwert erzielen kann, erfüllt „Uvaluate" von HUME die folgenden Grundbedingungen.

- **Einfachheit der Anwendung**
  Sowohl hinsichtlich der Bedienung als auch bei der Konzeption des Lösungsansatzes von „Uvaluate" wurde Wert darauf gelegt, die Lösung einfach und praktikabel zu gestalten.
  Die Berechnungslogik wurde so konzipiert, dass die benötigten Daten, um ein erstes Ergebnis zu erhalten, auf das Nötigste beschränkt sind. Damit diese Daten einfach erfasst werden können, gibt es neben der Möglichkeit der manuellen Feinjustierung des Investments eine Upload-Funktionalität für die Mieterliste mit vorgefertigtem Template.
  Darüber hinaus werden dem Nutzer in „Uvaluate" von HUME objekt- und lagespezifisch aufbereitete Vergleichsdaten (z. B. relevante Vergleichsmieten) als bereits eingestellte Vorgabewerte geboten.

- **Geschwindigkeit**
  Nur wenn die Daten für beliebig große Portfolioinvestitionen schnell eingegeben werden können, hat man die Möglichkeit, mit der gebotenen Geschwindigkeit handeln und damit erfolgreich am Markt agieren zu können. Doch nicht nur eine einfache Eingabe beschleunigt die Prozesse in der Immobilienbewertung – auch der Prozess der Finanzierung und der internen Entscheidung wird forciert. Dafür sorgen die schnell verfügbaren und standardisierten Dokumente der Plan-Bilanzierung, die daraus abgeleiteten KPIs sowie die entscheidungsunterstützenden Reports.

- **Aussagekräftiges Reporting**
  Damit die entscheidenden Informationen schnell erfasst werden können, ist es nötig, sowohl eine Verdichtung von Informationen auf die oberste Ebene als auch die Möglichkeit einer detaillierteren Sicht anzubieten. Eine visuelle Darstellung in Diagrammen beschleunigt die Vermittlung und Aufnahme der Informationen.
  Die Ausgabe der Informationen erfolgt in einem Investmentplan-Dokument. Wie ein solches Dokument für die im Kapitel 1.2 „Etablierte Wertermittlungsverfahren" verwendete Beispielimmobilie (Büchnerweg 100 in Berlin-Adlershof) in „Uvaluate" aussieht, kann der interessierte Leser über die Internetseite www.hume.de/uvaluate einsehen. Der Zugriff darauf bedarf weder eines Logins noch der Eingabe von Daten.

- **Flexibler Zugang**

  „Uvaluate" von HUME wird als „Software as a Service" (SaaS) angeboten. Der Benutzer benötigt daher für den Zugang lediglich seine Zugangsdaten sowie einen internetfähigen Computer samt Internetverbindung und kann damit an fast jedem Punkt der Erde auf seine Daten zugreifen. Er muss weder eine Installation durchführen noch eine IT-Infrastruktur aufbauen. Zudem entfällt die Notwendigkeit einer lokalen Wartung. Da die Lösung in einem Rechenzentrum bereitgestellt wird, entfallen für den Benutzer Sorgen um Themen wie Netzwerke, Speicher, Datenbanken, Anwendungsserver, Webserver sowie Disaster-Recovery- oder Datensicherungsservices.

6.3 Ihr Zugang zur Software

Mit diesem Buch erhalten Sie einen individualisierten Gutscheincode und damit die Möglichkeit, „Uvaluate" und die Dynamische Methode für Ihre konkreten Praxisfälle zu testen. Nachdem Sie sich auf der Internetseite www.hume.de/uvaluate mit Ihrem Gutscheincode registriert haben, können Sie „Uvaluate" ab dem Zeitpunkt der Registrierung drei Monate lang kostenfrei nutzen.

Ein Risiko gehen Sie hierbei nicht ein. Sollten Sie „Uvaluate" nicht weiter nutzen wollen, wird Ihr Benutzerkonto nach Ablauf der Zeit automatisch geschlossen.

Wenn Sie auch nach Ablauf dieser Testphase mithilfe der Dynamischen Methode das in Immobilien liegende Potenzial schnell erkennen und mögliche Immobilieninvestitionen bewerten wollen, finden Sie auf der Homepage von „Uvaluate" sicher ein Nutzungsmodell, das zu Ihnen passt.

Epilog

Alle Fehler, die mir in meinem beruflichen Werdegang unterlaufen sind, haben dazu beigetragen, dass ich ein System des immobilienwirtschaftlichen Denkens entwickelt habe, das bewusst mit alten Mustern bricht. Die Dynamische Methode ist in ihrer Form einzigartig, da sie das Investment in jedem seiner Punkte erfasst und gesamtheitlich abbildet. Ich habe es geschafft: Ich bin kein Idiot mehr, sondern habe erfolgreich eine Vielzahl von Investitionen betreut. Und das können auch Sie: mit der dynamischen Methode.

Danksagung

Ohne die Mitarbeit folgender Personen wäre es nicht möglich gewesen, dieses Buch zu schreiben:

Ofer Akermann
Christian Baddack
Heike Bergau
Thomas Berner
Dustin Beyer
Henning Bochert
Björn Bordscheck
Lars Bruch
Ulla Eisenberg
Dr. Kurt Freybote
Holger Friedrichs
Bettina Fuchs
Helmut Haunreiter
Katarina Schellenberger
Heinz Heidrich
Dr. Thomas Herr
Philip Hohn
Jürgen Kelber
Malika Keller
Marc Kernchen
Andreas Kilian
Ralf Kind
Katrin Meder
Friedrich Meinikat
Ingolf Müller
Bettina Noé
Julian Rinnewitz
Hans Joachim Salden
Lea Schaffrath
Thomas Scherer
Arne Schlüter
Rolf Schneider
Urs Treuwerth
Alexander Umek
Thomas Wilemeit
Ulrike Ziesche
Rainer Zitelmann

Literaturverzeichnis

Gesetzestexte

Betriebskostenverordnung vom 25.11. 2003 (BGBl. I S. 2346, 2347), die durch Artikel 4 des Gesetzes vom 03.05.2012 (BGBl. I S. 958) geändert worden ist.

Handelsgesetzbuch in der im Bundesgesetzblatt Teil III, Gliederungsnummer 4100-1, veröffentlichten bereinigten Fassung, das durch Artikel 6 des Gesetzes vom 04.06.2013 (BGBl. I S. 1981) geändert worden ist.

Immobilienwertermittlungsverordnung vom 19.05.2010 (BGBl. I S. 639).

Sekundärliteratur

Arens, Jenny: Megatrends. Auswirkungen von Megatrends auf Immobilienzyklen. In: Nico B. Rottke und Martin Wernecke (Hg.): Praxishandbuch Immobilienzyklen. Köln 2006, S. 329–342.

Bachmann, K., Reitmeier, H. und Graf, N.: Untersuchungen zur Normalverteilung des menschlichen Blutdrucks. Direkte Blutdruckmessungen bei 400 herz- und kreislaufgesunden Personen im Alter von 10–80 Jahren. Stuttgart 1970.

Baetge, Jörg, Kirsch, Hans-Jürgen und Thiele, Stefan: Bilanzen. 10., vollständig aktualisierte Auflage. Düsseldorf 2009.

Jörg Baetge, Hans-Jürgen Kirsch und Stefan Thiele: Bilanzanalysen. 2., vollständig überarbeitete und erweiterte Auflage. Düsseldorf 2004.

Becker, Kurt: Ursachen von Immobilienzyklen. In: Nico B. Rottke und Martin Wernecke (Hg.): Praxishandbuch Immobilienzyklen. Köln 2006, S. 49–72.

Berkau, Carsten: BWL-Crashkurs Bilanzen. Konstanz 2009.

Bernhard, Engelbrecht: Grundsätze und Technik ordnungsgemäßer Immobilienbewertung. Heidelberg 1998.

Literaturverzeichnis

Breidenbach, Marc und Manuel: Immobilienverbriefung. In: Nico B. Rottke und Martin Wernecke (Hg.): Praxishandbuch Immobilienzyklen. Köln 2006, S. 379–396.

Bub, Wolf-Rüdiger und Treier Gerhard: Handbuch der Geschäfts- und Wohnraummiete. München 2006.

Bysh, Rodney: Anlagestrategien und Anlagevehikel institutioneller Investoren. In: Hans Mayrzedt u. a. (Hg.): Internationales Immobilien Management. Handbuch für Praxis, Aus- und Weiterbildung. München 2007, S. 192–214.

Bub, Wolf-Rüdiger und von der Osten, Christian: Mietrecht aktuell und kompakt. München 2012.

Cieleback, Markus: Analyse der Risiken auf den Wohnimmobilienmärkten. In: Karsten Junius und Daniel Piazolo (Hg.): Praxisbuch Immobilienrisiken. Köln 2009, S. 121–138.

Demary, Markus und Voigtländer, Michael: Immobilien und Inflation. Sind Immobilien ein Schutz gegen das Risiko höherer Inflation? In: Karsten Junius und Daniel Piazolo (Hg.): Praxishandbuch Immobilienmarktrisiken. Köln 2009, 81–95.

Demary, Markus und Voigtländer, Michael: Immobilien 2025. Auswirkungen des demografischen Wandels auf die Wohn- und Büroimmobilienmärkte. Köln 2009 (=IW-Analysen Nr. 50. Institut der deutschen Wirtschaft).

Baetge, Jörg, Thiele, Stefan und Kirsch, Hans-Jürgen: Bilanzanalysen. 2., vollständig überarbeitete und erweiterte Auflage. Düsseldorf 2004.

Dröge, Ferdinand: Handbuch der Mietpreisbewertung für Wohn- und Gewerberaum. München 1999.

Everling, Oliver, Jahn, Olaf und Kammermeier, Elisabeth (Hg.): Rating von Einzelhandelsimmobilien. Qualität, Potenziale und Risiken sicher bewertet. Wiesbaden 2009.

Fettel, Johannes und Linhardt, Hanns (Hg.): Die Unternehmung im Markt. Festschrift zum 75. Geburtstag von Wilhelm Rieger. Stuttgart und Köln 1953.

Francke, Hans-Hermann und Rehkugler, Heinz: Immobilienmärkte und Immobilienbewertung. 2., vollständig überarbeitete Auflage. München 2011.

Garthe, Thomas H.: Die Wertermittlungsreform. Neue Grundsätze bei der Immobilienbewertung. München 2010.

Gondring, Hanspeter: Immobilienwirtschaft. Handbuch für Studium und Praxis. 3., vollständig überarbeitete Auflage. München 2013.

Gondring, Hanspeter und Wagner, Thomas: Real Estate Asset Management. Handbuch für Studium und Praxis. München 2010.

Gondring, Hanspeter: Immobilienwirtschaft: Handbuch für Studium und Praxis. München 2004.

Haas, Stefan: Modell zur Bewertung wohnwirtschaftlicher Immobilien-Portfolios unter Beachtung des Risikos. Wiesbaden 2010.

Hellerforth, Michaela: BWL für die Immobilienwirtschaft. München 2007.

Jörg Stroisch: Immobilien bewerten leicht gemacht. München 2010.

Junius, Karsten und Piazolo, Daniel (Hg.): Praxishandbuch Immobilienmarktrisiken. Köln 2009.

Just, Tobias: Demografie und Immobilien. München 2009.

Kholodilin, Konstantin A. und Mense, Andreas: Wohnungspreise und Mieten steigen 2013 in vielen deutschen Großstädten weiter. In: DIW Wochenbericht 2012 (45), 07.11.2012, S. 3–14.

Kinateder, Thomas: Projektentwicklung. In: Nico B. Rottke und Matthias Thomas (Hg.): Immobilienwirtschaftslehre. Band I: Management. Köln 2011, S. 503–532.

Kinne, Harald: Miet- und Mietprozessrecht. Kommentar zu den §§ 535–580a BGB mit Schriftsatz- und Klagemustern für die Rechtspraxis. Freiburg 2011.

Kleiber, Wolfgang: Residualpreis versus Residualwert. In: GuG 1996 (16), S. 16–23.

Kleiber, Wolfgang: Verkehrswertermittlung von Grundstücken. Kommentar und Handbuch zur Ermittlung von Marktwerten (Verkehrswerten), Versicherungs- und Beleihungswerten unter Berücksichtigung der ImmoWertV. Köln 2010.

Knoflach, Barbara A. und Meineker, Amina: Investmentstrategien Offener Immobilienfonds. In: Hans Mayrzedt u. a. (Hg.): Internationales Immobilien Management. Handbuch für Praxis, Aus- und Weiterbildung. München 2007, S. 261–287.

Literaturverzeichnis

Kolb, Christian und Seilheimer, Stephan: Rating von Einzelhandelsimmobilien im Rahmen eines aktiven Asset Managements. In: Oliver Everling, Olaf Jahn und Elisabeth Kammermeier (Hg.): Rating von Einzelhandelsimmobilien. Qualität, Potenziale und Risiken sicher bewertet. Wiesbaden 2009, S. 157–184.

Kröhnert, Steffen: Wohnen im demografischen Wandel. Der Einfluss demografischer Faktoren auf die Preisentwicklung von Wohnimmobilien. Discussion Paper des Berlin-Institutes für Bevölkerung und Entwicklung. Berlin 2012.

Kunath, Angelika: Geschlossene Immobilienfonds. In: Hans Mayrzedt u. a. (Hg.): Internationales Immobilien Management. Handbuch für Praxis, Aus- und Weiterbildung. München 2007, S. 288–317.

Küting, Karlheinz und Weber, Claus-Peter: Die Bilanzanalyse. Beurteilung von Abschlüssen nach HGB und IFRS. 10., überarbeitete Auflage. Stuttgart 2012.

Lampl, Linda: Pensionskassen und Versorgungswerke. In: Hans Mayrzedt u. a. (Hg.): Internationales Immobilien Management. Handbuch für Praxis, Aus- und Weiterbildung. München 2007, S. 248–260.

Marlies Brunner (Hg.): Kapitalanlage mit Immobilien. Produkte — Märkte — Strategien. Wiesbaden 2009.

Metzger, Bernd: Wertermittlung von Immobilien und Grundstücken. Freiburg 2010.

Möckel, Rainer: Ermittlung des Liegenschaftszinssatzes und der Restnutzungsdauer aus Kaufpreisen von Ertragsgrundstücken. In: Vermessungswesen und Raumordnung. Bonn 1975.

Muncke, Günter und Rybak, Lars: Immobilienanalyse. In: Nico B. Rottke und Martin Wernecke: Praxishandbuch Immobilienzyklen. Köln 2006, S. 153–156.

Overfeld, Katharina und Jahn, Olaf: Standortfaktoren für das Rating von Einzelhandelsimmobilien. In: Oliver Everling, Olaf Jahn und Elisabeth Kammermeier (Hg.): Rating von Einzelhandelsimmobilien. Wiesbaden 2009, S.423–438.

Patel, Kanak: Mikroökonomische Immobilienmarktprozesse. In: Nico B. Rottke und Martin Wernecke (Hg.): Praxishandbuch Immobilienzyklen. Köln 2006, S. 31–48.

Pfnür, Andreas: Modernes Immobilienmanagement. Immobilieninvestment, Immobiliennutzung, Immobilienentwicklung und -betrieb. Heidelberg 2011.

Phyrr, Stephen A., Roulac, Stephen E. und Born, Waldo L.: Real Estate Cycles and Their Strategic Implications for Investors and Portfolio Managers in the Global Economy. In: Journal of Real Estate Research 1999 (18), S. 7–68.

Preiser, Erich: Der Kapitalbegriff und die neuere Theorie. In: Johannes Fettel und Hanns Linhardt (Hg.): Die Unternehmung im Markt. Festschrift zum 75. Geburtstag von Wilhelm Rieger. Stuttgart und Köln 1953, S. 14–38.

Reichling, Peter, Bietke, Daniela und Henne, Anja: Praxishandbuch Risikomanagement und Rating. Ein Leitfaden. 2., überarbeitete und erweiterte Auflage. Wiesbaden 2007.

Reuter, Franz: Zur praktikablen Verwendung des Residualverfahrens bei der Ermittlung von Verkehrswerten. In: WFA — WertermittlungsForum Aktuell 2002 (3), S. 112–118.

Rottke, Nico B. und Wernecke, Martin: Praxishandbuch Immobilienzyklen. Köln 2006.

Rottke, Nico B. und Wernecke, Martin: Marktzyklen in Deutschland. In: Dies. (Hg.): Praxishandbuch Immobilienzyklen. Köln 2006, S. 73–96.

Rottke, Nico B. und Thomas, Matthias (Hg.): Immobilienwirtschaftslehre, Band I: Management. Köln 2011.

Rottke, Nico B.: Geschichte der deutschen Immobilienwirtschaft. In: Nico B. Rottke und Matthias Thomas (Hg.): Immobilienwirtschaftslehre, Band I: Management. Köln 2011, S. 91–118.

Rottke, Nico B.: Immobilienwirtschaftslehre als wissenschaftliche Disziplin. In: Nico B. Rottke und Matthias Thomas (Hg.): Immobilienwirtschaftslehre. Band I: Management. Köln 2011, S. 27–71.

Rottke, Nico B.: Immobilieninvestitionen. In: Nico B. Rottke und Matthias Thomas (Hg.): Immobilienwirtschaftslehre. Band I: Management. Köln 2011, S. 835–892.

Rüschen, Thomas: Geschlossene Immobilienfonds im privaten Asset Management. In: Marlies Brunner (Hg.): Kapitalanlage mit Immobilien. Produkte — Märkte — Strategien. Wiesbaden 2009, S. 121–143.

Literaturverzeichnis

Sandner, Siegfried und Weber, Ulrich: Lexikon der Immobilienwertermittlung A–Z. Köln 2007.

Schardt, Jürgen: Das bundesdeutsche Vergleichsmietensystem und der Frankfurter Mietspiegel 2010. Frankfurt am Main 2012 (= Forum Humangeographie 8).

Schulte, Karl-Werner: Immobilienökonomie Band 1: Betriebswirtschaftliche Grundlagen. 3., vollständig überarbeitete und erweiterte Auflage. München 2005.

Schulte, Karl-Werner: Immobilienökonomie Band 4: Volkswirtschaftliche Grundlagen. 3., vollständig überarbeitete und erweiterte Auflage. München 2008.

Simon, Jürgen, Cors, Klaus G. und Troll, Max: Handbuch der Grundstückswertermittlung. Verkehrswert, Feuerversicherungswert, Steuerbilanz, Einheitswert bei Geschäfts- und Fabrikgrundstücken. 3., neubearbeitete und erweiterte Auflage. München 1992.

Simon, Jürgen, Kleiber, Wolfgang u. a.: Schätzung und Ermittlung von Grundstückswerten. 8., überarbeitete und erweiterte Auflage. München 2005.

Sommer, Goetz und Hausmann, Andrea: Liegenschaftszinssätze aus einer empirischen Analyse. In: Grundstücksmarkt und Grundstückswert (GuG) 2006 (03), S. 139 ff.

Sommer, Goetz und Kröll, Ralf: Lehrbuch zur Immobilienbewertung. Unter Berücksichtigung der ImmoWertV 2010. 3. Auflage. Köln 2010.

Thomas Schick: Anforderungen an die Investmentklasse Büroimmobilie aus Sicht eines Core-Investors insbesondere unter Einbeziehung der Energieeffizienz. München 2009, S. 23.

Unschuld, Marlit: Das DCF-Verfahren im Hinblick auf die Immobilienwertermittlungsverordnung (ImmoWertV). Berlin 2011.

Wiedemann, Arnd und Horchler, Martin: Risikobewertung und Quantifizierung. Discounted-Cash-Flow-Verfahren im Immobilien-Portfoliomanagement. In: Risiko Manager 2008 (10), S. 8–16.

Wöltje, Jörg (Hg.): Bilanzen. Lesen, Verstehen, Gestalten. Freiburg 2011.

Stichwortverzeichnis

A

Anschaffungsprinzip	228
Antennenanlage	92
Asset-Manager	197

B

Baukosten	75
bauliche Anlage	55
Baunebenkosten	75
Beleihungswert	32
Beleuchtung	92
Bestandsmiete	99
Betongold	9
Betriebskosten	92
Bevölkerungsstruktur	146
Bewertungsverfahren	21
Bewirtschaftungskosten	92
Bilanz	229, 232
Key-Performance-Indikatoren Bilanz	236
Bilanzanalyse	240
Bilanzierung dem Grunde nach	236
Bilanzierungsvorschriften	227
Bilanz nach HGB	233
Bodenrichtwert	52
Bodenwert	55
Bruttokaltmiete	91
Bruttorendite	39
Bruttowarmmiete	91

C

Cashflow	237
Cashflow-Management	197
Cash-on-Cash	249
Cash-on-Cash-Management	190
Cash on Cash Return	249
CoC	249

Core	109
Core Plus	109

D

DCF-Methode	69
Demografie	138, 141
demografischer Wandel	143
Deutscher Immobilienaktienindex	213
Discounted-Cashflow-Methode	69, 78
Beispiel Discounted-Cashflow-Methode	80
Durchführung der Discounted-Cashflow-Methode	79
Grenzen der Discounted-Cashflow-Methode	82
Dynamischen Methode als IT-Lösung	271
dynamisches Rating	266

E

Eigenkapitalquote	243, 256
Eigenkapitalrendite	243
Entwässerung	92
Ertragswertverfahren	41, 61
allgemeines Ertragswertverfahren	67
Beispiel Ertragswertverfahren	70
Grenzen des Ertragswertverfahrens	72
mehrperiodisches Ertragswertverfahren	69
Varianten des Ertragswertverfahrens	66
vereinfachtes Ertragswertverfahren	68
Erwerbsnebenkosten	75
externe Rechnungslegung	226

F

Facility-Management	198
Fahrstuhlkosten	92

Stichwortverzeichnis

Finanzierungskosten	75
Fluktuation	189
Freilegungskosten	75

G

Gartenpflege	92
Gebäudeklasse	65
Gebäudereinigung	92
Geburtenrate	143
Gesamtkostenverfahren	230
geschlossener Immobilienfonds	218
Gewinn-und-Verlust-Rechnung	229
Grundmiete	89, 91
Grundsatz der Bilanzidentität	228
Grundsatz der Einzelbewertung	228
Grundsatz der Klarheit und Übersichtlichkeit	228
Grundsatz der Unternehmensfortführung	228
Grundsatz der Vorsicht	228
Grundstückssteuer	92
GuV	229

H

Hauswart	92
HGB	227

I

IFRS	227
Immobilie	
Beleihungswert der Immobilie	32
Definition Immobilie	23
Immobilien am Kapitalmarkt	202
juristischer Immobilienbegriff	24
Lage der Immobilie	26
Lebenszyklus der Immobilie	105
Lebenszyklus Immobilie	106, 108
Marktuntersuchung Immobilie	154
Marktzyklen Immobilien	147
Standort der Immobilie	27
steuerlicher Wert der Immobilie	34
Vergleichspreise Immobilien	48
Verkehrswert der Immobilie	33, 35
Versicherungswert der Immobilie	33
Wert der Immobilie heben	185
Wert realisieren	201
Wertsteigerungspotenzial Immobilien	187
Immobilienaktiengesellschaft	212
Immobilienbewertung	22, 31
Anlässe der Immobilienbewertung	27
infrastrukturelle Verwerfungsszenarien	178
politische Verwerfungsszenarien	181
steuerliche und rechtliche Verwerfungsszenarien	181
Verwerfer Immobilienbewertung	177
volkswirtschaftliche Verwerfungsszenarien	179
Immobilienfonds	215, 218
Immobilieninvestition	21
Immobilieninvestmentmarkt	202, 204
Immobilieninvestor	201
Immobilieninvestoren	202
Immobilienrating	261, 263
Immobilienrating nach Dynamischer Methode	264
Immobilienrating Verfahren	263
Immobilienspirale	136
Immobilienuhr	129, 131
Immobilienverwertung	206
institutionelle Investoren	208
Investoren Immobilienverwertung	207
Immobilienwertermittlungsverordnung	42, 74
Immobilienwirtschaftslehre	23
Infrastruktur	138
Instandhaltungskosten	64
Internal Rate of Return	246
International Financial Reporting Standards	227
interner Zinsfuß	246
Investitionskosten	75

Stichwortverzeichnis

Investitionszyklus 201
Investmentklasse 105, 109
   Core 112
   Core Plus 112
   Development 119
   Opportunistic 117
   Super Core 110
   Value Added 115
   Workout 121
Investmentklassen 105
Invetsmentklasse Immobilien 192
IRR 246
IRR-Methode 246
IT-basierte Immobilienbewertung
   Zugang Uvaluate 274
IT-Lösung Immobilienbewertung
   Uvaluate 271

J
Jahresabschluss 226
Jahresabschluss in der Immobilienwirtschaft 227
Jahresreinertrag 62, 63
Jahresrohertrag 62, 63

K
Kabelnetz 92
Kapitalflussrechnung 237
Kapitalmarkt Immobilien 202
Kapitalrendite 243
Kennzahlenanalyse 250
Key-Performance-Indikatoren Bilanz 241
Konzernabschluss 226

L
Leerstand 102, 189
Leverage-Effekt 244
Liegenschaftszinssatz 65, 66
Liquidität 231

M
Maklerformel 38
Makroanalyse 125
Makrozyklus 21, 98, 125, 127, 136
   Beispielanalyse Makrozyklus 151
   Einflussfaktoren auf Makrozyklus 137
   Phesen des Makrozyklus 131
Marktbereinigung 127
Marktbetrachtung 16
   dynamische Marktbetrachtung 16
   statische Marktbetrachtung 16
Marktmiete 94, 100, 101
Marktzyklus 126
Matching 154
Matching-Prozess
   Szenario Matching-Prozess 157, 163, 168, 172
Mietausfallwagnis 64
Miete 89
   Begriffsbedeutung 89
Mieterdynamik 94, 101
   negative Mieterdynamik 103
   Rahmenbedingungen der Mieterdynamik 102
Mieterliste 89, 94
   Analyse der Mieterliste 97
Mieterzyklus 88, 93, 98
Mietmehreinnahmen 189
Mietobergrenze 102
Mietspanne 94, 97
Mietspiegel 94
Mietstruktur 88
Mikroanalyse 88
Mikrozyklus 21, 89, 93
Müllbeseitigung 92

N
Nettokaltmiete 91
Nettorendite 39
Nettowarmmiete 91
Nutzungsdauer von Gebäudearten 107

Stichwortverzeichnis

O
offener Immobilienfonds	215
Offenlegungspflicht	227

P
Performance-Management	197
Planungskosten	75
Private Placement	220
Property-Manager	197

R
Real Estate Investment Trust	212
REIT	213
Remanenzeffekt	146
Rendite	39
Bruttorendite	39
Nettorendite	39
Residualwertmethode	74
Beispiel Residualwertmethode	76
Durchführung der Residualwertmethode	75
Grenzen der Residualwertmethode	77
Residuum	76
Restwert des Gebäudes	70
Return on Equity	257
Return on Investment	243
Revalutierung	256
Risikokalkulation	265
RoI-Berechnung	245

S
Sachwertverfahren	41, 54
Beispiel Sachwertverfahren	58
Durchführung des Sachwertverfahrens	55
Grenzen des Sachwertverfahrens	59
Schornsteinreinigung	92
Standortfaktoren Immobilie	139
Steuerersparnis	255
Straßenreinigung	92
Super-Core	109

T
Teilinklusivmiete	91
Trade Deal	259

U
Ungezieferbekämpfung	92
Uvaluate	271
Uvaluate, Zugang zu IT-basierter Immobilienbewertung	274

V
Value-Added-Maßnahmen	189
Verdichtungsmaßnahmen	189
Vergleichspreise Immobilien	48
Vergleichswertverfahren	41, 43
Beispiel Vergleichswertverfahren	50
Durchführung des Vergleichswertverfahrens	44
Grenzen Vergleichswertverfahren	51
Verkehrswert	33, 35, 58, 103
Verkehrswertermittlung	41
Versicherungswert	33
Vervielfältiger	38
Verwerfer	
Verwerfer Immobilienbewertung	177

W
Wasserversorgung	92
Werte erkennen	21
Wertentwicklungspotenziale von Immobilien	37
Wertermittlung	17, 41, 86, 103
Wertermittlungsreform	42
Werthebung Immobilien	185
Beteiligte an Werthebung	196
maximaler Kapitaleinsatz	194
maximale Sanierungskosten	194
Möglichkeiten der Werthebung	189
Werthebungsmaßnahmen Immobilie	186
Wertschöpfungstiefe Immobilien	194
Wertsteigerungspotenzial Immobilien	187
Wohnungstypen	94